身份与话语

平台社会语境下的青年文化研究

IDENTITY AND DISCOURSE

A Study of Youth Culture
in the Context of Platform Society

席志武　著

复旦大學 出版社

目　录

上　编

下　编

上　编

第一章

平台社会及其运行机制

　　随着社会的移动化、数字化转型加速,互联网平台已逐渐成为组织和构架社会几乎所有领域的新方式。大数据、云计算、物联网、5G、区块链等数字技术发展迅速,各种基于互联网平台的社交模式与传播生态正对人类生活进行全方位的渗透。

　　近年来,不论是政策界、业界还是学界,都出现了大量关于"平台""互联网平台"和"平台社会"的相关讨论,甚至还有"平台型媒体""平台化思维""平台基础设施""平台化战略"等相应的表述。那么,所谓的"平台"究竟是什么? 为什么说我们今天进入了一个"平台化"时代? 所谓的"平台",对于人们的日常生活、社会组织、经济结构、国家治理,又起到了怎样的作用,产生了哪些影响? 平台的运行机制有哪些? 平台具体可分为哪些特定类型,它们又如何构成了学者研究青年亚文化(subculture)的一种社会语境? 上述问题都是本章试图回答的。

第一节　平台与平台化

一、有关"平台"的概念

在我国的历史文献中,很早就出现了关于"平台(臺)"的具体表述。汉语词义的"平台",主要有以下三种指谓。一是古台名,位于今河南省商丘市睢阳区,最初为春秋时宋平公(?—公元前532年)所建,西汉时成为梁孝王刘武(?—公元前144年)营造的梁园景点之一。二是供休憩、眺望的露天台榭,指高于周边区域的平面。杜甫有诗(《重过何氏五首》其三)云:"落日平台上,春风啜茗时。"[①]三是现代在生产施工过程中搭建的操作工作台,如钻井平台。

在英语词义中,"平台"是"platform"的汉译。从词源学上进行考辨,可知"platform"源于16世纪中期的法语"plateforme",意为"ground plan",即平的地面、平的形状。据《剑桥词典》的释义,"platform"主要有三个层面的指谓:一是高于周围区域的平面,如演讲台、站台、舞台、平坦的高地等(这一点与中国古代的"平台"类似);二是公开发表的意见或信仰、发言权,以及政策纲领、政治宣言等;三是指高跟鞋的厚鞋跟。

"平台"与互联网信息技术进行结合,并形成"互联网平台"(internet platform)、"在线平台"(online platform)和"数字平台"

---

① 杜甫:《中国古代名家诗文集　杜甫集》,黑龙江人民出版社2005版,第177页。

(digital platform)等的专有表述,有赖于近些年信息技术的高度发展及互联网平台对人类生活的全面渗透。

2002 年,安娜贝拉·加威尔(Annabelle Gawer)和迈克尔·库苏马诺(Michael Cusumano)出版《平台领导力:英特尔、微软和思科如何推动行业创新》[①]一书,具体论述了英特尔(Intel)、微软(Microsoft)和思科(Cisco)作为"平台领导者"如何构建新的产品和服务,并具体推动了互联网产业与其他行业的高速发展。

2015 年 11 月 23 日,芬兰经济研究所(ETLA)发布的研究报告《平台:历史、特征与定义》("Platform":Historiaa, ominaispiirteitä ja määritelmä)对"平台"概念的发展和定义进行了详细论述。报告指出,经济学意义上的"平台"概念是在 20 世纪 90 年代的三次技术浪潮中发展起来的。

第一次,开发者从"基底"(substrate)与"产品"(product)层面对"平台"进行描述:它要么是创造新一代的产品和服务,要么是基于客户、产品与服务的变化而创造出新的产品系列(诺基亚 3310/1200/1100 产品系列即为典型案例)。

第二次,科学家将"平台"定义为工业网络的"关卡"(checkpoint),可带来收益,但没有实际生产价值,同时又损害了整体性的网络经济。以 Windows 浏览器系统为例,微软将其视为典范,因为它阻碍其他竞争对手打造自己的操作"平台"。"平台"随后被定义为一个或多个企业开发的产品、服务或技术,其他企业则可以在此基础上构建出一系列互补性的产品、服务或技术。

第三次,产业经济家将"平台"描述为产品、服务和相关交易的

---

① A. Gawer, M. Cusumano, *Platform Leadership: How Intel, Microsoft and Cisco Drive Industry Innovation*, Harvard Business School Press, 2002.

"中介"(intermediary),不论收费与否,它都连接起两边或多边关系的市场。之后,"平台"通过协作式的方式(主要通过合同),拓展了多边的资源和技术。除此以外,始于20世纪90年代的技术平台研究还考虑到兼容性和竞争性标准的影响,以及"平台"和"生态系统"之间的"可互通性"(interoperability)①。

今天所谓的"平台",主要立足于第三种意义层面。2000年以后,微软、英特尔、谷歌(Google)、Facebook等科技公司开始对信息技术、商业活动和经济形态等领域产生深刻影响,引发了人们对于"平台"所具有的"双边市场"关系的关注和理解。2005年,"Web 2.0"成为流行词语,表明互联网正成为用户和企业共同构建的平台。随着大量社交媒体平台的兴起,它们不断促成不同系统、协议和网络之间的融合,平台的商业模式、技术基础、文化生态等也逐渐被人们认知和探讨。

人们对"平台"的认识呈现为一个渐进发展的过程,同时,信息技术的不断发展推动"平台"的类型不断衍生出多元化的商业发展模式。这导致给"平台"下一个"放之四海皆准"的定义变得十分困难。

2015年,时任欧盟委员会副主席的奥德鲁斯·安西普(Audrus Ansip)指出:"对于平台,我们至今都未有一个让所有人接受的定义。我们有几百种很好的定义……所以,当不同的人谈论'平台'时,他们都有完全不同的理解。"②不过,欧盟在当时仍然集结了业界、学界及政策界的多方力量,尝试对"在线平台"做出定义:

---

① Timo Seppälä, Marco Halén, Jari Juhanko, et al., "Platform"-Historiaa, ominaispiirteitäja määritelmä, ETLA Raportit, 2015 - 11 - 23, https://www. etla. fi/wp-content/uploads/ETLA-Raportit-Reports-47. pdf.

② 参见 https://publications. parliament. uk/pa/ld201516/ldselect/ldeucom/129/ 12906. htm♯footnote-524。

　　在线平台指的是在两边(或多边)市场中进行经营的企业,利用互联网使两个或多个不同但又相互依存的用户群体实现交互,进而为其中至少一个群体创造价值。①

　　这一定义虽大体准确,但也常常遭遇"过于模糊和宽泛"的指责,因为不同平台之间存在着各不相同的商业模式,其运营内容也千差万别。例如,谷歌方面曾表示:"平台之间的差异可能要多于它们的相似之处。"②但不论如何,欧盟在当时已洞察了"在线平台"的核心商业模式,并率先揭示了"平台"的中介性作用及其与不同用户群体之间的依存关系,以及"数据"对于平台运行的基础性意义。所有这些讨论不仅给学界思考平台问题带来深刻启发,也在世界范围内推动了各国政府对"平台"战略性意义的重视,进而对各国在政策与法律层面开展"平台监管"与"平台治理"等工作产生了重大影响。

　　2018 年,荷兰学者何塞·范·迪克(José van Dijck)等人联合出版了《平台社会:互联世界中的公共价值》(*The Platform Society*:*Public Values in a Connective World*)一书,这是西方学界第一本全面研究平台社会的经典论著。该书在引言部分对"平台"做出如下定义:

---

① " The European Commission Launched Public Consultation on Online Platforms", 2015 - 09 - 24, https://www. cov. com/-/media/files/corporate/publications/2015/09/the_european_commission_launched_public_consultation_on_online_platforms. pdf.

② Google Inc. , Online Platforms and the EU Digital Single Market, 2015, http://data. parliament. uk/writtenevidence/committeeevidence. svc/evidencedocument/eu-internal-market-subcommittee/online-platforms-and-the-eu-digital-single-market/written/22990. html.

　　平台是旨在组织用户之间(包括企业实体和公共机构)进行交互的一种可编程的数字体系结构。它的目标是系统收集并用算法处理用户数据,使之流通并实现商业化。①

　　结合以上两种定义,我们可从三个方面概括"平台"的特征。

　　第一,网络效应。平台以用户数据为基础,它给用户带来的效益取决于该平台的用户总体规模。具体而言,网络效应又可分为直接网络效应与间接网络效应。前者指用户规模的增长有益于每一个平台用户;后者指随着技术的兼容和服务的扩容,平台可以为更多用户提供更多的产品、服务及应用。

　　第二,多边市场关系。多边平台至少需要具备三个主要特征:一是平台为两个或多个不同的用户类型提供服务;二是不同用户类型需通过平台产生直接或间接的网络效应;三是不同群体之间需要有第三方来协调其交互影响。这就意味着多边市场有不同的参与者,如平台方、应用程序开发者和不同的用户类型(包括消费者、运营商和广告商等)。一方面,它们必须具有互补性的供求关系;另一方面,它们都直接受益于平台及其连接的产品、服务和技术等。

　　第三,可协作的技术架构。平台为不同领域的用户提供服务,必须建立起一种协作式的、合法的、可管理的操作规则及技术界面。一方面,平台兼容并连接不同的产品、技术和服务,可以有效地促进平台生态系统的形成;另一方面,平台的标准化、有序化运营可以防范平台上可能出现的技术风险和道德法律风险。

---

① J. van Dijck, T. Poell, M. de Waal, *The Platform Society: Public Values in a Connective World*, Oxford University Press, 2015, p. 4.

通常情况下,今天人们谈论的平台主要是指一系列大型科技公司,如美国的谷歌、苹果(Apple)、Facebook、亚马逊(Amazon)和微软(五家公司简称 GAFAM),还有中国的百度、阿里巴巴、腾讯(三家公司简称 BAT)和字节跳动等。它们共同构成了一项连接几乎所有社会关系(包括用户群体、广告商、服务提供商、生产商、供应商及实物等)的基础设施,并通过海量的用户数据、技术设施和商业模式实现了对政治、经济、文化及人们日常生活的全面渗透。

二、平台化

在英语世界,"平台化"主要有两种表述:一种是"platformization",另外一种是"platformification"。有论者对"platformization"和"platformification"进行过词义上的辨析①,认为"platformization"主要是指由互联网平台创生的一种社会文化形态及商业服务模式。"platformification"则主要出现于金融科技领域,用以描述传统商业银行在新技术驱动下所扮演的一种金融服务角色,如整合信贷资源、发放授权与跨行互动等。罗恩·谢夫林(Ron Shevlin)将"platformification"定义为"一种即插即用的商业模式,它允许多个参与者(生产者和消费者)与之连接,并进行交互,进而创造和交换价值"②。尽管二者在内涵和模式上存在一定的相通之处,但"platformification"主要用以指涉金融技术应用领域内发生的变化。

---

① R. Sreelakshmi, "Platformification v/s Platformization: What Do These Terms Mean?", 2020 - 08 - 13, https://omifoundation. medium. com/til-platformification-v-s-platformization-what-do-these-terms-mean-c3439a8152a.

② Ron Shevlin Weighs in on the Platformification of Fintech, 2019 - 01 - 08, https://associationdatabase. com/aws/AFT/page_template/show_detail/209486?model_name=news_article.

相较之下,"platformization"无论是在范围、边界还是在内容与形态上,都是一种较为广义的社会文化现象。本书讨论的"平台化"主要是"platformization"。

顾名思义,"平台化"是衍生自平台的一个核心概念。时至今日,平台化已不再是一个新兴的发展趋势,而是全球社会目前正在经历的一个客观现实。如果可以把平台描述为一种技术"产品"或"事物"的话,那么平台化可以说是一个动态的"进程",一种"影响",一个正在成形的社会形态。此外,"平台化"也通常用以描述互联网平台对人们的日常生活、社会交往、经济形式、国家治理等各个方面的影响。

平台化构成了当前一种全新的经济结构与社会文化形态,所以对平台化的理解和讨论也涉及各个不同的学科领域。例如,在学术界就已出现大量关于"××的平台化"的表述,包括"网络的平台化"(platformization of the web)、"资本主义的平台化"(platformization of capitalism)、"社会的平台化"(platformization of society)、"教育的平台化"(platformization of education)、"文化的平台化"(platformization of culture)、"媒体的平台化"(platformization of media)、"消费文化的平台化"(platformization of consumer culture),等等。

托马斯·普尔(Thomas Poell)等人曾撰文对平台化概念的文化语境、定义和操作展开综合性讨论[1],主要立足于互联网技术研究、商业研究、批判政治经济学和文化研究的学术视角,探讨了平台化的定义,包括如下四个方面。

---

[1] T. Poell, D. Nieborg, J. van Dijck, "Platformisation", *Internet Policy Review*, 2019,8(4).

第一,互联网技术研究领域。平台的出现是互联网信息技术高速发展的直接结果,因此,这一领域也最早对"平台化"做出了界定。例如,A. 赫尔蒙德(A. Helmond)指出,平台化是平台扩张并渗入网络,以及第三方时期数据平台就绪的一个过程[1]。在互联网领域,有关平台化的主要研究内容为应用程序的编程接口(Application Programming Interface,简称 API)和软件开发工具包(Software Development Kit,简称 SDK)。它们是使第三方形成数据流,并将软件与平台基础设施进行集成的重要元素。J. C. 普兰廷(J. C. Plantin)等人则重点研究了平台的技术设施维度,注意到"基础设施平台化"与"平台基础设施化"的相生共长。他们指出,数字技术已成为"政府或准政府机构的垄断基础设施的替代方案,而且它成本低,更具活力和竞争力"[2]。

第二,商业研究领域。该领域主要聚焦于平台经济业务,将平台商业作为一个分析对象,探讨平台化对经济和多边市场竞争的影响。对于平台企业而言,它们可以利用平台市场扩大网络的外部性影响。随着终端用户和平台业务的补充者不断与平台连接,将进一步出现"间接的网络效应",扩大企业的市场规模和社会效益。这有可能引发平台企业的资本和权力过大问题,批判政治经济学领域对此有深入探讨。

第三,批判政治经济学领域。在这一领域,学者虽然并未对"平台化"做出明确界定,但他们深入探讨了全球性平台的权力扩张

---

[1] A. Helmond, "The Platformization of the Web: Making Web Data Platform Ready", *Social Media Society*, 2015,1(2).

[2] J.C. Plantin, C. Lagoze, P.N. Edwards, et al., "Infrastructure Sudies Meet Platform Studies in the Age of Google and Facebook", *New Media & Society*, 2018,20(1).

和治理强化等问题。同时，他们将视角转向基于平台化引发的劳动剥削、监视、帝国主义、平台劳工、地缘政治等议题，提出了"平台帝国主义"（platform imperialism）概念。例如，达尔·永·金（Dal Yong Jin）认为，那些增长过快的平台企业（如 Facebook 和谷歌等）都已充分表明，美国正通过平台的全球性扩张在全世界进一步延续霸权①。

第四，文化研究领域。传统研究主要从制度视角将平台与平台化视为一种基础设施、市场形态、治理模式，而缺乏对平台如何改变文化实践的分析。文化研究学者针对平台化引发的文化实践的变化展开了研究，如自我呈现、个性表达，以及劳工关系变革、视觉文化等议题。他们不仅深入用户与平台之间的劳动关系，还探讨了新型职业（如主播、视频博主等）背后的性别差异、社会等级、制度结构、文化实践等相关议题。

上述四种理论视角为我们理解平台化及其社会文化影响提供了一定的指导意义。由此，我们或可对平台化做出这样的定义：它指互联网平台的经济、政治和技术基础设施广泛渗透于网络与应用生态系统，并从根本上影响了人们的社会文化生活，实现了对社会生产与再生产过程的一种全方位重塑。

第二节　平台社会的运行机制

互联网平台对人类生活进行了全方位渗透，并已成为维系全

---

① D. Y. Jin, "The Construction of Platform Imperialism in the Globalization Era", *Triple C* (*Communication, Capitalism & Critique*)*: Open Access Journal for a Global Sustainable Information Society*, 2013, 11(1).

球社会运行的重要的公共基础设施。

在西方,安德鲁·查德威克(Andrew Chadwick)立足于 Facebook、谷歌、爱彼迎(Airbnb)和优步(Uber)等平台向全世界蔓延的现象,认为互联网平台深刻影响着人类社会的组织结构、经贸形式、文化习俗及生活方式①。尼克·库尔德利(Nick Couldry)和安德烈亚斯·海普(Andreas Hepp)则指出,在线平台生产了我们的社会结构②。

在中国,平台化同样促生了一种全新的经济结构与社会文化形态,阿里巴巴、百度、腾讯、滴滴、抖音等互联网企业已在新技术的驱动下实现了对社会生产与再生产过程的重塑。在 2020 年初暴发的新冠疫情中,各类平台有效地协助政府、企业、社区及家庭应对防控,成为支撑国家治理体系和体现国家治理能力现代化的重要力量。

2020 年 4 月,国家发展和改革委员会提出"新基建"概念,将信息平台的建设与治理作为未来社会发展的核心内容。目前,平台化是全球社会的一种发展趋势,而且平台的基础设施化与基础设施的平台化已成为新的社会变革力量。

对于普通大众而言,平台也许仅仅是他们进行在线活动的一种技术工具,但对学者而言,他们致力于深入探讨平台的构成要素和运行机制(platform mechanism)。

就平台的构成要素而言,何塞·范·迪克等人指出:

平台是以数据为驱动,通过算法和界面进行自动化与组

---

① A. Chadvick, *The Hybrid Media System: Politics and Power*, Oxford University Press, 2013.

② N. Couldry, A. Hepp, *The Mediated Construction of Reality*, John Wiley&Sons, 2016.

织化,通过由业务模型驱动的属权关系使数据正当化,并通过用户协议来进行管理。[①]

就平台的运行机制而言,何塞·范·迪克概括出三个主要方面:一是数据化(datafication),二是商业化(commodification),三是选择性(selection)。

一、数据化

"数据化"这一术语指将某些事物或行为制作成数据(data)信息的过程。自从人类开始使用符号和文字之后,他们就已经在从事数据化工作了。用 R. 基钦(R. Kitchin)的话说,数据"将世界抽象成某种类别、尺度和其他表征性形式所产生的信息……它构成信息和知识得以被创造的基石"[②]。

这里还需辨明的一点是,"数据化"与"数字化"(digitalization)并非等同。英国学者维克托·迈尔-舍恩伯格(Viktor Mayer-Schönberger)和肯尼思·库克耶(Kenneth Cukier)在《大数据时代:生活、工作与思维的大变革》一书中明确指出,"数据化和数字化大相径庭。数字化指的是把模拟数据转换成用 0 和 1 标示的二进制码",数据化则"指一种把现象转变为可制表分析的量化形式的过程"[③]。数据不仅可以记录文字信息,收集地理方位,还可以随时通

---

① J. van Dijck, T. Poell, M. de Waal, *The Platform Society: Public Values in a Connective World*, Oxford University Press, 2018, p. 9.

② R. Kitchin, *The Data Revolution: Big Data, Open Data, Data Infrastructures & Their Consequences*, Sage Publications, 2014, p. 1.

③ [英]维克托·迈尔-舍恩伯格、肯尼斯·库克耶:《大数据时代:生活、工作与思维的大变革》,盛杨燕、周涛译,浙江人民出版社 2013 年版,第 104 页。

过在线平台获取用户的动态信息,预测用户的情感喜好,跟踪用户的交互活动,将用户所有的线上生活行为进行数据化处理和利用。因此,数据化也被视作互联网平台将数据转化为一种量化标准的能力。

何塞·范·迪克等人从数据的抓取(capturing)和流通(circulating)两个方面论述了平台的数据化机制。

首先,平台的技术架构通过一种标准化按钮及其与第三方应用程序和网站进行深度集成所建立的数据分析软件,来实时收集和分析用户数据。每位用户的每一项在线活动都可以被平台抓取,并在经过算法处理后生成用户的数据画像。这些在线活动包括用户发布的信息或评论,用户对打车体验或所住酒店的评分,用户点赞或转发的内容,关注或取消关注的好友信息,等等。这些用户在线社交活动都是可供平台抓取的数据信号,平台可以借此来统计用户信息、监测用户行为及描述用户关系特征等。

其次,通过与其他应用程序的连接,平台一方面完善了生态系统的建设,另一方面也允许第三方应用程序的编程接口访问平台数据,提供了一种适应平台规则的数据流通规则。从这个意义上说,平台与第三方应用程序形成了一种合作关系,这也成为平台业务模型的核心部分。由此,这些数据在平台业务中不断进行交换,成为用户、营销商、广告商,以及各种公共机构、社会组织和公司开展业务的重要资源。

数据化机制在对社会关系的配置中起到了核心作用,通过数据收集和处理功能,平台可以跟踪和预测用户的表现、情绪、交易、非正式交流及相关活动,而且数据交换(data exchange)的社会、经济和公共价值都具有实时性与预测性,这也使得平台企业能直接跟踪并影响数据流量、社会舆论和公共价值观念。

数据是从平台内容和在线活动中通过算法被提取出来的重要资源，数据化也常常被理解为一种"解释世界的新方式"。不过，数据化背后潜藏着一系列关于平台权力、数据安全及地缘政治等问题，所以学界对数据化的看法存在诸多争议。关于此，乌利塞斯·A.梅西亚斯(Ulises A. Mejias)和库尔德利概括出了三个主要的观点：一是政治经济学角度，关注的议题包括数据化与劳动关系，以及经济形式和社会进程等；二是法律研究领域，关注数据化与个人隐私和隐私规范，以及数据化与数据监管；三是非殖民化理论视角(decolonial theory)，数据化被理解为一种"数字殖民"过程，一种数据殖民主义模式(这仍被视作权力殖民的延续，即一种在社会和认知领域的统治形式①)。

二、商业化

商业化机制是数据化发展的必然结果，因为数据在平台化社会的机制作用下具有广泛的商业价值。

不过，这里需要明确"商业化"(commodification)与"商品化"(commoditization)之间的语义差异，二者是两个不同的概念。简单来说，"商业化"指原本不应被视为商品的东西(如知识、思想、自然资源、人格、人身、生命等)被赋予了一种商业价值。它最初是出现于市场之外，后来才演变为商业交易的对象。在社会环境中，使用"commodification"意味着非商业物品变成了商品，也意味着一种"商业性腐蚀"(corrupted by commerce)。"商品化"则指专有产品(如食品)因具有经济价值和独特属性而变成了一种通用的、可供

---

① U. A. Mejias, N. Couldry, "Datafication", *Internet Policy Review*, 2019, 8(4).

交换的商品,并且在流通过程中存在激烈的价格竞争。

马克思、恩格斯在《哲学的贫困》中称,一切事物最终都会变为商品,"那些在此之前一直被交流、从未被交换,只是被给予、从未被出售,只是获得、但无需购买的东西——美德、爱、良心——最后都进入了商业"[1]。

平台对用户的数据进行计算和量化,使其变得更加容易读取。由此,平台可以洞悉广大用户的兴趣、偏好和需求。根据用户的数据特征,平台为创建多边市场发挥着核心作用,并最终建立起用户与广告商、服务提供商或其他机构的商业联系。

在平台生态系统中,商业化机制对用户进行"赋权"(empowering),同时也"剥夺"(disempowering)了用户的权利。一方面,用户可以在平台中出售个人的资产、产品或在线体验;另一方面,商业化机制还涉及对文化实践、用户劳动及按需服务工人的剥削。这就导致经济权力最后集中在平台所有者或运营商的手中。

为了能在多边市场中获得成功,平台必须与尽可能多的用户和市场主体进行连接。在这样的经济配置中,平台通过其网络效应与其他服务提供商连接,组建成一个日益复杂的多边市场。这不仅会对用户产生较大的吸引力,也会对服务、技术的开发商和营销商产生更强大的吸引力。而且,一旦用户与平台及多边市场进行大规模的聚合和整合,平台将最终居于垄断地位,并在经济市场中发挥支配作用。

平台的商业化机制主要围绕数据展开,其商业化运作内容至少体现在以下四个方面:一是数据交易,即平台将数据资源的所有

---

[1] K. Marx, F. Engels, *Collected Works of Karl Marx*, Delphi Classics, 2016, p. 630.

权、使用权和收益权进行流通,实现商业价值的变现;二是数据共享,即平台方与其他平台企业或应用市场开发者基于一种商业合作行为而进行数据共享,推动它们在经济领域的合作;三是数据分析,即平台方通过对数据的挖掘、分析、整合与完善,增强平台技术、产品或服务的商业化利用,以更好地服务企业的战略决策,如精准营销、改善用户体验、增强用户黏性、扩大市场规模、提高市场竞争力;四是开发数据产品,即平台掌握大规模的用户数据后,可以对这些数据进行不同程度的挖掘和开发,并针对不同用户推出一系列数据产品。

平台并不拥有生产资料,但平台正在"接管"每一个行业,因为它创造了连接的渠道。凭借数据化机制,平台创生出一种基于新技术语境下的商业依存关系和经济生态。平台通过将用户与多边市场聚合而创造出商业价值。在平台生态系统中,用户规模越大,接入的多方市场就会越庞大,商品、服务与流量也就越丰富。这些都将进一步增强平台权力,使其实现对人们日常生活的全方位渗透。

三、选择性

选择性机制指平台用户可以通过评分、搜索、分享、关注、订阅等线上行为来过滤内容。这种机制是通过平台的界面和算法来触发或过滤用户活动的一种能力,用户与平台的编码环境进行交互,进而影响定制内容,确保某些特定内容、服务和人员的可见性与可用性。

需要指出的是,平台的这种选择性机制仍然是建立在平台的算法基础之上的,它往往又有三种具体表现,即个性化(personalization)、声誉和趋势(reputation and trend)及调节性

（moderation）。

个性化指的是用户与平台之间的信息与行为交互。一方面，根据个人兴趣、生活习惯及价值观念，用户可以通过互联网平台选择特定的内容、业务模型及交往方式；另一方面，这些在线行为能随时被平台的运用程序抓取、收集和分析，所以平台可以根据用户的数据特征去了解用户的偏好和意图，进而适应用户的个性化特征与需求，为用户提供量身定制的内容、服务与体验，同时过滤掉一些其他选项，实现个性化推送和营造个性化的网络环境，保持用户的平台参与度。在人工智能兴起以前，用户必须按规定的时间与方式来获取信息或观看节目，所以个性化定制是一种完全区别于过去静态式传播的新方式。

个性化观念可追溯到 20 世纪 80 年代的关系营销（relationship marketing），美国得克萨斯农工大学的伦纳德·L. 贝瑞（Leonard L. Berry）教授将其定义为"吸引、维持并在多种服务组织中加强客户关系"[1]。在平台社会时代，这种个性化不仅体现为一种营销手段，还体现为一种用户心理层面的体验。据美国得克萨斯大学的一项研究，用户的个性化偏好可归结为两个关键因素，即控制欲（desire for control）和信息过载（information overload）[2]。个性化体验让用户能自由选择自己感兴趣的内容，并对所参与的内容有一定程度的控制力；同时，个性化内容可以帮助用户减少信息过载，有利于

[1] L. L. Berry, "Relationship Marketing of Services-Growing Interest, Emerging Perspectives", *Journal of the Academy of Marketing Science*, 1995(23).

[2] L. F. Bright, "Consumer Control and Customization in Online Environments: An Investigation into the Psychology of Consumer Choice and Its Impact on Media Enjoyment, Attitude, and Behavioral Intention", 2008 - 12, https://repositories. lib. utexas. edu/handle/2152/18054.

创建一种易于用户管理和适应的环境。当然,网络平台构建的这种完全个性化的信息、服务和环境也容易带来社会的不和谐,将用户局限于一种"过滤气泡"(filter bubble)的茧房环境。这在一定程度上也容易导致社会的分裂和观念的极化,值得引起高度关注。

声誉和趋势指用户不仅可以在平台上获取个性化的信息或服务,还可以通过了解其他用户群的趋势而确定自己的声誉。具体来说,平台为用户提供趋势主题,引发用户的关注和参与,进而提高流量,扩大注意力,将相关内容、商品或服务进行最大范围的传播。这一方面可以为平台的数据交换带来利益,另一方面也导致用户的行为与观念不可避免地受到平台的操控。声誉主要是通过用户的评价来实现数据化,它不仅反映商品或服务的提供商的质量与信誉,也可以协助平台建立秩序,改善生态环境,促使商品或服务的提供商根据平台规则改进产品的质量、提高自己的信誉。当然,现在一些商家普遍熟悉了平台的"流量密码",导致数据造假、数据女工、"水军"等现象屡见不鲜,直接对平台秩序构成了挑战。

调节性主要是由平台的选择性机制所固有的一些缺憾而引起的。当前的平台都积极关注什么内容可以分享,以及谁可以使用某些服务,这必然会引发很多经济、政治和公共价值层面的争议。就平台企业来说,它们开展平台服务具有十分明确的经济动机,所以对于一些通过其渠道进行传播的内容和服务不会采取过度的限制,但这些内容或服务可能存在挑战公共价值和触发社会危机的风险。因此,平台既要赢得用户的广泛信任,又需要对相关内容和服务进行严格的审查。与此同时,如果平台的权力过大或平台滥用权力,也可能会引发一种新的平台危机。由此,平台治理就至少涉及两方面的问题,即平台作为治理的主体和平台作为治理的对象。这在学界已经引发了诸多关于平台价值、平台伦理、平台法规等方面的讨论。

第三节　平台的类型

我们如今已进入了"平台的时代"。近些年来,随着平台企业的快速发展,政策界与学界对于平台类型的讨论也成为一大热点。在此,我们主要对几种具有代表性的类型观点进行简要介绍。

2015年,欧盟细致区分了西方世界的在线平台类型(表1-1)。

表1-1　在线平台类型及示例①

在线平台类型	示例
通用搜索引擎	Google、Bing
专门检索工具	Google Shopping、Kelkoo、Twenga、Google Local、TripAdvisor、Yelp
定位的商业指南或地图	Google Maps、Bing Maps
新闻聚合器	Google News
在线市场	Amazon、eBay、Allegro、Booking. com
视听和音乐平台	Deezer、Spotify、Netflix、Canalplay、Apple TV

---

① European Commission, "Public Consultation on the Regulatory Environment for Platforms, Online Intermediaries, Data and Cloud Computing and the Collaborative Economy", 2015 - 09 - 24, https://digital-strategy. ec. europa. eu/en/consultations/public-consultation-regulatory-environment-platforms-online-intermediaries-data-and-cloud-computing.

在线平台类型	示例
视频分享平台	YouTube
支付系统	Paypal、Apple Pay
社交网络	Facebook、LinkedIn、Twitter
应用商店	Apple App Store、Google Play
协作式经济平台	Airbnb、Uber、Taskrabbit、BlaBlaCar

2016 年,全球企业中心(The Center for Global Enterprise)对全球互联网平台开展调研,并发布了《平台企业的兴起:一项全球的调查》(The Rise of the Platform Enterprise：A Global Survey)报告,概括了四种主要的平台类型(图 1 - 1)。

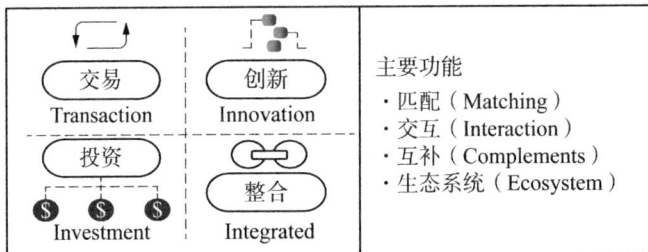

图 1 - 1　平台类型及其功能

一是交易平台(transaction platform),通过一种技术、产品或服务促进不同用户、买家或供应商之间的交换或交易,起到中介的作用。

二是创新平台(innovation platform),以技术、产品或服务为基础给其他公司组织一个创新的生态系统,进而开发一系列互补的技术、产品或服务。

三是集成平台(integrated platform)。这类平台既是交易平台，也是创新平台，如美国的苹果公司既有 App Store 这样的连接性平台，也支持第三方开发者在平台上创建大型生态系统。

四是投资平台(investment platform)，由以下部分组成：制定投资战略的平台，以及控股公司或平台投资者(有时两者兼有)。

上述平台类型的分类方式聚焦于平台企业在互联网市场中提供的业务内容及发挥的社会功能，具体包括市场、搜索引擎、社交媒体、创意内容渠道、应用程序商店、通信服务、支付系统，以及包括"协作式"(collaborative)或"零工"(gig)经济在内的服务，等等[1]。

综上，本书还是主要采用荷兰学者何塞·范·迪克的平台分类。在她看来，平台可以概括为两种经典类型：一种是基础平台(infrastructural platform)，另一种是行业平台(sectoral platform)。前者主要指在互联网市场中占据主导位置的巨头科技公司，如美国的谷歌、苹果、Facebook、亚马逊和微软等，以及中国的百度、阿里巴巴、腾讯、字节跳动等。它们共同构成组建其他基础平台与应用程序的生态系统，充当着管理、处理、存储和引导数据流的"在线把关人"(online gatekeeper)。它们提供的基础服务包括搜索引擎、浏览器、数据服务器、云计算、电子邮箱、即时信息、社交网络、广告网络、应用程序商店、付费系统、识别认证、数据分析、视频托管、地理位置、导航服务及不断扩展的其他服务。后者则主要是为特定产业、行业和市场等提供某种垂直类服务、技术或产品的平台，包括

① OECD, "An Introduction to Online Platforms and Their Role in the Digital Transformation", 2019-05-13, https://www.oecd-ilibrary.org/science-and-technology/an-introduction-to-online-platforms-and-their-role-in-the-digital-transformation_19e6a0f0-en.

新闻、交通、餐饮、教育、卫生、金融和医疗等领域①。由于巨头科技公司提供了相当强大的基础服务,使得许多行业平台都依赖于这一生态系统来开展信息服务,同时,它们之间的日益融合也进一步促使巨头平台全面渗透于人类社会结构的各个方面,进而成为"超级大平台"(superplatform)。

　　在世界范围内,目前具有全球影响力的平台企业主要集中在美国和中国。一方面,这些平台为国家、行业及个人带来了各种发展机遇;另一方面,平台的日益崛起不断冲击着传统社会秩序,也给世界各国政府的社会治理带来诸多挑战。从这个意义上说,平台在为世界经济发展和文化创新带来巨大推动力的同时,也极大地重塑着世界政治格局和人们的日常生活。

　　时至今日,人们的政治、经济、社会文化与日常生活都与平台有着极为密切的关系,而且我们的社会交往与文化实践仍然在加速走向平台化,并越来越受到互联网平台的技术架构与运行机制的深刻影响。这当然也直接影响着青年亚文化的日常实践、身份建构与话语形态。伴随着平台化社会的来临,青年亚文化已经(或曰正在)发生深刻的变化,而且不论我们对亚文化抱持怎样的观点,平台化社会始终是无法摆脱的一种技术-文化语境。

---

① J. van Dijck, T. Poell, M. de Waal, *The Platform Society: Public Values in a Connective World*, Oxford University Press, 2018, p.13.

第二章

青年文化研究的历史与范式

　　青年亚文化研究是一项对青年亚文化现象与"亚文化群"
(subculture)进行概念化并展开描述和研究的工作。亚文化几乎总
是"与时共生的"(contemporizing)[①]，并且在不同时代语境中呈现不
同的风貌形态，这意味着，随着人们对其认识的不断深入，亚文化
研究的理论框架也不断因时而变。尽管西方学界对"亚文化"概念
一直持有争议，但不得不指出的是，"亚文化"仍然是一个"便宜的"
"无所不包的"(catch-all)术语[②]。它可以被用来指代与青年群体及
其生活方式、文化风格与文化实践相关联的任何方面。从现代学
术史的视野来看，亚文化研究被普遍认为始于20世纪20年代，以
美国芝加哥学派为代表。一个世纪以来，西方亚文化研究领域不
仅涌现出大量的理论家，形成了卓具范式意义的理论流派，还出现
了一系列致思路径和研究方法。本章主要聚焦西方青年文化研究
的理论范式，透视从亚文化到后亚文化的范式变迁，并对近些年学
界对后亚文化的批判反思展开分析，进而探讨西方亚文化研究路
径的新趋势。

----

① D. Hebdige, "Contemporizing 'Subculture': 30 Years to Life", *European
Journal of Cultural Studies*, 2012, 15(3).

② A. Bennett, "Subcultures or Neo-tribes? Rethinking the Relationship between
Youth, Style and Music Taste", *Sociology*, 1999, 33(3).

第一节　结构与能动:一种社会文化分析的
　　　　　理论视角

　　"结构与能动"(structure and agency)一直以来都是人文社会科学领域的核心命题①,它既被视作文化研究中的一个"棘手问题"(sticky problem)②,也被视作一个社会本体论层面的问题③。那么,究竟是社会结构还是个体能动在社会运行中占据首要地位呢? 为了全面理解社会生活的本质,理论家们探究了社会文化发展背后的推动力因素,围绕着"结构与能动"展开丰富的争论和讨论,并在研究方法层面形成了两种不同的致思路径,即基于结构的研究方法(structure-based approach)和以能动为中心的研究方法(agency-centered approach)。

　　结构论者认为,"结构"(structure)在社会文化运行的过程中占据主导地位,组织并制约着人类个体的行为,持这一观点的代表理论家有埃米尔·涂尔干(Emile Durkheim,也译为埃米尔·杜尔凯姆)和马克思。在涂尔干看来,结构对于社会稳定至关重要,个体行为受制于现实和外部的"社会事实"(social fact)。所谓"社会事实",是约束并定义人类行为的核心要素,指的是以明确形式表现

①　M. O'Donnell, *Structure and Agency*, Sage Publications, 2010.
②　S. Hays, "Structure and Agency and the Sticky Problem of Culture", *Sociological Theory*, 1994,12(1).
③　V. S. Ögütle, "Institution as Mediation between Social Structure and Agency: Toward a Realist Social Ontology of Institutions", *Journal for the Theory of Social Behaviour*, 2021,51(3).

出来的集体规范,包括经济制度、法律规则、道德义务、流行箴言、社会习俗、文化传统及意识形态等。它们"具有永恒存在的特性,不会随着个人行为的不同而改变,并且构成了一个固定的对象和标准"①。这些结构化因素不仅可以对个体的思想观念施加强大的影响和约束,决定他们的行为、经历与选择,还对维护既定的社会结构、社会关系和实践起到"超稳定"的作用。这一流派的观点也被定义为结构-功能主义(structural-functionalism),在社会人类学、政治经济学等领域产生了巨大影响。

与之相对,能动论者强调"个体能动"(individual agent)对于建构和重构世界的作用,即个体具有做出自己选择和独立行动的能力,并且人的能动性是社会行动、事件和结果背后的唯一推动力量。据此,能动论者提出,社会科学的研究重点应聚焦于"个体的理性、能动性和积极的行为能力"②。持这一观点的理论家主要有马克斯·韦伯(Max Weber)。与"涂尔干问题"(Durkhemian problem)的视角不同,韦伯立足于从个体能动的微观视角来解释社会行动。在他看来,所有社会研究的对象都是"有意义的主观行为"(meaningful subjective action),个体并非被强大的社会力量控制的静态性存在,而是在任何现存环境中都作为一个"动态的、理性的、有动力的行为者"③。因此,能动也体现出行动和抵抗的意义。在西方,"能动"经常以不同的方式被概念化。例如,有学者剖析了"能动"的两种意义:一是个体拥有的使其能够参与行动的权利,二

① E. Durkheim, *The Rules of Sociological Method*, Free Press, 1982, p.55.
② S. Gordon, *The History and Philosophy of Social Science*, Routledge, 1991, p.477.
③ Sherman Tan, "Understanding the 'Structure' and 'Agency' Debate in the Social Sciences", *Habitus*, 2011(1).

是独立于社会结构制约的个体行动。也就是说，"能动"意味着一种"自主和自愿，甚至可能是一种创造性"①。

在学界，结构与能动的张力至今仍然存在，尽管 S. 福克斯（S. Fuchs）称其为"未解的核心之谜"（unresolved core enigmata）②，但围绕二者的讨论不仅构成了许多社会理论的基础，还出现了大量关于结构与能动的实证研究。随着对这一问题研究的不断深入，学界逐渐形成了"超越结构与能动"（beyond structure and agency）的综合框架。例如，安东尼·吉登斯（Anthony Giddens）提出了所谓的"结构二元性"（duality of structure），指出结构与能动是相互关联的，即正是人类行动者通过发明价值观、规范或通过社会接受而形成的强制性方式，创造出了我们社会的结构性要素。皮埃尔·布尔迪厄（Pierre Bourdieu）也致力于克服能动/结构二元论，他认同结构的力量却不忽略能动（现实生活中的行为者）。G. 里泽（G. Ritzer）指出，布尔迪厄的研究兴趣在于"研究与精神结构关联的客观结构，因为精神结构本身就涉及客观结构的内化"③。布尔迪厄提出的关于"实践"（practices）、"惯习"（habitus）和"品味"（taste）等概念，都不同程度地涉及社会结构的内在化问题。近年来，不断有学者通过探讨结构与能动之间的辩证关系，试图消除二者之间的鸿沟，并提出一种替代性的研究框架。学者们"不仅关注结构如何构成了能动者的身份和利益，还试图去解释个体能动者如何有效

① C. Campbell, "Distinguishing the Power of Agency from Agentic Power: A Note on Weber and the 'Black Box' of Personal Agency", *Sociological Theory*, 2009, 27(4).

② S. Fuchs, "Beyond Agency", *Sociological Theory*, 2001, 19(1).

③ G. Ritzer, J. Stepnisky, *Contemporary Sociological Theory and Its Classical Roots: The Basics*, Sage Publications, 2017, p. 202.

地构成了这些结构"①。总而言之,上述内容为我们回顾并反思西方亚文化研究提供了重要的理论基础和分析视角。

第二节 社会结构:伯明翰学派与 亚文化研究的范式

在当前人文社会科学领域,"亚文化"已是一个十分重要的概念,它作为一种研究范式,也被用于分析和解释青年文化群体及相关社会实践。关于亚文化研究的起源,国外学界虽有不同争议②,但它作为一个现代意义上的"学科"问题,则由芝加哥学派奠定了基本的学术路径与研究基础。该学派立足于城市生态社会学和人种学的研究方法,将芝加哥视为"美国城市的代表"和一个"巨大的实时实验室"③,侧重于社会结构与物理环境因素(而非遗传或个人特征)。例如,早期芝加哥学派的代表人物罗伯特·帕克(Robert

① E. Adler, *Communitarian International Relations: The Epistemic Foundations of International Relations*, Routledge, 2004, p. 97.

② 如肯·格尔德(Ken Gelder)在《亚文化群体:文化史与社会实践》一书中指出:"亚文化的文化史发生于 16 世纪中叶的伦敦。"在此,他将对"伊丽莎白时代的黑社会"及所谓的"流氓文学"(rogue literature)的关注视作亚文化研究的开端。参见 Ken Gelder, *Subcultures: Cultural Histories and Social Practice*, Routledge, 2007, p. 5. 根据赫伯迪格的说法,亚文化在英国的研究可追溯至 19 世纪,以亨利·梅休(Henry Mayhew)和托马斯·艾克尔(Thomas Archer)的作品,以及查尔斯·狄更斯(Charles Dickens)和阿瑟·莫里森(Arthur Morrison)的小说为代表。参见 Simon During, *The Function of Subculture. The Cultural Studies*, 2nd ed., Routledge, 1999, pp. 441 - 450。

③ M. D'Eramo, *The Pig and the Skyscraper — Chicago: A History of Our Future*, Verso Books, 2003, p. 256.

Park)和欧内斯特·伯吉斯(Ernest Burgess)将城市理解为一个"有机体"(organic entitie)，并发展出一种将社会生活与生物有机体进行比附的人类生态学理论(human ecology)。他们将生态学引入城市社会研究领域，认为对城市社区做深入的科学研究是实现社会进步的一项要求。在他们看来，社会群体由不同的部分有机组成，同样地，城市本身也并不是一个同质的地方，而是一个被划分为不同区域的"小世界"(little world)，它们由职业、专业和社会差异来定义，对于社会整体的稳定性发挥着作用。不过，随着城市的工业化、大规模移民、技术创新及经济改革的发生，城市的平衡与社会的稳定因子遭到破坏，并引发高失业率、降低生活水平及频繁的人口流动，这也导致了一系列越轨行为和街头犯罪。从这一意义上看，冲突、暴力和有组织的犯罪等并不是个体的一种内在缺陷，而是环境自身的产物。帕克的观念中蕴含着一种二元结构：乡下社区(provincial community)代表着一种稳定的、不变的社会身份，以及一个习俗化、常态化的地方；现代城市则被视作一种非传统的、分歧的、例外的和古怪的居所①。伯吉斯则将社会关系复杂化，认为城市化本身不可避免地造成了社会解体(social disintegration)，会触发竞争、犯罪、融合及传统道德的破坏，并催生新的不同的个人类型。"在城市环境的影响下，本土依恋的瓦解和主要群体的约束与控制机制的削弱在很大程度上导致了大城市中邪恶与犯罪的增加。"由此，城市化在促成"社会解体"(social disorganization)、削弱社会控制的同时，还引入了机会和冒险因素，使城市生活充满了刺激和诱惑，给年轻和新鲜的血液带来一种特殊的吸引力。

---

① R. E. Park, E. W. Burgess, *The City*, University of Chicago Press, 1925, p. 45.

芝加哥学派的研究与他们关注的城市社会无组织化过程中的边缘人群息息相关。芝加哥学派开展了一系列有代表性的研究，包括内尔斯·安德森(Nels Anderson)对流浪汉(the Hobo)的研究，弗雷德里克·思拉舍(Frederic Thrasher)对帮派的研究，保罗·克雷西(Paul Cressey)对出租车舞女(taxi-dancers)的研究，威廉·怀特(William Whyte)对意大利贫民社区科纳维尔(Cornerville)的民族志观察，以及爱德华·弗雷泽(Edward Frazier)对美国黑人家庭的研究等，均致力于建立一种研究框架，来揭示青年群体参与亚文化的意义和功能。

安德鲁·阿伯特(Andrew Abbott)指出："芝加哥学派根本不是一种事物，而是生成事物的一种方法，……是一种将特定时间获得的社会关系与知识观念相结合的传统，并考察传统如何随着时间推移而重现的一种观念。"①这种立足于社会结构的研究视角为之后的亚文化研究带来了范式性影响。

20世纪60年代，随着伯明翰学派的正式兴起，"亚文化"一词与青年文化研究全面关联了起来②。伯明翰学派出现于"二战"之后的英国，于1964年由理查德·霍加特(Richard Hoggart)创立。之后，斯图亚特·霍尔(Stuart Hall)、理查德·约翰逊(Richard Johnson)等人相继担任英国当代文化研究中心(The Centre for Contemporary Cultural Studies，简称CCCS)主任。胡疆锋指出，该学派成员综合了三种不同的理论资源：一是霍尔提倡的"不作保证的马克思主义"，二是芝加哥学派的越轨社会学，三是结构主义和符

① A. Abbott, *Department and Discipline: Chicago School at One Hundred*, University of Chicago Press, 1991, p.1.

② S. de Bruin, *Something for Everyone? Changes and Choices in the Ethno-Party Scene in Urban Nightlife*, Amsterdam University Press, 2011, p.20.

号学理论①。在此基础之上,他们对亚文化群体(如泰迪男孩、摩登派、光头党、朋克和查夫斯②等)的阶级关系及各群体参与的社会结构斗争进行了深入研究。尽管该学派的研究对象丰富多样,但研究者却较为一致地呈现出对亚文化群体研究的一种结构性视角,具体涉及三个方面。

　　其一,社会阶层是 CCCS 的一项中心议题。伯明翰学派将社会结构视为亚文化群体的决定性因素。他们认为,"在现代社会当中,最基本的群体就是社会阶级……我们必须通过亚文化群体与其所属的那个更大的阶级-文化网络系统的关系——前者成为后者独特的构成要素——去理解它们"③。各种亚文化群体正是在其所属阶层的社会与文化阶级关系中形成的,阶级构成了他们对社会生活困境的一种体验,同时给他们的实践提供了基本的文化架构。亚文化群体表现出的不同行为模式和相关的价值观、规范、信仰及物质财富,都与其在社会化过程中遭遇的社会结构问题密切相关。

　　其二,伯明翰学派提出的"抵抗"或"通过仪式抵抗"概念"总是不

---

① 胡疆锋:《伯明翰学派青年亚文化理论研究》,中国社会科学出版社 2012 年版,第 38 页。

② 查夫斯(chavs)在英国的部分地区也被称为"charver""scally"或"roadman"。该词用于形容穿戴华丽珠宝、白色运动鞋、棒球帽和假名牌服装的反社会、没有文化的下层青年,通常体现为一种带有贬义色彩和充满敌视的刻板印象。欧文·琼斯(Owen Jones)在《查夫斯:工人阶级的妖魔化》(*Chavs: The Demonization of the Working Class*, 2011)一书中认为,这个词是对穷人的攻击,它同时开启了英国关于阶级的讨论。查夫斯文化是工人阶级青年亚文化的一种演变,与特定的商业服装风格相关。

③ [英]斯图亚特·霍尔、托尼·杰斐逊:《通过仪式抵抗:战后英国的青年亚文化》,孟登迎、胡疆锋、王蕙译,中国青年出版社 2015 年版,第 82 页。

断地返回到文化与权力的联系"①这一基本方法,呈现出边缘文化/被压迫文化与主流文化/霸权文化之间的结构性冲突。在《亚文化:风格的意义》一书中,迪克·赫伯迪格(Dick Hebdige)借用安东尼奥·葛兰西(Antonio Gramsci)的霸权理论和路易·阿尔都塞(Louis Althusser)的意识形态理论,揭示了亚文化群体所深陷的一种社会结构关系。他指出,霸权是某些社会阶层对从属群体阶层行使的"全面的社会权威",借助高压手段强加观念甚至达成共识等方式,来维持霸权。这使从属群体被操控、限制在一种仿佛永恒不变、自然而然、超历史的意识形态空间内②。从这个意义上说,亚文化群体的社会生活和文化实践正是因为与统治者的霸权存在结构性的紧张关系,才"总是充满对抗"③。身处"被压迫"的社会处境,青年群体通过寻求少数派独有的风格(如令人讨厌的发型、装扮或淫秽歌词等)来抗拒、反对他们眼中的霸权文化,以各种可能的方式抵制他们认为对自身生活施加了意识形态和控制的文化规范与价值观念。这种抵抗同样是以阶级、种族、民族、性别等作为行动框架的。在《通过仪式抵抗:战后英国的青年亚文化》一书中,伯明翰学派指出,"协商、抵抗和斗争,构成了处于从属地位的文化与占支配地位的文化之间的多种关系"④。

其三,伯明翰学派将青年亚文化群的风格理解为一种"反抗的风格"(style into revolt),意味着一种自反的(reflexive)和反霸权的

————————

① [英]斯图亚特·霍尔、托尼·杰斐逊:《通过仪式抵抗:战后英国的青年亚文化》,孟登迎、胡疆锋、王蕙译,中国青年出版社2015年版,第32页。

② [英]迪克·赫伯迪格:《亚文化:风格的意义》,陆道夫、胡疆锋译,北京大学出版社2009年版,第18页。

③ [英]斯图亚特·霍尔、托尼·杰斐逊:《通过仪式抵抗:战后英国的青年亚文化》,孟登迎、胡疆锋、王蕙译,中国青年出版社2015年版,第122页。

④ 同上书,第121页。

(counter-hegemonic)政治,并据此展开了对阶级、种族、性别等一系列社会结构矛盾的分析。在伯明翰学派看来,亚文化群通过创造一种共享的着装风格、音乐品味、休闲实践和媒体消费模式,制造出了一系列"奇观",进而将自己与主流文化进行区隔。这不仅构成了其群体身份认同的一种基本方式,也成为他们采取文化实践来解决阶级矛盾的"神奇性方案"①。约翰·克拉克(John Clarke)指出,"要观察风格,不能脱离群体的结构、地位、关系、习惯和自我意识"②。风格(一种整体生活风格)被伯明翰学派"置于一种霸权文化与一种从属文化的相互关系之中"③。

通过上述分析,可知伯明翰学派形成了一种非常自觉的方法论意识。他们认为亚文化群体及其文化实践体现出一种明显的结构性特征,风格也都"建立在由群体关系、活动和环境构成的基础构架之上"④。

第三节　个体能动：后亚文化对　　亚文化的反思与重建

伯明翰学派立足于结构性视角对亚文化展开的探讨遭遇了来自多方面的批评与质疑。可以说,对亚文化的重新定

---

① P. Cohen, "Sub-Cultural Conflict and Working Class Community", *Cultural Studies 2*, University of Birmingham, 1972.
② [英]斯图亚特·霍尔、托尼·杰斐逊:《通过仪式抵抗:战后英国的青年亚文化》,孟登迎、胡疆锋、王蕙译,中国青年出版社 2015 年版,第 304 页。
③ 同上书,第 319 页。
④ 同上书,第 135 页。

义（reconceptualized）至今没有停止过。起初，这些批评仍体现出一种结构性维度。例如，大卫·马格尔顿（David Muggleton）指出，亚文化研究主要聚焦的是工人阶级男性，忽视了其他的社会结构特征，如性别、种族等①；在性别方面，麦克罗比（McRobbie）和加伯（Garber）揭示了伯明翰研究的男性主导倾向，认为他们未能将女孩的参与纳入亚文化的范围研究②；在种族方面，P. 韦德（P. Wade）③和 R. 胡克（R. Huq）④等人指出，在后殖民时代，全球化（globalization）和本土化（localization）相互交织，验证了文化同质性的观念（这被视作对身份和特定价值观的一种确认）；安迪·本尼特（Andy Bennett）也认为，伯明翰学派的亚文化理论本质上是一个英国概念，很难将其运用于其他国家的社会语境⑤。在这些质疑声中，"亚文化"由一个本质主义概念衍变成一个充满变量的概念。一些理论家直言：亚文化概念无法应对日益增长的文化活力，在当代社会，个体身份（individual identity）一直都在转变之中（in transition），集体身份（collective identity）将是零碎的和暂时性的⑥。

① David Muggleton, *Inside Subculture: The Postmodern Meaning of Style*, Berg Publishers, 2000.
② ［英］斯图亚特·霍尔、托尼·杰斐逊：《通过仪式抵抗：战后英国的青年亚文化》，孟登迎、胡疆锋、王蕙译，中国青年出版社 2015 年版，第 343 页。
③ P. Wade, *Music, Race, and Nation: Musical Tropical in Colombia*, University of Chicago Press, 2000.
④ Rupa Huq, *Beyond Subculture: Pop, Youth, and Identity in a Postcolonial World*, Routledge, 2006.
⑤ Andy Bennett, "Consolidating the Music Scenes Perspective", *Poetics*, 2004, 32(3 - 4).
⑥ Andy Bennett, "Subcultures or Neo-Tribes? Rethinking the Relationship between Youth, Style and Musical Taste", *Sociology*, 1999, 33(3); David Muggleton, *Inside Subculture: The Postmodern Meaning of Style*, Berg Publishers, 2000.

　　对亚文化理论的批评主要来自后亚文化理论。该理论于 20
世纪 90 年代后期开始受到人们的广泛关注。后亚文化理论提出
了一种更复杂、更具动态性和个性化的分析视角,即通过强调个体
能动来质疑伯明翰学派的社会结构研究范式。

　　后亚文化理论的出现直接受到后现代主义和消费主义的推
动。在后亚文化的理论家们看来,后现代语境下的群体身份,如社
会等级、阶层等,并不是那么重要。青年的身份主要是被建构的,
而不是给定的;是流动的,而不是固定的。换句话说,它由个体的
能动选择来决定。随着消费社会的形成,青年人可利用的闲暇时
间越来越多,由此形成了一种"俱乐部文化"。史蒂夫·雷德黑德
(Steve Redhead)以锐舞(Rave)风格为例,认为这种文化在同一个舞
池中混合了多样的风格,吸引了一部分先前对立的亚文化群体①。
这种风格使原先不同群体间的那种阶级、种族、性别等结构性分歧
得以消除。通过消费,年轻人可以在"风格市场"(supermarket of
style)上任意选择不同的时尚、音乐品味和身份。人们不再将自身
视作一种固化的群体身份,而是视作独立的个体。由此,过去那种
结构化的亚文化理论或方法便很难再有效地分析青年群体的社会
生活、风格和音乐品味。

　　马格尔顿指出,"亚文化分裂和快速发展的数十年,伴随着大
量的(亚文化)复兴、杂合和转换,无数风格在任何一个时间点上并
存"②。这种对青年身份及风格的多样化、混合化及个体化的理解,
一方面揭示了青年身份的新特征,另一方面立足于个体能动视角,

---

① Steve Redhead, *Subculture to Clubcultures: An introduction to Popular Cultural Studies*, Blackwell, 1997.
② David Muggleton, *Inside Subculture: The Postmodern Meaning of Style*, Berg Publishers, 2000.

对伯明翰学派的亚文化观念提出了挑战，引发了亚文化与后亚文化的范式之争。

虽然后亚文化理论在近 20 年的发展过程中面临着"作为一种方法在理论上不够严谨，不能为青年文化研究提供一整套可选择的、分析性的、实证性的概念"①的指责，但深入其核心概念又不难发现，后亚文化理论提出了一种研究青年文化的新路径，即以个体能动为中心的研究路径，具体涉及三个方面。

其一，"新部落"（neo-tribe）成为后亚文化研究者研究青年文化的一个替代性理论装置。本尼特通过挪用米歇尔·马费索利（Michel Maffesoli）的"新部落"概念，消解了伯明翰学派的结构化视角。"新部落"被视作没有"僵化的组织模式"，指的是一种特定氛围和心境，以及通过注重外观和形态来表达的方式。K. 赫瑟林顿（K. Hetherington）将"新部落"解释为一种"情感共同体"（community of feeling）②。在后亚文化研究者看来，青年群体在消费社会的身份不再是固定的、永久性的，而是可以通过个性化的生活方式及自由的商品和消费模式选择，建构起一种暂定的角色或身份，进而摆脱受控的环境和僵化的身份（如阶级、职业、地域、性别等），在社群中建立起一种情感的连接纽带。这种"新部落"是对分裂化和碎片化的后现代社会的一种反映，是建立在欢乐和愉悦基础之上的。它没有太明显的政治抵抗色彩，也不是基于社会阶层的反抗类型，而是代表一种自由的、流动的、可变的文化身份。

其二，生活方式（lifestyle）为重思"新部落"中的青年身份和个

① ［澳］安迪·贝内特、胡疆锋：《后亚文化转向：十年后的一些反思》，《文化研究》2018 年第 1 期。
② K. Hetherington, *Expressions of Identity: Space, Performance, Politics*, Sage Publications, 1998, p. 49.

性表达方式提供了一种新思路。在大卫·钱尼(David Chaney)看来,生活方式与"生活的方式"(ways of life)有本质上的区别①。前者指一种"自由选择的游戏",是一种富有创意的"反身性"项目,它是基于个体能动所进行的创造性表达;后者则是一种"与稳定的共同体有关的","通过共同规范、礼仪、社会秩序模式"而形成的一种固定表达。在后亚文化者看来,"生活方式"可用以描述青年人与社会变革的关系。在后现代的碎片化、风险性及全球化和媒介化的背景之下,不同生活方式为青年人的个性化世界的构建发挥着重要作用,即为青年人在形塑自我的社会环境中起到了"赋权"功能。由此而言,青年文化不局限在一种连贯的、静态的和易于识别的群体中,也没有稳定的成员身份和明确的边界,而是随着时间的变化焕发不同的意义,并体现于不同的社会实践之中。

　　其三,"场景"(scene)为探讨亚文化及其音乐风格提供了一种新框架。"场景"概念最早由 W. 斯特劳(W. Straw)于 1991 年②提出,它超越了"空间"(space),涉及个体之间的某种特定关系状态。这种关系不是基于阶级或社区等社会结构因素,而是基于音乐风格层次上的亲密共享(sharing of affinity)的审美感受。斯特劳指出,场景"通常是灵活的和反本质化的,它要求那些使用者注意到一系列音乐实践或类属性之间的模糊的一致性。对于那些研究流行音乐的人来说,场景可以将一些现象从更固化、理论上更复杂的阶级或亚文化的整体性中分离出来(即使它自身有可能被重新表达)"③。由此来看,"场景"实际上是一种摆脱了结构化、决定论的

① D. Chaney, *Lifestyles*, Routledge, 1996, pp.92 - 97.
② W. Straw, "Systems of Articulation, Logics of Change: Communities and Scenes in Popular Music", *Cultural Studies*, 1991,5(3).
③ W. Straw, "Scenes and Sensibilities", *Public*, 2001,22/23.

新视角。它是可流动和可变化的一种文化空间,用以建立一个基于共同音乐品味和价值观的音乐联盟,从而将个体与其他人区分开来的音乐边界。与此同时,它一直都处于不断地流动和变化之中①。

通过以上论述,可知后亚文化与亚文化之间的争论焦点,在于研究视角和理论模型上的本质不同:前者偏重个体能动,后者偏重社会结构。二者分列有关青年文化研究的"结构与能动"光谱的两端。它们均存在一定的合理性,但与此同时,由于亚文化本身的丰富性和复杂性,近些年西方学界对后亚文化理论展开了进一步的反思和批判,并且出现了"后亚文化之后"的研究路径,其具体体现为一种"结构与能动"的综合研究路径。

第四节 超越结构与能动:后亚文化之后的综合路径

后亚文化理论是对伯明翰学派亚文化理论的一种反思和推进,它打破了盎格鲁-萨克逊中心主义的亚文化观念,并在全球化和消费主义盛行的时代语境中建立起一种全新的思考青年文化的理论模型。在这种模型中,青年人的个体能动被赋予了比阶级、性别和种族等社会结构更为优先的地位。关于二者之间的差异,见表2-1。

---

① Keith Kahn-Harris, "Unspectacular Subculture? Transgression and Mundanity in the Global Extreme Metal Scene", in A. Bennett and K. Kahn-Harris, *After Subculture: Critical Studies in Contemporary Youth Culture*, Palgrave Macmillan, 2004.

表2-1　伯明翰学派亚文化理论与后亚文化理论的差异

伯明翰学派亚文化理论	后亚文化理论
结构视角	能动视角
青年身份（阶层、职业等）的固定性	青年身份的流动性、暂时性、多样性
群体身份比个体身份重要	个体生活方式的自由选择
工人阶级亚文化是一种仪式抵抗的文化	青年文化是一种品味文化
受新马克思主义影响	受后现代主义和消费主义影响
体现出鲜明的政治性色彩	体现出消费化和娱乐化色彩

　　值得注意的是，后亚文化理论在成形过程中也遭遇了一系列自反性批评，其至少体现在以下三个方面。一是对后亚文化理论视角的批判。由于后亚文化专注于从个体能动视角观照青年群体的生活方式和文化品味，而非围绕青年人的结构性身份，这使得他们不可避免地面临着"对种族形成、民族身份建构和亚文化群体之间的种族主义表达"等问题缺乏关注的指责①。R. 霍兰茨（R. Hollands)也认为，后亚文化理论在很大程度上忽视了不同族群的消费者之间的社会分化及空间分离等问题②。二是对后亚文化理论核心概念的批判。以"新部落"为例，本尼特以此来重思青年、风

① B. Carrington, B. Wilson, "Dance Nations: Rethinking Youth Subcultural Theory", in A. Bennett, K. Kahn-Harris, *After Subculture: Critical Studies in Contemporary Youth Culture*, Palgrave Macmillan, 2004, p.71.
② R. Hollands, "Divisions in the Dark: Youth Cultures, Transitions and Segmented Consumption Spaces in the Night-time Economy", *Journal of Youth Studies*, 2002,5(2).

格和音乐品味之间的关系,但保罗·霍金森(Paul Hodkinson)在
《哥特:身份、风格与亚文化》①一书中并不认同"新部落"概念的有
效性,并认为需要区分"短暂的群体"和需要更高程度的忠诚性、连
续性及独特性的"实质性群体"。霍金森还指出,"亚文化"仍然是
一个指涉某些群体(如哥特人)的有效术语。大卫·赫思蒙德霍
(David Hesmondhalgh)也认为,"场景"和"新部落"概念并非现代社
会中研究音乐群体的有效方式②。三是对政治与阶级的重申。沙
恩·布莱克曼(Shane Blackman)认为,后亚文化理论缺乏对青年人
在社会、经济与文化等方面的实质性、批判性应用,忽视了青年文
化的政治色彩,但当代的青年文化(如锐舞文化)仍体现出鲜明的
抵抗和反霸权色彩③。埃莱尼·蒂姆(Eleni Dimou)和乔纳森·伊
兰(Jonathan Ilan)则认为,当代青年的休闲实践体现了多种不同形
式的政治,如身份和成长的政治、反抗的政治、情感团结的政治和
不同经验的政治等④。与此同时,特蕾西·席尔德里克(Tracy
Shildrick)和罗伯特·麦克唐纳(Robert MacDonald)充分强调社会
阶级对于亚文化群体的分化作用⑤。在他们看来,青年文化的风格
仍反映了基于阶级而形成的社会分化与不平等的结构问题。

　　基于以上批评,一些理论家开始探索一种对社会结构与个体

---

① P. Hodkinson, *Goth: Identity, Style and Subculture*, Berg Publishers, 2002.
② D. Hesmondhalgh, "Subcultures, Scenes or Tribes? None of the Above", *Journal of Youth Studies*, 2005,8(1).
③ S. Blackman, "Youth Subcultural Theory: A Critical Engagement with the Concept, Its Origins and Politics, from the Chicago School to Postmodernism", *Journal of Youth Studies*, 2005,8(1).
④ E. Dimou, J. Ilan, "Taking Pleasure Seriously: The Political Significance of Subcultural Practice", *Journal of Youth Studies*, 2018,21(1).
⑤ T. Shildrick, R. MacDonald, "In Defence of Subculture: Young People, Leisure and Social Divisions", *Journal of Youth Studies*, 2006,9(2).

能动进行综合的研究路径。这也构成近年来青年文化研究的一种新趋向,具体体现在以下三个方面。

　　其一,立足青年群体的文化现实,对亚文化与后亚文化概念及框架进行反思,探索构建一种折中性或综合性的阐释起点。例如,T. 格林纳(T. Greener)和 R. 霍兰茨以虚拟迷幻电子音乐(virtual psytrance)为研究对象,指出这一特定的全球性青年文化是一种超越了亚文化和后亚文化的二元解释框架的社会现实。作者认为,"可能需要一种更为折中的理论工具和更好的定量与定性的数据来解答亚文化与后亚文化提出的复杂问题"①。一些学者则表达了对亚文化与后亚文化相关概念的不满,并提出新的概念作为青年文化研究的起点,如大卫·赫思蒙德霍立足于流行音乐研究,提出以类型(genre)和表达(articulation)作为解决亚文化与后亚文化关于"音乐集体政治"问题的新思路②。在他看来,"类型"为理解音乐与社会的关系提供了基础,是一种推进人们理解文化实践与社会进程的更好的方式;"表达"作为"类型"的附属词,记录了理解音乐与社会关系所需的部分矛盾性和复杂性。D. 法鲁吉亚(D. Farrugia)和 B. E. 伍德(B. E. Wood)则立足于全球化视角,提出"空间性"(spatiality)的阐释框架③,认为这是理解青年生活的基础,也是研究青年文化的一种本体论和认识论方法。它可以有效地将青年的个人传记、青年文化的生产与实践及日常相关实践与全球化、

---

① T. Greener, R. Hollands, "Beyond Subculture and Post-subculture? The Case of Virtual Psytrance", *Journal of Youth Studies*, 2006,9(4).

② D. Hesmondhalgh, "Subcultures, Scenes or Tribes? None of the Above", *Journal of Youth Studies*, 2005,8(1).

③ D. Farrugia, B. E. Wood, "Youth and Spatiality: Towards Interdisciplinarity in Youth Studies", *Young*, 2017,25(3).

区域不平等、文化流动的空间性和地方的动态过程联系起来。以上这些研究者,都为超越亚文化研究中的结构与能动视角做了有益的尝试。

其二,提出一种对亚文化社会生活进行"语境化"(contextualizing subcultural life)的研究路径①。麦克雷(MacRae)以俱乐部场景(clubbing scene)为例,指出需"将青年人的俱乐部体验及其'选择'的生活方式进行语境化(contextualize)和概念化",进而审视青年人参与的特定生活方式及消费文化实践。保罗·霍金森同样采取语境化思路,认为亚文化研究不应只局限于那些"壮观的"(spectacular)和不寻常的青年文化实践,更应把注意力投到亚文化参与者"不那么壮观的"(less spectacular)方面,并聚焦他们更广泛的生活。如此一来,研究者就可以汇集亚文化与后亚文化之争的实质性问题(结构与能动),将亚文化理论研究与亚文化者的社会实践(不论是壮观还是平凡的方面)、身份认同、生命历程及与之共存的更为广泛的社会语境联系起来。这一主张在霍金森近些年的研究中也得到了深入贯彻②。

其三,重审亚文化主体的构成,建立一种基于"亚文化的想象"(the subcultural imagination)的综合性阐释框架。这一思路被视作开启了亚文化研究领域的"自反性转向"(reflexive turn)。在沙恩·布莱克曼和米歇尔·凯普森(Michelle Kempson)看来,C. 赖特·米尔斯(C.Wright Mills)在《社会学的想象力》(1959)一书中建立的

① P. Hodkinson, "*Contextualizing the Spectacular*", in Alexander Dhoest, Steven Malliet, Barbara Segaert, et al. , *The Borders of Subculture: Resistance and the Mainstream*, Routledge, 2015.

② P. Hodkinson, "Youth Cultures and the Rest of Life: Subcultures, Post-Subcultures and Beyond", *Journal of Youth Studies*, 2016,19(5).

"通过结合个体的微观层面和社会结构的宏观层面来理解、解释世界的研究，并将文化与社会融为一体"①的思路，可以为后亚文化之后的亚文化研究提供借鉴。布莱克曼和凯普森视"亚文化的想象"为一个具有批判性的方法论工具，认为它使文化实践可以在每个亚文化主体的能动中得到解释，同时，社会结构本身及特定历史时代的特征也可以通过个体行为的参与得到更好的理解。从这个意义上说，"亚文化想象"使"亚文化主体"成为个人自传和历史叙述的产物，是参与亚文化活动和表达的主体，也是社会环境和日常微观互动的产物②。还有论者立足于"主体间性"（intersubjectivity）视角，指出风格变化与社会群体之间的联系，是个体主体之间及主体与意识形态资源之间进行对话的过程③。

此外，近年来，西方学界根据青年文化研究的新现象、新趋势和新问题对如何展开亚文化研究做了大量探索。例如，2020年出版的《赫伯迪格与21世纪的亚文化：通过亚文化视角》④一书对以赫伯迪格为代表的伯明翰学派及其亚文化理论范式做了全面梳理，并结合一些新的亚文化现象进行了批判性反思；在2021年2月举办的以"素描亚文化"（Sketch a Subculture）为议题的国际跨学科会议上，弗雷德里克·劳伦斯（Frederick Lawrence）提出了"倒置

---

① S. Blackman, M. Kempson, *The Subcultural Imagination: Theory, Research and Reflexivity in Contemporary Youth Cultures*, Routledge, 2016, p.1.

② S. Blackman, M. Kempson, "The Subcultural Imagination: Critically Negotiating the Co-Production of 'Subcultural Subjects' through the Lens of C. Wright Mills", *Sociological Research Online*, 2021.

③ D. N. Djenar, M. C. Ewing, H. Manns, "Style, Intersubjectivity and Youth Sociability", in D. N. Djenar, M. C. Ewing, H. Manns, *Style and Intersubjectivity in Youth Interaction* (1st ed.), Mouton, 2018.

④ K. Gildart, A. Gough-Yates, S. Lincoln, et al., *Hebdige and Subculture in the 21st Century: Through the Subcultural Lens*, Palgrave Macmillan, 2020.

树"(inverted tree)的比喻,试图建立起一种新的亚文化研究模型。

　　自20世纪20年代芝加哥学派创立以来,西方亚文化研究已有近百年的历史。在这百年间,青年群体及其文化实践随着社会转型也不断呈现出新的样态,为了能够更加贴近青年人的生活现实,理论家们不断对亚文化的研究范式进行调整。近年来,学界围绕着"更新亚文化理论"(updating subcultural theory)、"重思亚文化"(rethinking subculture)、"重构亚文化"(reconstructing subculture)及"超越亚文化和/或后亚文化"(beyond subculture and/or post-subculture)等议题,对以往的理论传统进行了全面反思和有效推进,构成了"后亚文化之后"的理论图景。

　　通过回溯可知亚文化与后亚文化之争在青年文化研究领域呈现出"结构与能动"的基础理论范式,双方都提供了一些强有力的论据和观点,对青年文化实践进行了批判性分析。这引发了学界对青年文化所关联的社会关系网络及个体与群体间依存关系的关注。在"后亚文化之后"的今天,尽管已很难再同过去一样建立起一种具有普遍意义的理论范式,对世界各地的青年文化形式进行有效阐释,但"超越结构与能动"作为一种新的理论动向,仍然无法回避亚文化与后亚文化之争所揭示的基本命题。事实上,不论是社会结构还是个体能动,都在维持、塑造并改变着我们当前的社会,二者是相互依存且辩证地相互作用的。从这一意义上说,早期经典的亚文化理论仍对当前乃至未来的青年文化研究发挥着重要影响。

　　值得强调的是,亚文化作为一种不断被建构、解构和重构的概念,始终都强调立足于青年文化现实的真实性去关注青年群体及其整体的生活方式。这决定了亚文化研究是一个动态、开放和多元的进程,也意味着亚文化研究需要及时应对社会转型和时代变迁中的新问题。社会结构与个体能动是一对互补的概念,在"后亚文化之后"的今天,要建立起超越结构和能动的综合性研究视角,应深入探究决定社会结构和形塑个体能动的具体要素,并具体区分它们。与此同时,研究者主体还应尽可能地破除单一因果关系的思维方式,对自身的研究视角秉持一种深刻的自反性意识。对于中国学者而言,我们有迥异于西方社会的大量青年文化群体及相关实践,若要突破现有的理论范式建立起符合当下中国青年文化实践的理论解释,一方面要对西方的亚文化历史及其理论方法有深入的了解,破除在绝对意义上对西方理论的"场外征用"和"强制阐释",另一方面则需结合宏观与微观,全面审视青年文化与中国社会转型和日常生活的具体联系,以一种综合性视角贡献出具有中国特色的亚文化研究方案。

第三章

身份理论的概念溯源与内涵透视

　　"身份"(identity)是青年文化研究中的一个核心概念。学术领域对身份的研究直至近期才真正开始。如今它已成为社会学、心理学、政治学等研究领域的重要话题之一。有关身份的定义受到个体特征、家庭背景、时代政治及文化观念等多方面因素的影响，它是关于"人们对自己是谁、是什么样的人，以及与他人之间的关系如何的概念"①。围绕这些基本问题，"身份"被建构出多重阐释维度与类型。身份理论的一个主要目标便聚焦于人们"在社会互动过程中如何协商与管理各种有关身份的意义"②。青年文化研究者常根据青年群体的语言、行为、情感、价值观等现实，对青年身份的建构性意义展开讨论。"身份"意义的发展不仅贯穿个体生命的始终，也与社会结构有千丝万缕的联系。在现实生活中，每一个个体都有多重身份，这也导致身份研究充满各种变量。本章主要对"身份"理论观点进行历史性回顾，并聚焦身份的特征、类型与内涵，呈现身份问题的复杂性。

---

① M. Hogg, A. Dominic, *Social Identifications: A Social Psychology of Intergroup Relations and Group Processes*, Routledge, 1988, p.2.
② John DeLamater, Amanda Ward, *Handbook of Social Psychology*, Springer, 2013, p.31.

第一节　身份的认知框架及其定义

一、身份与社会结构

"身份"问题由来已久。早在古希腊时期,德尔斐神庙上就刻有"认识你自己"的格言,标志着人们探讨"自我"及自身社会定位的开启。自我认知既是人类探索世界的起点,也是人类社会文化的落脚点。然而,不论我们对个体的"自我"做出怎样的定义,都始终蕴含一种具有共通性的认知框架——在整体社会的结构装置中,试图找到"自我"的位置。从这个意义上说,"身份"是个体作为社会角色的一个意义集合[1]。

在中国古代,儒家文化所强调的"君君,臣臣,父父,子子",实则是对个体与社会身份定位所做的一种伦理意义上的规范。这种伦理规范通常是通过与社会结构本身进行协商来实现的。与此同时,社会结构的稳定性也在这种普遍性的认知框架中获得了合法意义,并以一种共享、共建、共构的方式存在。从诸如"忠孝两难全"和"世间哪得双全法,不负如来不负卿"这类表述中同样可以看出,正是由于个体与社会之间的相互影响、相互妥协、相互约束,才让"身份"或"社会角色"有了一种归属性和冲突性。二者并存于社会文化结构,对特属于某类身份的个体及其语言表达、行为实践、价值观念等形成了规范性力量。

---

[1]　Peter J. Burke, Jan E. Stets, *Identity Theory* (2nd edn.), Oxford University Press, 2023, p.14.

　　不论是在历史、哲学、伦理，还是在社会学等学科领域，学者们较为关心的通常都是整体社会的机制性力量。他们认为，正是这种社会机制构建了人与人、人与社会之间的恒久、超稳定性的关系模式。这些社会机制具体包括性别意识、阶级观念、种族文化、宗教认同、意识形态等，它们构成我们思考身份的一种重要参数，并在社会发展进程中不断衍化为一种集体无意识的文化认同。

　　从这一视角出发，对"身份"的思考便隐藏着个体对社会结构系统的一种自觉强化，因为这种认知本身，不论是自觉的还是非自觉的，无不关联着嵌入社会系统内部的一套价值观念与文化秩序。这些观念或秩序通常以各式各样的文化形态呈现，如语言、风俗、信仰、道德等。它们在社会的各个角落不断传播扩散，既有正式的，也有非正式的，从而对全体社会成员形成了规范性力量。个体从来都不是孤立的，而是处于不断社会化的成长过程中，或主动或被动地通过家庭、学校、社会等环境习得这些规范。类似于"孟母三迁"的历史故事，正是通过一代代的价值引导及社会环境影响，实现了个体身份与社会结构的深度嵌合，进而指导个体的认知与价值。由此，个体的身份认同或身份建构蕴含个体对于外在文化规范的一种价值归属。它可能表现在宏观维度（如社会制度）或中观维度（如价值规范）上，也可能表现在一些微观层面（如日常行为）上。

　　由此而言，"身份"的形成彰显出个体嵌入社会结构的长期过程。一方面，它是社会结构的有机组成部分，受到社会结构的规范性影响，也被社会结构定义和命名；另一方面，它是流动的，个体行为往往具有一定的能动性，他们在社会结构中行动，并可能对社会结构产生强化、创造性甚至破坏性的影响。个体身份在特定的社会情境中是一种"暂居"性和协商性的存在，它与复杂的社会文化系统构成生动的互动关系,这也成为我们讨论"身份"的一种基本框架。

二、身份的定义

(一) 身份是对自我的反身性意识

自我源于个人的主观意识,是将自己作为客体进行反思、观察和评估,并成为回顾过去和展望未来的一个基本参数。乔治·麦考尔(George McCall)与詹姆斯·西蒙斯(James Simmons)指出,"个体在他首次开始以自己对待其他人的方式来对待自己的那一刻,便实现了自我"①。这就是所谓的"反身性"(self-reflexive)。反身性是乔治·米德(George Mead)符号互动论中的主要观点,即认为自我是在思维和环境的互动之下而形成的。它让个体与他人建立起一种关系连接,共享价值与意义。个体参照他人的观念,对自我进行控制或维持自身,以此来实现自我与他人之间的观念意义的融合。因此,身份并不单纯是一种自我主体的意识,而是在与他人的互动关系中形成的一种关于自我客体化的意识。通常而言,自我客体化涉及一种自我控制,所以自我既是个体的又是社会的,既是主体的又是客体的。所谓"士为知己者死""女为悦己者容",这都涉及一种自我与他人(或社会)的关系,即自我作为一个被符号化了的对象,在某种社会关系中与他人的视角实现某种意义融合,暗示着个体对社会价值的文化认同,并以此获得一种共享的价值与意义。

(二) 身份通过语言符号来建构意义

在语言学家费尔迪南·德·索绪尔(Ferdinand de Saussure)看

---

① G. J. McCall, J. L. Simmons, *Identities and Interactions* (revised edition), Free Press, 1978.

来,语言符号是"能指"(音响形象)和"所指"(概念意义)的任意性
与差异性连接,并且这两项要素都基于社会心理的一种约定俗成
的集体习惯。在结构主义者看来,语言系统的稳定性保证了符号
的意义,它使每个语言社区都有一套自己的符号实践,并赋予语言
符号价值。解构主义大师雅克·德里达(Jacques Derrida)曾对此做
出深入的反思和解构,即认为语言社区是一个充满异质化和冲突
性的场域。不过,从社会文化的角度来说,语言符号仍然为人们的
意义建构、实时沟通、文化传承提供了重要依据。语言符号属于特
定的社会群体和语言社区。一个人正是通过语言来建立自我意
识,从而进入更广阔的社会文化网络的。马丁·海德格尔(Martin
Heidegger)指出,语言是人类存在的家园,因为有了语言,我们的思
想、情感、记忆、梦想才有所依附,人类才可以命名天地万物,并据
此表达意义、建构思想。语言作为人类最重要的交流方式,其意义
是由社会定义的。人通过与他人的互动而习得语言,体现为一种
具有共享性的意义。与此同时,正如布尔迪厄所言:"所有的文化
符号与实践——从艺术趣味、服饰风格、饮食习惯,到宗教、科学与
哲学乃至语言本身——都体现了强化社会区隔的利益与功
能。"①以中国古代所谓的"一字寓褒贬"为例,如"弑"指君杀臣、子
杀父,表犯上、违礼行为,"诛"指处死有罪者,表罪有应得之意。这
就是通过语言符号使个体与社会结构之间产生连接,建立起文化
秩序。此外,人类通过语言表达并沟通思想,但也常受限于某种语
言的范畴,导致语言成为"思想的牢笼"。然而,不论是家园还是牢
笼的观点,都揭示出语言符号的深层次含义,即它是人类特有的建

① 〔美〕戴维·斯沃茨:《文化与权力:布尔迪厄的社会学》,陶东风译,上海译文
出版社 2012 年版,第 7 页。

构社会文化身份的重要方式,可以引发不同个体间的意义反应。

(三) 身份是个体与社会互动的产物

身份通过语言符号进行建构,这本身便构成一种互动。这种互动不仅是个体与个体之间的互动,更多的是个体与某种社会结构之间的互动。事实上,抛开任何一种社会角色的互动都是不存在的。身份关乎自我的意识和表达自我的语言符号系统,它涉及个体的主体性及个体嵌入的整体社会结构。这导致我们在讨论某个具体身份时必然关注其背后(语言、行为、价值)运行的社会机制。也就是说,社会结构构成我们理解个人身份的重要装置。在进行人际交往之前,若是不了解他人的身份,人们就无法确定该以怎样的方式对待他们。布尔迪厄指出,语言的价值不能脱离说话者来理解,而说话者也不能脱离更大的社会关系网络来理解;人们每一次说话都是在协商或重新协商自我意识与更大的社会世界的关系,并跨越时间和空间重组这种关系;人们的性别、种族、阶级、民族和其他特征都与这种身份认同的谈判有关①。这意味着身份是一种互动之中的"情境定义",即人们只有通过语言符号做出标记,形成一种关于身份的类别、归属和标签,才能确立一种互动的话语语境与价值立场。人类所有的仪式与秩序彰显的几乎都是互动情境中的文化身份。例如,中国古代的臣子对皇帝行三拜九叩之礼;在家庭结构中,父亲只有在"以父之名"的角色中才具有相应的文化意义。在互动情境中,符号的使用者通过语言、手势等来传达、协商、操纵和控制意义,建立话语权力本身的合法性与规范性,并最终实现一种稳定的社会结构。

---

① P. Bourdieu, "The Economics of Linguistic Exchanges", *Social Science Information*, 1977,16(6).

第二节　身份理论的符号互动溯源

身份理论是当代社会学中最具活力的理论之一,源自米德开创的符号互动理论传统。从学科史的视野来看,符号互动主义主要包括以赫伯特·布鲁默(Herbert Blumer)为代表的芝加哥学派,以曼弗德·库恩(Manford Kuhn)为代表的爱荷华学派和以谢尔顿·斯特赖克(Sheldon Stryker)为代表的印第安纳学派。对此进行溯源,有助于我们理解身份理论的发展脉络。

一、以布鲁默为代表的芝加哥学派

尽管后世通常将米德视为符号互动理论的开创者,但最早提出这一概念的人是米德的忠实信徒布鲁默。布鲁默在阐释米德思想的过程中,用这个概念表示一种关注和研究人类互动性的视角。

米德在其《心灵、自我与社会》(*Mind, Self and Society*)一书中认为,"心灵"(mind)是作为社会过程的一部分与"自我"(self)共同发展的,"自我"则产生于人类的社会互动。自我与心灵是辩证统一的,二者缺一不可:没有心灵,人就不能把自己当作对象(思考自己);没有自我,人就不会有心灵,不能与自己对话。自我意识既是产品,也是过程,因为自我同时被更大的社会塑造。在互动中,个人常扮演"他人"(other)的角色,反身性地认识自我,将自我作为现实或想象性情境中的其他对象来看待,并据此进行内化,以形成自我意识和自我调节。这种心灵/自我的反身性也被视作符号互动主义与身份理论的核心。米德断言,通过不断反思他者眼中的自己,人们就能胜任社会符号的生产和展示。从这个意义上说,语言和符号的交流使人类行动摆脱了自然决定论。

布鲁默的思想不仅深受米德影响,也受到实用主义者约翰·杜威(John Dewey)的影响。杜威反对哲学上对于确定性的追求,并反对所谓的知识的"旁观者理论"。后者认为思维是自然界中的固定事物,即每一种观念都有相对应的现实之物。杜威指出,理解人类的最佳方式是将其与环境联系起来,并支持哲学的实践转向。杜威还强调人作为生物有机体与自然世界之间的生动的互动关联,认为人类的进化涉及不断适应环境中的互动条件。

在此基础上,布鲁默定义了符号互动论:它是科学研究人类群体生活和人类行为的一种方法;它的经验世界就是群体生活与行为的自然世界,它将问题置入自然世界,并在自然世界展开对问题的研究,据此得出合理的解释。

符号互动论的基本原则有四个:第一,个体行为以对象对他们具有意义为前提;第二,互动发生在特定的社会和文化背景之下,物质对象和社会对象(人)及情境都必须根据个体的意义被定义或分类;第三,意义产生于个体与他人和社会之间的互动;第四,在与他人互动的过程中,个体通过解释过程不断创造和再创造意义①。

在过去,"意义"通常被视作事物客观特征所固有的,是给定的,或被视作感知者所赋入的一种认知的"心理增殖"。但是,符号互动论者认为,意义产生于人与人的互动过程,自我并非独立于他人存在,而是与他人互动的社会产物。正如 C. H. 库利(C. H.

---

① H. Blumer, *Symbolic Interactionism: Perspective and Method*, Prentice-Hall, 1969.

Cooley)所言:"我们总是在想象,而想象又分享着他人心灵的判断。"①在有关意义形成的阐述中,解释的过程与解释所处的语境,是人们使用意义和形成意义的重要因素。

布鲁默将符号互动论作为一种关注微观过程的理论视角,强调在社会互动中形成的特定语境意义建构,并在情境的定义中阐述意义。这也使得其理论更加依赖参与者的深入观察研究,以看到并理解个体或群体的意义系统。当然,该理论也有缺陷,即无法适用于普遍的社会行为中的共同意义研究,也无法提出经过经验检验的、具有预测性的一般性理论问题。

二、以库恩为代表的爱荷华学派

符号互动论出现以后,学界对它的反思与讨论就没有停止过。例如,约瑟夫·古斯菲尔德(Joseph Gusfield)指出:"不论符号互动论对于读者来说意味着什么,但于我而言,它过去不是,今天也不是一种理论或一种提供有关某些社会活动的实质性概括或抽象命题的思想体系。它并没有十足的把握去做实质性的预测或解释。事实上,……在《符号互动主义的方法论立场》(1969)一文中,布鲁默将符号互动主义称为'视角'(perspective)或一种'观察方式'(way of seeing),这两个词都是另一位对我有重大影响的人肯尼斯·伯克(Kenneth Burke)著作中的核心术语。符号互动论的'观察方式'在四个方面对我的思想和工作有重要意义:意义,互动、出现和情景,语言和象征,以及人文主义主旨。"②

---

① C. H. Cooley, *Human Nature and the Social Order*, Transaction Publishers, 1992. p.184.

② J. R. Gusfield, "A Journey with Symbolic Interaction", *Symbolic Interaction*, 2003,26(1).

　　基于米德对"自我"结构的二分法,思想界围绕"主我"(I)、"客我"(me)展开了一场辩论,其核心议题是个人行为是由他们在日常生活中所扮演的社会角色决定的,还是由与生俱来的个性特征决定的? 以布鲁默为代表的芝加哥学派强调主我相关的过程与后果,强调用定性的研究方法关注人类如何解释和定义自己与他人的行为。以库恩为代表的爱荷华学派则关注"客我"相关的过程,吸纳了角色理论,更强调社会结构的特征影响及塑造共同意义的方式。后者的特点在于强调符号互动论概念(如自我、参照群体或社会对象)具有一种标准化方式的可操作性,借此对一些假设进行实证检验,最终目标是提出一种具有普遍意义的有关人类行为的实证研究。

　　库恩的理论试图将米德的框架与严格的科学测试相结合,其理论基础围绕四个核心主题展开:第一,社会互动可以通过强调意图性、实践性和自我修正的控制论视角进行考察;第二,研究者应将注意力投向二人组、三人组和多人小组,因为大多数社会行为和互动发生于此;第三,社会行为虽然大多发生在自然形态之中,但也可以在实验室进行研究,结合两种环境可以阐明行为并识别出普遍适用于行为者的抽象法则;第四,社会科学家必须努力创造一个更系统和严格的词语,以识别社会学的本体性质①。

　　库恩将社会结构概念化为由社会角色、参照群体和有组织的人际关系网络组成,并以一套模式化的行为预测方法来指导人与人、人与环境之间的互动。库恩在客我的基础上提出了"核心自我"(core self)的概念。在他看来,自我由一系列稳定的意义组成,

---

① M. A. Katovich, D. E. Miller, R. L. Stewart, "The Iowa School", in L. T. Reynolds, N. J. Herman-Kinney, *Handbook of Symbolic Interactionism*, AltaMira Press, 2003, pp.119-139.

包括身份认同、角色期待、偏好及回避、个人属性及特征和参照群体的选择模式,它们构成社会结构与自我之间的联系,并使不同情境下的互动具有连续性和可预测性。

与此同时,库恩发展了符号互动论中的定量研究。他认为,芝加哥学派的方法论过于模糊,无法实现科学的精确性。他们主要通过人种学、参与观察和非结构式访谈,以自然主义方式收集数据,为自己的观点奠定了基础。爱荷华学派力图摆脱米德式传统的"非实证"内容,试图证明"符号互动的关键思想可以在实证研究中成功地实现操作化与单元化"①;通过广泛的数据收集技术,如调查、实验、模型和神经科学等,采用定量的统计方法开展研究。相较之下,芝加哥学派偏重人类行为的主体或行为者方面,倾向于理论的解释和理解层面;爱荷华学派则偏重客体或决定性方面,倾向于科学的预测和控制。

库恩最为人熟知的是由他提出的"20种陈述测试"(Twenty Statements Test),即要求人们列出对"我是谁"这一问题的二十种回答。以此为基础,便于研究者对自我概念和身份进行更客观的研究。库恩为"社会自我"(social self)这样"一个普遍变量"的研究奠定了基础,推动符号互动进入"探究的时代"。

三、以斯特赖克为代表的印第安纳学派

印第安纳学派基本上沿袭了爱荷华学派的实证化路径。该学派的研究方法和范围与库恩类似,其杰出代表人物谢尔顿·斯特赖克追随库恩,将实证主义方法应用于符号互动分析,强调意义和

---

① M. H. Kuhn, "Major Trends in Symbolic Interaction Theory in the Past Twenty-Five Years", *The Sociological Quarterly*, 1964,5(1).

互动导致了相对稳定的模式,并创造和维持着社会结构。

斯特赖克指出,对社会心理过程的理解和解释必须根植于社会结构的背景,如果不认真对待社会结构,符号互动论在理解和揭示模式化社会行动方面就几乎没有用处①。当然,人们正是通过社会化来认识并理解社会生活的组织和存在于我们的社会关系的。这种社会结构包括各种不同的关系模式和有组织的社会网络,通常会根据社会阶层、性别、种族、民族、年龄及其他社会定位的不同而有所区别,并以各种方式促进和制约着社会行动。结构符号互动论者认识到日常生活中的互动往往是对现有社会结构的再现,所以希望人们的行为能兼具适应性和创造性,同时促进社会的稳定和变革。

斯特赖克还进一步扩展了米德的角色扮演概念。米德认为,在不同的角色关系中,自我的发展和表现反映了社会。斯特赖克认为社会角色是在互动中受网络或关系模式的相互影响而产生的,这些影响受到各种社会结构层次的塑造。他将角色定义为"附加于(社会)位置的期望"或"作为行为提示的象征性类别"②。因此,角色的期望在不同情境和文化/社会变迁的背景下有所不同。在特定情境中,个体通过基于先前经验和社会地位的规范性期望构建出的"象征性提示"来评估潜在的行动方向。

斯特赖克更关注社会结构如何影响自我和个人身份,进而影响行为,而社会又是由一系列不同但有组织的互动和关系构成。斯特赖克将社会化视为个体学习与角色关系相关的行为规范期望的过程。因此,自我包含复杂的多重身份(multiple identity)结构,

---

① S. Stryker, *Symbolic Interactionism: A Social Structural Version*, Benjamin-Cummings, 1980.

② Ibid., p.57.

如一个人既是父亲又是职员,还是朋友,其身份角色自然嵌入了广阔的家庭关系、工作关系和社交网络。这反映出人们在社会生活中所扮演角色的多样性,以及人的社会角色和关系嵌入的不同关系结构。从这个意义上说,身份理论假定了身份的发展、形成和变化,与塑造日常生活的社会结构的多样性和差异化之间存在根本联系。

综上,斯特赖克的身份理论强调社会结构对互动中角色扮演的影响,他试图弥合微观与宏观社会学及社会心理学理论之间的鸿沟。这一方法也为拓展符号互动论提供了重要的理论见解。

第三节　身份的特征与关联性概念

身份是认知自己和他人的一种图式,关联着一种社会结构。个体身份几乎总是发生在个体所处的社会结构背景之中。因此,社会文化结构对于个体发挥着共享性的意义和期望,对个体产生了深刻的影响。个体在不断社会化的进程中与他人进行协商、建构行动、内化社会结构,进而塑造自我的认知与概念化过程。不过,社会结构并不是一个绝对静态、稳固和持久的存在,而是在多数情境中呈现为一种临时性社会秩序,个体的社会关系和社会地位也几乎总是在发生变化。这些变化也引发了学界对身份特征及其关联性概念的广泛讨论。

一、身份的特征

皮特·伯克(Peter Burke)和詹·斯戴兹(Jan Stets)概括了身份的四种特征,分别为突出性(prominence)、显著性(salience)、承诺性

(commitment)和分散性(dispersion)。

(一) 突出性

通常而言,个体会有多重角色身份(role identity)。麦考尔和西蒙斯对角色身份的定义是:个体对自己作为某个特定社会职位角色与其他社会地位的人进行互动时的一种"自我想象"①。在不同的社会场合中,个体会通过与他人的互动来进行一种合乎自身身份地位的角色扮演。然而,对于自我而言,这些多重角色身份并不总是有同等重要的地位,其重要程度不仅存在社会文化语境上的差异,也有个体关于自我期待的观念差异,如有些人更强调家庭身份,有些人则更强调职业身份。

身份的突出性取决于以下三个方面的因素。一是个体在宣称身份时所获得的自我支持与社会支持。一般来说,某种身份能获得的支持程度越高,其突出性也就越明显。二是个体对角色身份的投入程度。如果个体对某种身份投入越大,便意味着该身份符合个人的相应期待,能够让他从中获得更多的积极情感,所以该身份对于他来说就是突出的。三是个体从角色身份中获得回报奖励的程度,包括外在奖励(金钱、资源、声望)和自我奖励(自我实现、成就感)。在麦考尔和西蒙斯看来,支持、投入与回报三个因素直接影响着身份的突出性。

(二) 显著性

身份的显著性特征被视作反映了情境自我(situational self)而非理想自我(ideal self),它是对情境意义的一种回应。在不同的情境中,个体的角色身份会被临时激活并发生变化。斯特赖克将显

---

① G.J. McCall, J.L. Simmons, *Identities and Interactions* (revised ed.), Free Press, 1978, p.78.

著性定义为身份在某种情境中被激活的概率。举例来说，一名教授参加大学同学聚会，人们可能会将注意力集中在他的同学身份上。在这种特定情境下，其身份的显著性不是他的职业身份，而是同学身份。与此同时，当同学身份被激活后，他的职业身份便被"悬置"。所有人在这一情境中都开始验证和确认自己与他人的关系，这就形成了一种结构性力量。因此，同学会、校友会类的组织得以形成、发展和维持。当身份被激活时，个体便可以与其他互动者产生更广泛、更强的联系。身份的显著性受到四个因素的影响：一是身份的突出性；二是个体对特定身份的支持需求；三是个体对通过身份表现所获回报（内在的与外在的）的种类及数量需求；四是个体在情境中感知到的机会结构，如当一个人在职业身份中遭遇挫败或所得回报低于预期时，他就可能会将时间、精力投入家庭。

（三）承诺性

斯特赖克将承诺性定义为通过个人所持身份与他人建立的连接或关系[①]。在他看来，承诺性体现为两个方面：一是个人因身份与他人建立连接的广泛性，二是个人因身份与他人建立连接的情感强度。与突出性强调的内在参照不同，承诺性更多体现为一种自我的外在关联，后者的参照对象是与自己在身份认同中有联系的其他人，代表着一种社会或社会结构。由此，承诺的本质在于人与人之间的连接，它取决于身份是否被激活，以及他人是否以个体想要的方式来看待自己。这种连接是在持有身份的人群之间建立

---

① S. Stryker, "Symbolic Interactionism: Themes and Variations", in M. Rosenberg, R. H. Turner, *Social Psychology: Sociological Perspectives*, Basic Books, 1981, pp. 3 - 29.

的。当人们通过身份与他人联系起来时，身份就得到了激活和确证。这不仅让所有参与者感觉良好，而且会进一步将群体强化为一类群体组织，进而转化成一种更强的承诺性。

（四）分散性

分散性指个体对于身份标准所持的意义不是来自一个单一的点，而是围绕某个单一的点而发生的变化意义，如我们通常所说的"学生以学习为主"。在大多数情况下，学生身份意味着一种学习者的角色身份和意义标准，但一些学生可能会对于这种身份意义表现出更广泛的离散性，在内部呈现为一种分化状态。对于身份的分散性，有学者认为它可能在控制情境中的意义方面具有一定的灵活性，因为这使身份验证（identity verification）变得更加容易[①]。不过，也有学者认为身份的分散性可能反映的是一种不确定性。正是因为人们不确定意义是什么，所以才持有不同的意义标准。不过，这种不确定性是一种负面状态，它令人感到不安，同时迫使人们通过参与活动来减少这种不确定感。在伯克和斯戴兹看来，分散性表示身份标准中存在真正的不一致性。在此情况之下，人们对某种身份意义会有不同且前后不一致的看法。这种不一致性也增加了身份意义的变异，它会随着时间的推移而持续存在，并使身份验证更加困难。

二、身份的关联性概念

随着学界对身份问题研究的不断深入，围绕身份议题也形成了一系列关联性概念。身份不仅在结构上被视为一个关于身体、

---

① P. J. Burke, "The Self: Measurement Requirements from an Interactionist Perspective", *Social Psychology Quarterly*, 1980, 43(1).

心理、社会和精神领域的重要概念,也被视为一个动态过程。这不仅涉及个体生命历程中发生的身份变化,也涉及外部环境对个人自我意识与角色行为产生的深刻影响。

(一) 角色身份

在早期的身份理论家看来,基于角色的身份是最为重要的身份,因为角色与群体和组织密切相关,代表着与社会地位有关的一组意义标准和社会期望。期望是对角色持有者的预期目标或结果,以及角色所暗含的文化意义。角色身份包含传统的(受文化影响的)和特有的(独特阐释的)意义结构。例如,与学生群体的社会地位相联系的就是学生身份。从传统意义上说,学生应恪守学生本分,遵守校纪校规、按时上课、刻苦学习、完成作业,并坚持不懈地达成学习目标。而在一些特殊的意义中,有些学生则可能对这样的传统期待反应并不强烈,他们可能偶尔完成作业或应付学习考核,却更强调参加集体活动、体验校园生活的重要性。从这个意义上说,两类学生对身份的期待并不完全相同。这也意味着角色身份包含多重意义,个体会根据自身的理解和定位采取不同的行为态度,并对这一身份做出独特的阐释。然而,不论角色身份的内容如何,它们都普遍反映出身份意义与个体行为表达之间存在一定的对应关系。与此同时,身份持有者也会按照适合自身的身份标准来对待自己,并通过与他人的互动进一步确证角色身份的意义。正如 R. H. 特纳(R. H. Turner)所说,"一个角色在没有一个或多个相关的其他角色的情况下是不存在的"[1]。角色身份在特定的情境中发挥作用,个体必须妥善协商与每个身份相关的不同意义,

---

[1] R. H. Turner, "Role-Taking: Process versus Conformity", in A. M. Rose, *Human Behavior and Social Processes*, Houghton Mifflin, 1962, p.24.

并做出相应的行为。

（二）多重身份

个人的身份既是一种将自我的独特性与他人进行区分的意义集合，也是将自己与其所归属、认同的社会类型进行联系的重要公约数。如前所述，身份的特征包括突出性、显著性、承诺性和分散性，这就意味着个体可以有多重身份。身份并非孤立地发生作用，而是在特定的情境中与其他群体、其他身份相互作用。据此，我们可以进一步区分多重身份：一是个体在同一情境中拥有多重身份；二是个体在不同情境中拥有同一身份；三是个体在交叉群体中拥有多个不同身份。举例来说，当一个学生邀请同学去自己家里玩，那么在这个情境中，他就可能同时激活多重身份：他既是学生，又是同学的朋友，还是父母的孩子。个体的多重身份被视为一个人拥有的独特自我的多重维度，其复杂性也反映了整体社会结构的复杂性。随着社会化的推进，个人身份的多重性会变得更加复杂，它与群体、组织和社会结构方面的交织性就形成了一个身份网络。在每个角色身份中，个体都承担着相关的共享性价值和意义，并对自身的行动意义产生影响。由此，在多种社会角色中，个体是一个装置着多重交叉身份的"容器"，这就不可避免地导致个体面临一场内在冲突，正所谓"分身乏术"。这种复杂的身份处境进而也引发了理论家对角色冲突、角色紧张等概念的探讨。事实上，社会结构和群体类别构成个体身份的基础，所以个体会通过与他人的互动来寻找确证自己的方式，并寻找生活的目标和意义，从中获得价值感和自我效能感。

（三）身份验证

身份的分类由社会结构和群体类别定义，涉及地域、种族、民族、性别和阶级等多个方面。个体通常会根据自己的类型归属和价值认同来描述自己,并通过身份控制指导个人行为,在与某类群体进行互动和协商的过程中获得共享性意义。对于个体来说,身份类别意味着一种作为群体身份的归属感,正所谓"物以类聚,人以群分"。当个体的行为在某一情境中与其所认同的身份标准意义相对应时,他就会获得一种自我价值、自我效能及自我的真实感受,这就是所谓的身份验证。从这一意义上说,身份验证是一种持续性自我调整的反馈循环,是"通过自我与情境意义(感知)和身份标准意义之间的一致性来实现的"。M. J. 卡特(M. J. Carter)等人指出,身份验证代表个体通过在社交场合中的行为展现其身份意义,以向自己和他人揭示自身(个体)确实是他们所相信的那个人。身份验证的运作方式如下:当身份在某种情境中被激活时,它作为一种个体标准和一个控制反馈循环的意义也就被激活了。该反馈循环包含以下部分:第一,身份标准,代表身份的意义;第二,输出,代表一个人做出的有意义的行为;第三,输入,代表一个人对他人在社交情境中如何看待自己的反映评估(或感知);第四,比较器,这个机制用于将输入过程中包含的反映评估意义与身份标准意义进行比较,以评估两者之间的一致程度[1]。

当然,身份验证过程中也常常面临一些中断情形。对此,伯克和斯戴兹归纳出四种类型[2]:第一种是循环破坏,即身份被激活后形成了一个高组织化和持续运行的反馈循环,但一些生活事件(如

---

[1] M. J. Carter, J. E. Aguilar, G. R. Flores, "Role Identities and Self-Efficacy: Examining the Effect of Conventional versus Idiosyncratic Role Identity Meanings", *Current Psychology*, 2023, 42.

[2] P. J. Burke, J. E. Stets, *Identity Theory* (2nd edition), Oxford University Press, 2023, p. 321.

家人去世、搬家、换工作等）会使这些正常的身份验证过程被打断；第二种是其他身份的干扰，即一个身份会破坏和干扰另一个身份，如一个人恋爱后可能会陷入恋人身份与其他身份（家人、朋友、工作）在忠诚度上的冲突；第三种是过度控制的身份，如有人因为完美主义而在某项工作中花费大量时间和精力，但若是期待落空，他便可能陷入一种自我否定的处境；第四种是偶然性身份（episodic identity），因为人具有多重身份，所以某些身份是临时性的，它们可能会在一些情境中突然没有征兆地被开启，从而给个体带来一定的困扰。

（四）身份变更

身份变更的发生有两个原因：一方面，每个个体通常都拥有多重身份；另一方面，个体在身份验证过程中可能会对某一身份标准的意义感知发生变化。事实上，身份的意义几乎总是处于变化当中。这种变化有些是积极的，有些是消极的。皮特·伯克指出，身份变化的条件包括以上三个：第一个，情境发生变化，导致情境意义与身份相关的标准意义不一致，正所谓"时过境迁""物是人非"；第二个，个体激活的两个或多个身份之间形成了内在冲突，正所谓"忠孝难两全"；第三个，个体的行为意义与身份标准的意义之间产生冲突，正所谓"事与愿违"①。一旦发生身份变化，人们会通过改变自己的行为来适应新的情境，以恢复人生意义的内涵。从身份变更的形态和影响来看，有些是渐进式的、细微的，有些则是突变的、巨大的。身份理论认为，身份是在与他人的互动中发生改变的，以实现期望意义和共享意义作为结果。身份变更的因素有很多，如他人的影响、文化语境的变化、身份特征的变化及身份地位

---

① P. J. Burke, "Identity Change", *Social Psychology Quarterly*, 2006, 69(1).

的转变等。G. D. 巴纳特(G. D. Barnett)等人通过大量的定性和实证研究,进一步讨论了身份变更的机制,认为身份变更的有效方法主要体现在以下八个方面:(1)建立联系、关系或归属感;(2)行为改变或行动承诺;(3)提高自我效能或能动性;(4)增强自我意识与接受问题的能力;(5)减少污名化;(6)拒绝反规范性的(counternormative)身份;(7)目标感和意义感;(8)资源获取与情感支持①。

第四节　青年文化身份:因素与类型

　　身份被视作青年文化研究的一个核心概念和关键领域。这是因为青少年处于身体与心理发展的一个过程性阶段,其身份意识也处于发展和形成的重要时期。青少年对于身份的感知来自不同情境与时间中对自我一致性与连续性的主观感受,当他们开始追问自己是谁,以及未来想成为怎样的人时,便意味着他们有了明确的身份意识。在 E. 埃里克森(E. Erikson)看来,青少年的中心发展任务是解决有关身份的困惑。他说:"技术的进步使青年人从早期的校园生活到最后步入正式工作的这段时间变得越来越长,青春期的阶段也就变得越来越明显和自觉。在校园生活的后期,青年人面临着生理上的成熟和即将成年的角色不确定性,导致他们非常关注通过时尚来建立一种青年亚文化,这看起来似乎是最终的而非暂时性的,但实质上就是初步的身份形成阶段……这一时期被视作一种心理社会的缓冲期,青年人通过自有的角色实验,可能

---

① G.D. Barnett, D. Boduszek, D. Willmott, "What Works to Change Identity? A Rapid Evidence Assessment of Interventions", *Journal of Applied Social Psychology*, 2021, 51(7).

会在社会的某个位置找到自己的定位。"①理论家对青年身份的关注主要聚焦于其形成过程,并将该过程视为一种"身份工作",因为身份只能通过活动和互动产生意义,具体体现为身份标志、群体符号、社会角色及社会意义等。青年身份也因此被概念化为一个持续的互动的成就,它是通过自我与他人的关系而实现的,而非基于青年自身的属性或本质特征。

(一) 青年文化身份的形成因素

青年文化身份具体指青年人如何看待自己,如何与他人和周围世界建立关系,如何在社会群体中识别自身的文化特征与价值观。青年身份在形成和演变的过程中会受到多种内外部因素的影响,如社会、家庭、亲人、民族、种族、文化、地理、机遇、媒体、兴趣、外貌、自我表达和生活经历等。这些因素塑造着青年人的自我形象、定位及其对自身与环境的感知。具体而言,青年文化身份的形成因素涉及以下四个方面。

1. 文化与社会

青年人在成长与发展过程中所接受的文化对他们的身份形成发挥着重要的影响。一个社会群体的文化规范、价值观、传统和信仰直接影响着青年人看待自己及与他人关系的方式。

2. 性别与性取向

在青年文化身份构建的过程中,性别和性取向是十分关键的要素。性别规范、性别期待及社会角色定位等因素都会影响青年人看待自己生理和心理状态及与他人相处的方式。性别身份的认同也直接受到生理、社会和文化因素的多重影响。

---

① E. Erikson, *Identity: Youth and Crisis*, W. W Horton and Company, 1968, pp. 128 - 156.

3. 家庭和社会环境

青年人成长的家庭和社会环境对他们的身份形成发挥着重要作用。良好的家庭关系、情感支持和同侪影响都有助于青年人建立良好的自我形象和身份；家庭冲突、不被社会接纳等情况则会对青年人的自尊和身份形成产生负面影响。在具体的家庭结构中，青年可能具有儿子、女儿、兄弟或姐妹的身份，这些标签的认同程度及从家庭中获得支持或产生冲突的程度，都将影响青年的身份认同。

4. 商业与市场驱动

有研究指出，年轻人的发展受到市场驱动的直接影响，他们被迫发展出一种以商业价值为导向的身份，嵌入有关成功、地位和提升形象的自我叙事[①]。在市场经济发展迅速的今天，年轻人拥有更多的机会去追求和实现身份的多元性，进而脱离传统结构（如父母权威、家庭规范和社会期待等）的约束。不可否认的是，当前由市场驱动的商业价值观直接影响着部分青年人借助炫富、奢侈品消费等方式来进行形象管理，并塑造出一种与金钱、颜值、高品味相关的自我形象。

在有关青年身份的探讨中，社会学家主要关注的是与身份相关的社会关系与社会情境。有论者指出，"个人身份就是一种社会身份"[②]。对此，艾米·贝斯特（Amy Best）概括了相关议题，主要体现为以下六个方面：一是诸如学校的制度环境的作用；二是同龄人群体的结构；三是属于各种青少年文化的符号与象征性边界；四是

---

① S. Butler, "The Development of Market-Driven Identities in Young People: A Socio-Ecological Evolutionary Approach", *Frontiers in Psychology*, 2021, 12.

② D. Carr, "Personal Identity Is Social Identity", *Phenomenology and the Cognitive Sciences*, 2021, 20.

从父辈文化和主流文化中衍生出的意义与实践;五是生活历程中的代际转变;六是历史与经济因素①。在这一系列的社会结构关系中,青年人常对此展开具体的文化实践,包括文化符号(如穿着、发型、装饰等)、仪式性的行为(如穿孔、冲浪、涂鸦等)及场所(如校园、舞会、音乐会、游戏厅、街道、网络社区等)等,并赋予其文化意义。

(二) 青年文化身份的类型

在全球化与网络化时代,社会发展进程中充满各种变局,身份的发展已然构成贯穿个体一生的任务和项目。身份被视作一个需要不断重新发展和协商,以应对不断变化和不可预测的机制力量的持续性项目。青年文化身份的发展主要经历了两个过程:一是探索阶段,青年人尝试不同的身份角色与选项;二是承诺阶段,涉及青年人对身份某些方面的承诺。青年文化身份的类型主要有以下四种。

1. 数字身份

在平台社会时代,数字技术对青年身份产生了深刻影响。数字身份是青年人在互联网平台世界中通过社交网络、在线平台和网络社群展现自己的主要方式。数字身份的构建会影响青年自我形象、网络互动及与他人关系的自我体认。青年利用社交网络展示"想要成为的那个自己",以寻求一种真实地表达自我观点、兴趣和价值观的方式。在互联网社会,任何形式的信息都可能影响青年人关于身份观念的塑造,也能帮助青年人以新的虚拟方式转变或拓展身份形态。

---

① A. L. Best, "Youth Identity Formation: Contemporary Identity Work", *Sociology Compass*, 2011, 5.

2. 时尚与风格

青年人通常善于利用穿着、发型和配饰等来表达自己的身份和价值观。这里所说的时尚与风格成为个体展现自我的一种工具，让青年人可以传达个性、表达群体归属感或倡导一种美学偏好和趣味，展现个人的生活态度。这些服饰或色彩风格都是青年人确证自我身份及与他人展开交往的重要方式。

3. 兴趣与爱好

当前青年群体的交往主要依赖"趣缘"，他们的兴趣、爱好、社交活动都是文化身份与个性的具体表现。不论是通过音乐、艺术、体育、舞蹈、科技还是其他的表达形态，青年人可以表达自身的品味、价值观和心理期待。通过兴趣爱好，青年群体建立起了一种广泛的社会联系，并从中获得了群体归属感与个人意义。

4. 态度与价值

青年人的情感态度与价值立场也是他们建立文化身份过程中的一部分，包括社会正义、环境保护、性别平等、文化多样性等。他们通过捍卫自身的观点、立场和信仰来表达对社会现象的看法，并确立起一种道德原则。通过表达自身的价值立场，青年人也为建设一个更具包容性、多元化、公正性的社会做出了积极贡献。

事实上，身份并不是一个达到特定人生阶段就可以"完成"的项目。它的发展不是一个线性过程，而是交织着多重身份，并且个体常会陷入剧烈的内部冲突。吉登斯指出，身份是一种"在个体的反思活动中必须被常规地创造和维持的东西"[1]。因此，不论是作

---

① A. Giddens, *Modernity and Self-Identity: Self and Society in the Modern Age*, Stanford University Press, 1991.

为社会个体还是作为身份问题的研究者,人们都必须对身份保持开放的态度,因为它"是一种并非先天给定的身份,在某种意义上始终是一个开放的问题,永远都没有完全的答案"①。这意味着,研究者必须密切关注身份作为一种社会结构与个体能动的动态过程,同时深入一系列与身份有关的社会议题,充分理解并分析青年群体的日常生活,聚焦青年人对于时代社会的体验和想象。

① D. Carr, "Personal Identity Is Social Identity", *Phenomenology and the Cognitive Sciences*, 2021, 20.

第四章

话语理论与话语分析的发展路径

　　"话语"是人们在特定社会语境中通过语言进行交流和观念交互的行为活动,也是一种多义性的社会文化实践类型。在语言学领域,话语被定义为一种复杂的传播现象,其发生和感知受到交流语境的诸多外在因素影响。后结构主义者认为:话语不仅描述社会,也建构社会;人们使用语言是为了交流思想、信仰或表达情感,这构成了更为复杂的社会事件。因此,话语被视为一个开放的、动态的和异质化的关系领域,而非一个封闭的装置。作为一种语言交际行为,话语涉及两个关键角色,即说话人与受话人,以及三个主要维度,即语言使用、信仰(认知)交流和社会情境中的互动。话语涉及的"语言外"(extralinguistic)因素涵盖广泛的扩展性文本,这被视为理解和引导不同社会行动领域的认知框架。话语包括词汇与修辞技巧,以及思维方式、意识形态、权力关系等内容。随着理论家对话语研究的不断深入,话语分析也在人文社会科学领域得到普遍应用,包括心理学、社会学、人类学、文学、历史学、政治学等。话语分析专注于语言在文本和语境中的使用方式,目的是理解意义如何被创造和传达出来。如今,话语分析在青年文化研究领域也被视为一种重要的理论基础和研究路径。

第一节　话语的内涵及定义

"话语"一词源于拉丁文"discursus",意为"对话"或"演说"。作为一个重要的学术概念,话语研究始于20世纪50年代之后的语言学领域。经过西方结构主义与后结构主义理论家的深入阐释与建构后,话语概念被广泛应用于制度、学科及现代学术话语体系的研究,并成为一种指涉社会文化实践的类型。英国人类学家奈杰尔·拉波特(Nigel Rapport)和乔安娜·奥弗林(Joanna Overing)在《社会文化人类学的关键概念》一书中指出:"话语造就了我们成为人的资格";"话语为个体提供了经验,并构成了个体生活所必需的现实和真理"[①]。俄国文艺理论家米哈伊尔·巴赫金(Mikhail Bakhtin)将话语视为最敏感的社会变化的标志,认为话语"能够记录下社会变化的一切转折的最微妙和短暂的阶段"[②]。

话语最初只是一个语言学与符号学上的概念,指"语言在语义空间内组织意义的方式"[③]。作为一种言语实践,话语蕴含广阔的"语言外"的社会文化内容,用以彰显我们是谁(身份)和我们在做什么(实践)。它涉及价值、思考、行动和互动等方式,体现出丰富的文化意义。从这个意义上说,对话语的分析离不开语言文本,但研究者又必须对语言文本保持一种批判性距离。伊恩·帕克(Ian

---

① [英]奈杰尔·拉波特、乔安娜·奥弗林:《社会文化人类学的关键概念》,鲍雯妍、张亚辉译,华夏出版社2005年版,第101—102页。

② [苏]巴赫金:《巴赫金全集》(第二卷),李辉凡、张捷、张杰等译,河北教育出版社1998年版,第352页。

③ F. Inglis, *Media Theory: An Introduction*, Basil Blackwell, 1990, p.104.

Parker)从七个维度深入剖析了话语的内涵①。此处,我们主要立足于帕克的观点来呈现话语的内涵。

一、话语是一个意义的连贯系统

话语作为一种描述现实的方式,体现于隐喻、类比和描述等之中,所以它也是一种受规制的陈述系统。就此而言,帕克认为话语与"阐释性项目"(interpretive repertoire)类似,因为二者都涉及用于表征和评估行为、实践及其他现象的风格、语法结构、隐喻与修辞的手法。当然,对话语的分析还需要调用外部知识,这样才可能使其成为一种意义的连贯系统。

二、话语在文本当中实现

话语的运作是在一系列文本中进行的,话语分析则被应用到更广阔的社会文化领域。此处,"文本"并非狭义上的,它还包括言语、书写、非语言行为、广告、符号系统、时尚、建筑等广义上的文本。文本被后结构主义者视作一个有边界的意义组织,可以用任意的解释性形式进行注释。正如德里达所说,"文本之外别无他物"(There is nothing outside of the text)。一方面,我们可以用文本来描述整个生活世界;另一方面,在阐释和反思文本时,我们可以进一步发掘文本唤起的内涵、隐喻和隐含意义。

三、话语是对自身言说方式的反思

需要指出的是,并非每个文本都包含对其所选择术语的反思,

---

① Ian Parker, "Discourse: Definitions and Contradictions", *Philosophical Psychology*, 1990(3).

也并非每一位言说者都对自己使用的语言有自觉的意识。然而,话语包含言说者对自身言说方式的一种反思。在日常表达当中,这种反思通常表现在人们试图找到一句"漂亮话",否认自身立场的虚伪性,或全面剖析一种世界观时。我们在分析话语时,需要关切其隐藏的意义,因为"话语可以包含其自身的否定,这又是隐含的而非显性意义的一部分"[1]。因此,话语分析不仅要把话语当成对象,还要对话语使用的术语进行反思,恢复那些隐含意义,进而做出合理性评估。

四、话语涉及其他的话语群(discourse)

话语的反身性涉及对其他话语群的调用。换句话说,话语的反思性表达就必然运用其他的话语类型。因此,"话语嵌入、包含和预设其他的话语,以至于话语内部的矛盾引发了关于其他话语在发挥作用上的问题"[2]。由此可见,话语不仅界定了可以说什么的问题,还提供了在任何特定话语中开辟新表述空间(包括概念、隐喻、模型、类比等)的可能。话语分析不仅要识别不同描述方式之间的内在矛盾张力,还要理解不同话语之间的相互关系。

五、话语关乎对象(object)

话语本身的指涉性体现出两个层面的内涵。一是现实层面。依据知识社会学的观点,语言使对象得以存在,使对象获得了现实性,并构成一种文本的意义组织。话语以语言为基础,构成了对象

[1] M. Billig, S. Condor, D. Edwards, et al., *Ideology Dilemmas: A Social Psychology of Everyday Thinking*, Sage Publications, 1988, p.23.
[2] Ian Parker, "Discourse: Definitions and Contradictions", *Philosophical Psychology*, 1990(3).

的意义集合。它关注文本如何连接，并重视社会领域中的文化问题。二是作为一种意义的"表征实践"，话语系统性地形成了有关对象物的实践方式与意义过程，构建了对象物关于世界的表征，对它们的社会文化意义进行了创造和再生产。

六、话语包含主体（subject）

作为一种感知性的意义实践，话语涉及两个维度，即说话人（或言说者、写作者）与受话人（或倾听者、阅读者）。他们都是与话语直接相关的主体。作为一种感知和表达的方式，话语必然引发个体对自己和他人的感知。阿尔都塞所谓的"质询"就生动地表达出关于话语本身的基本结构与文化意义。在这种关系结构中，我们不仅需要明确是谁在对谁说话，还要进一步反思某人为何如此说话，以及人与话语本身之间存在的权力关系。

七、话语是历史性定位的

话语并非一种静态性存在。尽管它共时性地呈现出一套有组织的意义系统，但它也是历史性的，几乎总是以一种特定方式发生于某个历史时间。与此同时，它指涉的对象也是由话语相关的历史因素构成的。由此而言，特定的话语结构和权力只能通过展示该话语的其他例子，并解释其产生方式来加以描述。例如，学者黄兴涛所著的《"她"字的文化史》①就涉及各个历史时代中的女性地位和女性主义话语的生成与发展历程。

以上七个定义具体论述了话语的多层次内涵。此外，帕克进

---

① 黄兴涛：《"她"字的文化史：女性新代词的发明与认同研究》，北京师范大学出版社 2015 年版。

一步从三个方面讨论了话语与机构(institution)、权力和意识形态方面的关联。其一,话语本身是一种实践,它是以某种方式与社会机构关联的论述,往往也会对机制形成一种再生产,体现为对机制力量的支持和维护。其二,机构体现出一种权力关系的构建,所以话语往往会对权力关系实现一种再生产。其三,话语具有意识形态效应。意识形态是人们和社群有关语言价值的隐性或显性的信念、态度和价值观。话语被视为语言和意识形态的交汇处,而意识形态既可能体现为进步的政治效果,也可能体现为一种虚假的意识。

第二节　话语分析的历史分期与特征

话语是语言在特定语境中运作的载体,包括社会规范、文化价值观、历史影响、权力动态和特定交流目标等。话语具有塑造意义、传递思想和构建社会现实的意义与功能。话语分析就是研究语境中的语言,它聚焦语言、交流和社会动态之间错综复杂的相互作用,进而揭示出语言与更广泛的社会、文化和权力结构之间的微妙、深刻的联系。

一、话语分析的历史分期

荷兰语言学家托伊恩·范·迪克(Teun van Dijk)认为,话语分析作为一门学科,既古老又前卫。他将话语分析的起源追溯到两千多年前人们关于语言、公共演说和文学的研究上。早期学者便意识到语言研究和如何处理语言的问题,这为他们分析演说、古典修辞和演讲艺术提供了重要启示。在话语分析正式成为一门学科以前,语言学的研究重点是语法,关注的是如何正确使用语言的规范性原则。与此同时,修辞学涉及公开演说在政治与法律环境下是如何被计划、组织和具体操作的,其强调的是说服效果。由此而言,古典修辞学可谓当代文体学和话语结构分析的滥觞,它同时包含在特定交际语境中关于记忆组织和态度变化的认知与心理观念。

现代学科意义上的话语分析肇始于 20 世纪早期。有关话语分析的发展阶段大致可分为四个时期。

(一) 早期阶段

主要体现在 20 世纪早期出现的结构主义语言学,以及 20 世纪中期出现的语用学和言语行为理论。索绪尔是结构主义语言学的奠基人,其语言学理论为分析语言所使用的结构系统提供了重要基础。在《普通语言学教程》中,索绪尔对语言(作为一个系统的语言)和言语(言语的使用)做出区分,认为语言代表一个共同体所共享的集体规则和惯例。这使个体能够展开交流,并形成个体的言语行为,即言语。与此同时,索绪尔还区分了语言的能指(词语的物理声音或外观形式)和所指(词语所指的概念或意义),并在此基础上提出了语言的任意性和差异性原则。这意味着语言中的意义并非直接源于符号与现实的联系,而是通过符号间的差异和关系产生的。它不是自然决定的,而是建立在社会和文化的基础之上。这一视角为话语分析者开辟了新路径,便于他们探索意义如何在社会和文化中被构建,即语言作为一个复杂的系统,受到权力和社会结构的影响。

(二) 形成阶段

到了 20 世纪六七十年代,以雅克·德里达、米歇尔·福柯

(Michel Foucault)等为代表的后结构主义理论学家聚焦于对语言、权力、知识和身份的研究,探讨了话语如何塑造社会观点,并揭示了话语实践中的权力动态。这标志着话语分析作为一个学科领域的正式出现。后结构主义者将语言视作构建和协商意义的重要中介,如德里达提出了"延异"(différance)概念,以此打破过去语言意义观念的封闭性和固定性。通过对语言意义的(空间上的)差异和(时间上的)延迟的强调,他进而探讨了语言与社会文化结构之间的开放性、复杂性关联。这种解构主义观点为审视话语如何构建社会现实、拓展话语与社会结构和权力之间的关系打开了新空间。20 世纪后期,诺曼·费尔克劳夫(Norman Fairclough)和范·迪克专注于话语在维持和挑战权力关系中的作用,通过分析文本的语言特征(用词、语法和叙事结构)及其背景,揭示它们再现的意识形态和权力关系,进一步确立了批判性话语分析的方法路径。

(三) 多元拓展阶段

主要体现为 20 世纪八九十年代的认知方法和多模态话语分析。前者将认知视角与话语分析进行整合,分析了心理过程和结构如何影响话语的理解与生产,即通过关注语言、思维和社会经验的相互联系,丰富了人们对话语及其塑造人类思想和文化实践等方面的理解;后者进一步将研究的话语文本扩展到其他的交流方式,如图像、手势和空间布局等,拓展了话语的多模态特性。

(四) 未来发展

信息技术的崛起与数字平台的出现改变了话语的生产、传播和消费方式,并进一步延展了话语分析的研究领域,如在线活动、社交媒体话语及数字网络技术对话语创建和传播模式的影响等现象成为话语分析的重要内容。与此同时,大数据与计算方法也成为新的分析工具和方法论,使数字情境下的话语模式得到了更为细致和全面的研究。

二、话语分析的特征

话语分析是一种分析框架,其目的在于"揭示嵌入语言中的本体论和认识论的前提"[1],具体通过对文本的分析来揭示意义是如何被生产和创造的,进而探讨文本如何影响和构建社会。话语构成了一种陈述之所以具有意义和理性的基础。话语分析需要超越词语或句子,对理性及其如何在特定历史语境中表达、行动并形成身份展开研究。作为一种定性的研究方法,话语分析是人文社会科学中的建构主义路径的一部分,它预设关于本质、自我和世界的基本前提是由生活在历史和文化背景中的个体所构建的。话语分析涉及广泛和复杂的研究领域,其方法和理论来自语言学、社会学、心理学和文化研究等多个学科。

关于话语分析的特征,埃里克(Alek)通过对大量文献进行综合性梳理,做了较为细致的剖析[2],具体包括以下内容。

(1) 对语境的敏感。话语分析关注使用语言的语境,并承认意义是在特定的文化、历史和社会环境中被构建的。

(2) 语言的建构意义。话语分析将语言视为一种积极的建构过程,认为它塑造了人类的经验,也被人类的经验塑造。语言不仅用于传递信息,而且积极构建并反映社会现实、身份与意识形态。

---

[1] O. K. Pedersen, "Discourse Analysis", *International Center for Business and Politics*, 2009(65).

[2] Alek, "Discourse Analysis, Its Characteristics, Types, and Beyond", OMNISCIENCE, 2023 - 7 - 23, https://repository.uinjkt.ac.id/dspace/handle/123456789/73450.

（3）权力与意识形态。话语分析的一个核心原则是承认语言中蕴含的权力动态与意识形态,研究者通过深入研究语言如何强化或挑战现有的权力结构,揭示其中隐含的偏见,并呈现主导性话语。

（4）阐释性立场。话语分析通过阐释过程来解释深层次的意义,并探索语言选择如何创造出细微的表达和超越表面的见解。

（5）数据来源的多样性。话语分析的数据来源包括书面文本、口语对话、视觉媒体等,其多样性能使研究者探索出语言在不同形式的交流中是如何运作的。

（6）微观层面的分析。话语分析细致入微地关注语言要素,通过研究语调、停顿、隐喻和其他细微差别来促进对信息文本整体意义的理解。

（7）身份与主体性。话语分析强调语言如何构建和协商个人与集体身份,研究语言如何促进身份(如性别、种族、阶层等)的形成与表达。

（8）表征的力量。话语分析强调语言在表征中的作用,研究语言如何构建社会现实、塑造公众舆论,并通过某些方面来影响人们的看法。

（9）灵活性。研究者可以根据不同的研究问题、语境、领域、主题来灵活地调整话语分析策略。

（10）批判性反思。话语分析者承认自身在研究过程中的主观性和立场,并对自身角色、偏见和对数据的解释、分析等影响有自反性意识。

（11）多学科性质。话语分析超越了学科界限,其理论资源与应用领域涉及语言学、社会学、人类学、媒介学等。

（12）理解交流实践。话语分析不仅要理解交流内容,还要了解交流的惯例与机制。

（13）多重意义。单个语句和文本可以包含多重意义。话语分析则需根据语境和参与者的观点来探索不同的意义是如何产生的。

（14）现实的社会建构。话语分析研究语言如何创造共享的意义，并生成促进社会事件与现象的理解框架。

（15）语言即行动。话语分析将语言视为一种社会行动，认为语言除了传递信息之外，还能执行行动，包括提出请求、发表意见或伸张权力。

（16）全球和本土视角。话语分析既可以研究政治修辞等宏观层面的话语，也可以研究日常对话等微观层面的互动。

（17）转变与转换。话语分析关注语言使用如何随着时间的推移而变化或转变，并据此追踪话语模式的变化，以了解社会、政治和文化语境是如何演变的。

（18）定性与归纳。话语分析路径本质上是定性的，侧重于理解语言的深度和语言的细微差别，同时遵循归纳推理过程，基于一些数据产生观点。

（19）对话属性。话语分析承认交流的对话属性，主要研究对话者之间的互动如何塑造并产生意义，从而形成互构性的理解。

（20）批判性审视。话语分析经常与批判性理论结合，对影响语言使用的权力动态、社会不平等和主导性意识形态进行研究。

（21）强调未言说的内容。话语分析不仅关注已言说的内容，也关注未言说的内容，探讨具有重要意义的沉默、遗漏和空白部分。

（22）理论与数据的整合。话语分析通常将理论框架融入具体的分析，以探索特定的话语模式或现象，从而提出一个结构化视角来观察数据文本。

从以上梳理可以看出,话语分析的核心是认识到语言是个人反映和构建对世界之理解的工具。语言不是一种中立媒介,而是一种动态建构,它与社会规范、价值观和意识形态形成了一种互构关系。具体而言,话语分析的核心要素包括以下四个方面:第一,使用中的语言,包括语言在各种语境中的表达功能,如社会、政治与文化背景等因素;第二,超越文字的意义,即话语分析不仅关注词语的字面意义,更要考虑其隐含意义、预设及语言选择所传达的信息;第三,社会互动,主要讨论语言如何构建及如何被社会身份和社会关系构建;第四,权力与意识形态,即话语分析通常研究语言如何反映、强化或挑战社会中的权力动态和意识形态。

第三节　话语分析的理论传统

关于话语分析的传统,学界有较为丰富的讨论。M. 韦瑟罗尔(M. Wetherall)等人在《话语理论与实践读本》一书中概括出六种不同的话语分析传统,分别为对话分析(conversation analysis)与民族志方法论(ethnomethodology)、互动社会语言学(interactional sociallinguistics)与交际人类学(ethnography of communication)、话语心理学(discursive psychology)、批判性话语分析(critical discourse analysis)与批判性语言学(critical linguistics)、巴赫金的研究和福柯的研究①。我们沿着这一思路,在下文展开进一步概述。

---

① M. Wetherell, S. Taylor, S. J. Yates, *Discourse Theory and Practice: A Reader*, Sage Publications, 2001.

一、对话分析与民族志方法论

对话分析是一种较为正式的民族志研究方法，它源于某些被社会建构的术语（如性别意义），并促生了言语互动这一理念。具体而言，它是一种组织和分析对话细节的定性方法，关注点为现实是如何被建构的，而非现实是什么。对话分析主要基于三个要点：第一，互动是按次序被组织的，谈话可以在社会互动的过程中被分析，而不是动机或社会地位；第二，互动是以情境为导向的，它既塑造了社会情境，也受到社会情境的影响；第三，先前的流程都会内嵌于互动细节，所以任何细节都不能被视为无序、偶然或无关紧要的。

民族志方法论是社会学家哈罗德·伽芬克尔（Harold Garfinkel）1967 年在《民族志方法论研究》一书中提出的概念。该术语指通过研究日常现实中的常规与细节来描述人类创造社会秩序的方法。这一理论的核心问题在于人们如何理解自己的日常活动，并以被社会接受的方式行事。该方法最显著的特征是对日常生活的重视，以及对普通人如何构建、延续和维持生活现实及秩序的关注。

对话分析和民族志方法论对社会行为规范构成的传统观点提出了挑战。对话分析和民族志方法论并不寻求潜在的规范结构，而是将行动的有序性视为一种突显特征。它们重新定义了社会秩序的轨迹，考察了人们在产生社会行为时所从事的实践，这被视作有规律且可识别的一种文化和社会进程。就此而言，社会行动的有序性不是在行动的表面，而应在普通社会成员广泛参与的行动与互动中。

二、互动社会语言学与交际人类学

互动社会语言学主要从约翰·约瑟夫·甘伯兹（John Joseph Gumperz）的著作发展而来，它通过整合语言学、人类学和社会学视角来分析社会互动，进而揭示人们在互动中发出信号和解释意义的方式，从而建立起一种定性的阐释性方法，并开发出社会语言学分析的程序。其目标在于揭示语言、文化的多样性和社会生活之间的丰富联系。互动社会语言学有助于我们理解跨文化交际是如何进行的，以及期待与阐释方面的差异又如何影响着交际的效果①。这一方法也被广泛应用于各种类型的互动，包括文化间及文化内的接触。

交际人类学将人类学与语言学相结合，强调文化在很大程度上是通过语言表达出来的，而语言又是一种文化行为，它引导并帮助人们分享知识、艺术、道德、信仰及人类作为社会成员所获得的一切。交际人类学是由戴尔·海姆斯（Dell Hymes）及其同事在20世纪六七十年代提出的。海姆斯指出交际涉及的六个领域，即言说共同体、言说情境、言说事件、共同交流方式、言说方式和交际策略，旨在研究语言和交际作为在自然发生的日常情境和互动中进行的行为。交际人类学一方面强调交际对社会文化生活的重要性，另一方面密切关注交际事件和过程的独特文化维度。认同该理论的学者们认为语言和交际是基本的社会和文化特征，研究实际情境中的互动细节有助于发现互动中产生的更广泛的社会结

---

① A. Toomaneejinda, S. Saengboon, " Interactional Sociolinguistics: The Theoretical Framework and Methodological Approach to ELF Interaction Research", *LEARN Journal: Language Education and Acquisition Research Network*, 2022,15(1).

构、关系和身份。

　　互动社会语言学和交际人类学都共同体现出一种跨学科特征，为我们从事话语分析和了解社会文化提供了一种研究框架。正如海姆斯的"言说网格"（SPEAKING grid）所描述的，话语环境不仅包括语言元素，如风格与序列，也包括"语言外"元素，如参与者、交流工具、社会语境、文化规范等。因此，在话语分析中，学者不仅要分析言说事件中的语言行为，更要结合语言行为的社会文化背景展开综合性考察。

三、话语心理学

　　话语心理学是心理学的一个子学科，也被视为话语分析领域的一个重要方法。它专注于心理现象，如思想、动机、情感、道德、身份等，及其如何通过语言在社会互动中发挥构建和管理作用。"话语心理学从人们生活中出现的心理问题开始。它研究心理问题和对象是如何在日常和制度情境中被构建、理解和展现的。它关注的是人们在特定环境（如家庭、工作场所、学校等）中行动和互动中的'心理问题'。"[1]传统的心理学通常将谈话视为心理内容的反映或指示。与此不同，话语心理学将对话和互动视为一种社会行为或功能，谈话不仅仅是一种心理状态的反映，也是一个在具有社会意义的世界中实现目标的手段，这是由社会和话语构建的。话语心理学强调语言在塑造人们理解心理过程时的作用，并将话语视为人们展开行动、理解自身经验和应对社会生活的主要手段。

　　话语心理学将谈话和文本分析作为其研究重点。据此，J. 波特

---

[1] J. Potter, "Discursive Psychology and Discourse Analysis", in *The Routledge Handbook of Discourse Analysis*, Routledge, 2013, pp.104-119.

(J. Potter)分析了三个方面的内容。一是,识别解释性的曲目(repertoires)或在概念上有组织的术语、短语、语法特征和语用符号。它们被用来构建社会行动,并维持现有的权力秩序配置。二是,关注说话者和写作者在用语言做什么,以及在进行怎样的社会行动。话语心理学将态度、信念和情感等心理学概念重新定义为一种"社会管理",认为对话在时间上、制度上和修辞上都是有情境的。三是,密切关注对话分析中典型的谈话顺序结构,这被视作互动的微观特征,包括语法形式、停顿、语调和发言顺序。

话语心理学的意义体现于:首先,话语心理学通过关注心理现象如何借助语言构建弥合传统心理学方法与话语分析之间的距离,使我们能更深入地理解思想、情感和身份是如何受到社会互动和文化规范的影响;其次,它提供了分析人们利用话语来应对社会生活、管理关系和实现特定目标的工具,对于理解语言在现实环境中的功能十分重要;最后,它挑战了传统上认为心理现象是固定的或普遍的观念,突出了心理现象的流动性与变异性,指出心理现象是依赖语境并被社会构建的,同时受到不同话语语境的影响。话语心理学是话语分析中的一个强大方法,可以加深我们对语言、思维与社会互动间关系的理解,并因此成为分析各种环境中话语的重要工具。

四、批判性话语分析与批判性语言学

鲁斯·沃达克(Ruth Wodak)指出,批判性话语分析与批判性语言学这两个术语经常被交替使用。二者体现了有关语言、符号或话语分析的共同性视角,即认为语言结构与社会结构之间存在紧密且普遍的联系。其研究问题包括意识形态的自然化是如何产生的? 哪些话语策略会使社会秩序的控制合法化或"自然化"? 权

力在语言上是如何被表达的？居于主导地位的共识、接受与合法
性是如何被制造出来的？谁能使用哪些权力和控制工具？谁在哪
些方面受到歧视？谁以何种方式理解某一特定话语，并产生了怎
样的结果？[1]

这一理论路径认为，任何语言的使用都隐含着一种话语，而批
判分析的主要作用就是关注语言表现的不透明和明显的支配、歧
视、权力与控制的结构关系，以及它们如何通过语言或话语表达、
标示、构成和合法化等方式体现出来。该理论路径将话语视为权
力关系的表现。据此，范·迪克指出，批判性话语分析"关注在社
会和政治语境中，社会权力的滥用、主导性和不平等是如何通过文
本和谈话来实施、再现和抵抗的"[2]。批判性话语分析不仅是一种
分析方法，也是一种批判理论，它受法兰克福学派的直接影响，旨
在通过联系语言分析与批判理论，从而揭示话语的意识形态维度。
批判性话语分析能系统地探讨话语实践、事件、文本与更广泛的社
会与文化结构、关系及过程之间常常不透明的因果关系与决定关
系；调查这些实践、实践与文本如何源于权力关系，并受到权力斗
争的意识形态塑造；探讨话语与社会之间关系的不透明性，以及它
自身又如何成为确保维持权力和霸权的一个因素[3]。

在费尔克劳夫和沃达克看来，该理论的主要原则包括：(1)致
力于解决社会问题；(2)权力关系是一种话语关系；(3)话语构成了

[1] R. Wodak, "Critical Linguistics and Critical Discourse Analysis", in J. O. Ostman, J. Verschueren, *Handbook of Pragmatics*, John Benjamins, 2006.

[2] T. A. van Dijk, "Critical Discourse Analysis", in D. Schiffrin, D. Tannen, H. E. Hamilton, *The Handbook of Discourse Analysis*, Wiley-Blackwell, 2015.

[3] N. Fairclough, *Critical Discourse Analysis: The Critical Study of Language*, Longman, 1995, pp. 132 - 133.

社会与文化;(4)话语关注意识形态方面的工作;(5)话语是历时性的;(6)文本与社会之间的关系是中介性的;(7)话语分析具有解释性和说明性;(8)话语是一种社会行动①。就此而言,批判性话语理论的关注点包括权力动态、社会问题、语言背景、相关实践、批判与质疑等。如今,该理论仍在不断拓展研究边界,试图涵盖更广泛的社会问题,包括性别、种族、身份、环境话语及媒体研究等。

五、巴赫金的研究

巴赫金以其激进的语言哲学和小说理论而著称于世。在他的理论中,话语是一个独特且十分重要的意识形态现象。其理论的相关概念包括"对话主义"(dialogism)、"多声部"(polyphony)、"狂欢"(carnival)和"复调"(heteroglossia)等。有论者指出,与巴赫金话语理论相关的表述主要有五个:"слово""высказывание""текст""говорение""речь"②。巴赫金的话语理论主要包括话语基础(社会交往)、话语性质(社会性、外位性、对话性、未完成性、斗争性)、话语主体(作者/说者、读者/听者、主人公)、话语形式(言语体裁)、话语行为(文本、言语行为)、话语声调(社会评价)、话语边界(讲话主体的更替)③。

巴赫金将语言的本质理解为一种对话性,并认为它是由"复调"构成的。在巴赫金看来,任何既定的语言实际上都可以分层为

---

① N. L. Fairclough, R. Wodak, "Critical Discourse Analysis", in T. A. van Dijk, *Discourse Studies: A Multidisciplinary Introduction* (Vol. 2), Sage Publications, 2011.

② 郑竹群:《巴赫金话语理论研究综论(1990—2017)》,《外国语文》2018 年第 2 期。

③ 郑竹群:《巴赫金话语理论研究趋势分析》,《东南学术》2017 年第 6 期。

几种"其他语言"。例如，我们可以将"任何单一的国家语言分解为社会方言、特征性群体行为、专业术语、通用语言、不同代际与年龄的语言……权威的语言、各种圈子的语言和流行时尚的语言……它们每一天都有自己的口号、自己的词汇和自己的重点"①。从这一意义上说，任何单一的语言中都充满了各种语言现象的对话。词语与其指向的对象之间被各种修饰覆盖，充满争议，混杂着各种共享的思想、观点、外来的价值判断和口音。因此，词语与对象进入了一个激动和紧张的对话性环境，词语指向对象的对应性，也因对象居于社会言语的混杂性之间而变得异常复杂。由此而言，语言并非某种中立的媒介，无论我们如何以自己的方式赋予一个词语以特定的意义，它都已经蕴涵许多其他意义，所以对这个词的使用也必须适应这些已有的复杂意义，必须与所有的社会、历史和意识形态背景关联起来。词语不是中立的和透明的表达，而是内部本身就包含社会和历史的异质性，进行着意识形态的斗争，它构成冲突的媒介与场所。"我们并不将语言视为一个抽象语法范畴的系统，而是一个充满意识形态的世界。……统一的语言表达了朝着……意识形态中心化发展的力量，这些力量与社会政治和文化中心化的过程有重要的联系。"②

巴赫金强调，语言的对话性意味着社会语言观点之间的斗争，因为每一个言语行为都带有其自身意图，每个社会群体都有其自身语言，并且在特定的时刻，不同时代的社会意识形态语言也是共存的。语言不仅始终充满社会和意识形态的色彩，并且在不同群体和观点之间都成为紧张关系和斗争的焦点。由此，巴赫金立足

---

① M. M. Bakhtin, *The Dialogic Imagination: Four Essays*, University of Texas Press, 1982, p.263.

② Ibid., p.271.

于语言是言语-意识形态斗争的产物这一本质观念,拒绝了任何统一自我或统一世界的概念。他认为这个世界是以对话为基础而形成的,并且通过一系列竞争和共存的语言进行着无尽的对话,最终融合成一个开放式、复调的、多元的整体。

六、福柯的研究

福柯通过对"话语即权力"的揭示,指出了任何社会的话语生产都受到一定数量的程序的控制和配置。同时,他为我们提供了一种话语的历史分析视角。在《性经验史(第一卷):认知的意志》一书中,福柯在论及性(sexuality)及其产生的历史意义话语时指出:"为什么性被如此广泛地讨论,关于它人们讨论了些什么? 言说者产生的权力影响是什么? ……因此,核心问题是……要解释'性'被谈论的事实,就要了解是谁在说,他们说话的立场和观点是什么,促使人们谈论它的机制及存储和分发相关内容的机制是什么。简而言之,问题在于所有'话语事实'(discursive fact),以及性被'纳入话语'(put into discourse)的机制。"①

话语分析就是必须解释有关话语"被谈论的事实"及其产生的权力影响。话语作为一种表层的实践活动,其内部蕴含一种隐蔽的权力秩序,包括礼俗、规制、教义、社会语境、真理标准等。在福柯看来,话语生产了人们可以接触的各种形式的知识、对象、主体及知识实践,它们具有不同的类型与形式,同时体现了特定时间和语境下思维方式的参照系。

关于此,G. 肯德尔(G. Kendall)和G. 威克姆(G. Wickham)在

---

① Michel Foucault, *The History of Sexuality: The Will to Knowledge*, Penguin, 1998, p.11.

《运用福柯的方法》一书中概述了"福柯式话语分析"的五个步骤：
一是认识到话语是"陈述"(statements)的组织，是有规则和系统性
的；二是认识到这些陈述是如何被生产的；三是认识到什么是"可
说的"(the sayable)，什么是不可说的(这些范围和规则从来都不是
封闭的)；四是认识那些允许创造新陈述空间的规则；五是认识那
些确保一种实践既是物质性(material)又是话语性(discursive)的
规则①。

　　在福柯看来，话语中的权力并不总是一种胁迫性、压制性或消
极的存在，它也有积极的一面，可以成为社会中必要的、富有成效
的积极力量，因为"权力是行动，是生产，在传播的同时开拓新的领
域，在塑造机构和学科的同时，建构行动、知识和社会存在的各个
领域"②。对此，福柯指出："我们必须停止一劳永逸地使用消极性
术语(如阻挡、压制、审查、去除、遮盖、取消等)来描述权力的影响。
事实上，权力也有生发性的功能作用，它生成现实，促生有关事物的
领域和真理的仪式。个体及其获得的知识都属于权力的产品。"③

　　福柯相信行动和抵抗的可能性，他关注人们认识及质疑社会
规范与约束的能力。在他看来，话语可以是权力和抵抗的场所，体
现有"逃避、颠覆或与权力竞争的策略"。就此而言，挑战权力并不
是为了寻求某种绝对真理，而是将真理的力量与它目前运行的霸
权、社会、经济和文化形式分离。

---

① G. Kendall, G. Wickham, *Using Foucault's Methods*, Sage Publications, 1999, p. 42.

② 赵一凡、张中载、李德恩：《西方文论关键词》，外语教学与研究出版社 2006 年版，第 229 页。

③ Michel Foucault, *Discipline and Punish: The Birth of a Prison*, Penguin, 1991, p. 194.

福柯的话语思想内涵是十分丰富的。他认为"话语并不总是屈从于权力或反对权力……我们必须考虑到复杂且不稳定的过程。在这个过程中,话语既可以是权力的工具,也可以是权力的障碍,可以是抵抗的绊脚石,也可以是对立策略的起点。话语传递和生产权力。它加强了权力,但也破坏和暴露了它,使它变得脆弱,并使挫败成为可能"①。

综上,福柯的话语理论专注于揭示语言和实践表达之间的社会权力关系。话语不仅是一种语言现象,也是一种社会文化现象。它既是权力的手段,也是权力的效果。福柯为我们生动地揭示了话语与权力之间的互动关系,也为我们提供了一个重要的话语分析视角。

第四节　青年网络话语的生成机制

随着信息技术不断渗入人们的日常生活,互联网平台如今已成为人们发布信息、表达观点和展开互动的最重要空间。正如 A. 密特拉(A. Mitra)和 E. 沃茨(E. Watts)所指出的,网络空间可以被概念化为一个话语空间,因为网络话语内容"代表了个人和机构的存在,代表着他们表达自己的主要方式"②。一方面,数字技术通过技术功能与对文化场景的营造创生出多种形态的网络话语,并影响着人们的网络表达与文化实践;另一方面,网络平台有效地促进

---

① Michel Foucault, *The History of Sexuality: The Will to Knowledge*, Penguin, 1998, pp. 100 – 101.

② A. Mitra, E. Watts, "Theorizing Cyberspace: The Idea of Voice Applied to the Internet Discourse", *New Media & Society*, 2002, 4(4).

了多种话语力量的交融与碰撞,不仅为个体和机构提供了表达空间,还增强了网络话语的力量和范围,使话语的生产、分享与实践方式发生了复杂而深刻的变化。

网络话语是当前社会中最为活跃的一种语言文化样态,任何一种网络话语的产生都可能成为一起公共事件。作为互联网信息技术催生的产物,网络话语的主要传播影响因素包括网络话语关涉的公共事件属性、话语的创造主体、网络情绪的表达方式,以及网络话语是否被主流/官方媒体接纳、情感态度是否能体现公共价值等①。在平台化时代,网络话语的传播具有时效性高、周期性短、交互性强、传播范围广、非线性及裂变性等传播特征。网络话语作为一种语言文化现象,一方面开启了语言社会学研究的新领域,另一方面也引起了语言学界的普遍忧虑。网络话语的生产者和传播者主要为青年文化群体,是青年网民实现话语权的一种重要手段,它充分反映了青年网民的社会情绪、价值立场及生活观念。这对于我们在当前探讨青年亚文化群体的文化症候、把握青年社会心态特征与趋势尤其具有指向性价值。

学界与政策界一直都试图通过研究和探讨当代青年文化及其话语表征来揭示社会发展变化的规律和趋势。此前,西方学界对青年文化群体的一些不同寻常的语言行为展开了研究,如使用俚语、反语言(anti-language)、行话(jargon)及时髦话语(hip talk)等,试图揭示语言、文化与身份之间的内在联系。青年文化群体通过特定的语言形态来构建自我和标记身份,这也是塑造他们体验世界和表达观念的重要方式。特定的语言形态可以充分地体现出个体

---

① 周俊、王敏:《网络流行语传播的微观影响机制研究》,《国际新闻界》2016 年第 4 期。

与某一群体、亚文化与社会主流之间的内在关联,成为青年群体参
与社会实践的一种重要方式。有论者将青年话语的划分标准归为
两类:一是交流参与者之间的性别差异,二是参与者在互动中的年
龄同质性或异质性①。青年网络话语的生成受到诸多主客观因素
的影响,大体而言,其生成机制包括媒介技术与网络平台形塑话语
空间,流行文化与社会现实触发话语内容,自我展演与群体认同彰
显话语诉求。

一、媒介技术与网络平台形塑话语空间

社交网络平台的虚拟性、开放性、即时性、交互性及去中心化
等特征为人们的信息获取与文化交流提供了一个全新的话语空
间,同时也直接改变了青年群体的话语生产与传播方式。青年网
络话语"不仅包括日常在线交流,也包括在网络空间就某事发表意
见观点,还包括在社交平台上的个人生活'展演',是青年在社交媒
体环境下兼具'个体'与'群体'身份的网络话语表达实践"②。借助
新媒介"赋权"的技术力量,青年群体的网络参与深刻地改变了现
实社会中的话语权力秩序,也形成了一系列相当稳定的网络表达
模式,创生出一种平民化、自由化和多元化的文化景观。

网络话语是在互联网环境中生成并由网民普遍使用的一种话
语交流方式。在网络环境下,"互联网从信息传播平台发展为互动
参与平台,为公众讨论提供了相对自由的交流氛围,公众拥有了前

---

① Z. Bekzhanova, "Constructing Typology of Youth Discourse Based on the
Analysis of Authentic Language Sources", *Journal of Language and Literature*, 2105,6(2).

② 王楠:《当代青年网络话语表达范式:生成、功能与引导》,《思想教育研究》
2022 年第 12 期。

所未有的表达机会和表达空间"①。网络环境的虚拟性和匿名性导致网络交流可以在一定程度上摆脱现实社会系统和语言规范的各种制约,公众的社会参与能力和表达能力都得到了整体提升,为网民的语言创造和个性表达提供了便利。有论者指出网络环境是一个"狂欢化的拟态空间",并且网络传播在三个方面与狂欢理论有紧密联系:一是网络的开放性与交互性对应着狂欢节的全民参与;二是网络的虚拟性对应着狂欢节的"第二种生活";三是狂欢的平等对话精神体现出网络传播的内在要求。这些特点充分体现出狂欢的本质②。胡春阳也认为,"网络成为人们摆脱各种压制力量与烦琐无趣乏味的日常生活,成为过第二种生活的广场"③。

正是由于互联网技术的发展及各种网络平台创设的虚拟场景,网络话语的形成有了现实的支撑。网络平台的连接化属性塑造着人们的交往形态,推动网络话语呈现出复杂的形态。贝尔纳·斯蒂格勒(Bernard Stiegler)指出,"技术不再是内在环境中的一个子环境,它成为以世界化技术为本的外在环境:内在环境稀释于本质上技术化的外在环境中"④。从这一意义上说,网络话语首先是网络化的,它与媒介技术和网络生态密切相关。一方面,媒介技术将人们的表达符号化、视觉化,一系列表情包及多种模态的表现形式大量涌现;另一方面,社交平台将人们的社会情绪和价值态

① 张志安、晏齐宏:《网络舆论的概念认知、分析层次与引导策略》,《新闻与传播研究》2016 年第 5 期。
② 叶虎:《巴赫金狂欢理论视域下的网络传播》,《理论建设》2006 年第 5 期。
③ 胡春阳:《网络:自由及其想象——以巴赫金狂欢理论为视角》,《复旦学报(社会科学版)》2006 年第 1 期。
④ [法]贝尔纳·斯蒂格勒:《技术与时间:爱比米修斯的过失》,裴程译,译林出版社 2000 年版,第 75 页。

度显性化、数据化，这为我们从不同维度探讨网络话语所折射的社会舆论和文化心态提供了重要依据。

二、流行文化与社会参与触发话语内容

网络话语不是一种静态存在，它既是一种"作为结果的话语"，也是一种"作为过程的话语"，其存在形态丰富多样，表达方式更是层出不穷。作为一种文化表征，青年网络话语的内容层面可大致分为两个方面：一是流行文化，二是社会现实。

青年流行文化是社会与时代的先导和风向标，也是推动社会与文化发展的不竭动力。高宣扬指出，流行文化是当代人类生活中的一种重要社会文化现象，它无处不在，无时不发生，"不论是专业文化活动，还是政治、经济领域以及日常生活，都渗透着它的精神，都可以感受到它的活动气息"①。从广义层面上说，流行文化"是指特定时期内，以一定周期和一定形式而广泛传播于社会中的各种文化"②，它具有普遍性、跨越性、整合性、日常生活性和社会性等特点。在网络环境中，不论是目不暇接的各种表达方式，如"火星文""淘宝体""甄嬛体""咆哮体"等，还是基于圈层与趣缘而形成的各种小众文化，如动漫圈、游戏圈、韩娱圈等，都代表着青年群体的一种特殊生活方式与文化实践。它们均在网络媒介的传播与扩散中不断加速聚合并产生迭变，受到广大青年网民的热情追捧，已成为网络话语生产与传播的重要内容。

社会热点事件与公共议题是网络话语的另一个重要内容。随着微博、微信、抖音、快手等即时性、交互性平台的大量普及，网民

---

① 高宣扬：《流行文化社会学》，中国人民大学出版社 2015 年版，第 3 页。
② 同上书，第 63 页。

们表现出参与公共事务与社会议题的极大热情,在"围观就是力量"的舆论生态机制下,青年群体深度参与了一系列社会热点事件,如"我爸是李刚""反正我是信了""证明我妈是我妈"等,为社会治理贡献了舆论监督的网络力量。同时,青年网络话语也更为普遍和具体地表达了对于住房、医疗、工作、教育、生育等社会民生议题的关切,传达出一种公共情绪与现实利益诉求,如"楼脆脆""逆行者""996""打工人""内卷""民不聊生(育)"等。这些有关公共性议题的话语内容不仅生动地反映了当前我国社会发展改革过程中的真实民意和社会心态,也为舆论引导和社会治理提供了现实依据。

三、自我展演与群体认同彰显话语诉求

网络话语是构建身份的一种重要表征,蕴含青年群体的价值追求。一方面,青年群体通过一系列自创、挪用或改编的语言符号开展话语实践,发出自己的声音,从而在虚拟空间完成个性化的主体投射和身份构建;另一方面,青年通过多元化的表意实践与主流话语和商业话语进行区隔,试图建立起一种圈层化的身份边界与文化壁垒,以进一步在群体内部形成身份认同和社会认同。

欧文·戈夫曼(Erving Goffman)在《日常生活的自我呈现》中提出了拟剧理论。在他看来,日常生活就如一个戏剧表演的舞台,每一个个体都在其中进行角色化演出,以完成自身的形象建构或印象管理。在社交媒体时代,这种自我表现进一步显示出新的时代特征。对此,有学者总结出四种维度,即自我陈列、流露隐藏、观众隔离和品味表演①。话语作为一种自我主宰的力量,在自我展演

---

① 董晨宇、丁依然:《当戈夫曼遇到互联网——社交媒体中的自我呈现与表演》,《新闻与写作》2018 年第 1 期。

和网络传播中发挥着重要作用,它常常根据阶层、年龄、职业、性别等因素去显示或加强一种角色身份的特殊性,如"屌丝""高富帅""打工人""女汉子"等。这不仅创立了一套个性化的身份表达语码,而且充分体现出言说者在个体与社会互动间的情感色彩和价值评价。

同时,这种将自我对象化、客体化的思考方式,一方面以一种反身性方式完成了个体对自身人格与社会处境的认知,建立起了内在性认同;另一方面,其中渗透着个体体现的"普遍和客观的社会意义",所以也最容易引发群体性的情绪感染和社会认同。例如,"佛系青年""躺平""孔乙己文学"等之所以成为全网热词,恰恰是因为这些话语体现了多数个体的群体性特征,以及他们所共同面临的一种结构性处境。他们很容易分享共同的信念和价值,并据此与其他的群体进行区分。当然,在网络环境下,这种群体性认同常常是松散的、短暂的、流动的。他们并没有明确的规范和制度约束,所有的在线话语互动都是短暂的、临时性的,并且常常因为内部意见不同而"一言不合"就出现冲突和争端。

总体而言,自我展演与群体认同是一种交互性关系,也是认同的两种面向:"没有个体认同便没有集体认同,集体认同需要其中的个体予以内化和确认。"①二者均需要通过话语这一基本介质来动态化地建立起自我与世界的关联。

青年文化群体的表达形态与话语实践受到社交网络环境的直接影响,青年人通过各种社交平台在线上世界重新建立新的社会连接,并形成了一些相对稳定的话语风格类型,创生出独属于自身

———————————
① 姚德薇:《集体认同建构与现代性的多元呈现:一项社会学的考察》,知识产权出版社 2022 年版,第 60 页。

圈层的网络流行文化与实践方式。从这一意义上说，青年人在社交平台上建立身份，通过发挥平台影响力来衡量个人成就和社会价值的做法，都是基于一种自我呈现和身份建构的冲动。因此，网络平台也成为发展和保持青年人身份特征的重要组成部分。

在平台化社会，青少年是网络话语的主要生产者、使用者和传播者。一方面，网络话语实践为青少年实现圈层化身份的认同与建构提供了重要支撑；另一方面，网络话语实践为他们与主流文化相区隔或圈层间的内部交流及对抗创造了新的场景空间。由各种新型社交平台重塑的话语实践是当代青年寻求自身身份、满足情感需求、表达价值观念并与主流文化对话、协商的重要机制。

青年网络话语是平台社会的一个重要文化景观。由青年群体制造、使用并传播的语言文化具有明显的圈层化、二次元化、娱乐化、消费化等特征，它不仅广泛影响着青年群体的生活方式和价值观念，也深刻反映出青年群体与主流社会之间的内在关联性及结构性矛盾。霍尔指出，"正是社会行动者们使用他们文化的、语言的各种概念系统以及其他表征系统去建构意义，使世界富有意义并向他人传递有关这世界的丰富意义"①。一方面，青年群体以网络话语表达的方式来彰显自己的生活方式和人生意义，在一定程度上激活了话语的创新能力，为网络文化发展注入了不竭动力；另一方面，也应该看到这种交互共享的话语实践中存在一些乱象，如网络暴力、群体极化、价值虚无、消费主义等，极大地冲击了伦理道德规范和网络秩序。对此，我们应当加以正确引导，维护风清气正的网络环境。

---

① ［英］斯图尔特·霍尔：《表征：文化表象与意指实践》，徐亮、陆兴华译，商务印书馆 2003 年版，第 26 页。

下　编

第五章
互联网文化治理视域下的"饭圈"文化

　　"饭圈"是粉丝(英文"fans")圈子的简称,主要指以明星艺人的粉丝为主导而形成的一种圈层化人群。随着文化产业和新媒体技术的高速发展,国内"饭圈"文化群体越来越呈现出规模化、结构化、功能化、制度化等特点,他们高度活跃在各大网络社交平台,为"爱豆"(idol,偶像)打榜、购买产品、制造话题、线下众筹及组织见面会等活动,创生出一种全新的生活方式与圈层文化。

　　作为当前社交媒体与网络传播中最为活跃的人群,"饭圈"群体因其"撕黑无休、氪金无度、举报无边"[1]等失范表现,受到国内政策界与学术界的普遍关注。在政策界,近年来不断有全国人大代表对此提出议案,认为"对'饭圈文化'一定要严厉整顿"[2],"'私生饭'、粉圈互撕等行为属于'无底线追星',饭圈经济或粉丝经济如果超出边界,要进行大力整顿"[3]。在学术界,对"饭圈"文化的研究和讨论也成为近些年的一大热点,具体可从以下三个方面概述。一

---

① 栾轶玫:《饭圈失范的表象及纠偏》,《人民论坛》2020 年第 26 期。
② 《整治"饭圈文化"迫在眉睫! 国家网信办回应全国人大代表宋文新的建议》,齐鲁网,2020 年 7 月 14 日,http://news. iqilu. com/shandong/yuanchuang/2020/0714/4590836. shtml。
③ 《劣迹艺人、唯流量论、饭圈……两会上,他们对这些热点发声!》,中国新闻网,2021 年 3 月 11 日,https://www. chinanews. com/cul/2021/03-11/9429494. shtml。

是从历史维度对"饭圈"的演进轨迹展开论述。例如,胡岑岑追溯了我国粉丝组织从追星族到"饭圈"的发展历程,指出"我国粉丝组织的严密程度不断增强,但粉丝组织领导者的特征并没有发生大的变化"①;孟威将"饭圈"的生成视为"一种亚文化的成长轨迹"②。二是对"饭圈"文化的结构特征展开剖析。例如,吕鹏等人从个体、群体、组织、文化四个维度对"饭圈"文化的社会学意义进行了深入解读③;彭兰基于关系、文化、技术等视角,对青年亚文化圈层的组织化进行了讨论④。三是针对"饭圈"存在的问题提出治理策略。近年来,《中国德育》《人民论坛》等期刊开辟专栏,深入探讨了"饭圈"的深层次文化危机,就其"畸形样态"⑤"诸多不良影响"⑥等方面进行纠偏性讨论。"饭圈"文化的盛行已对我国网络主流意识形态安全造成一定的负面影响,也给当前互联网文化治理及社会安全稳定提出了新挑战。不过,"饭圈"本身并无"原罪"。事实上,应特别注意的是,"饭圈"群体在国家民族大义面前表现出高度的爱国情怀及政治参与热情,如 2019 年抵制"港独"、2020 年初参与抗击新冠疫情等重大事件。从这个意义上说,加强对社交平台上"饭圈"群体的舆论引导是治理网络空间风气的题中之义,对于扩大主流文化对青少年亚文化的引导,以及通过"饭圈"群体传播主流价值观都有现实的意义。

---

① 胡岑岑:《从"追星族"到"饭圈"——我国粉丝组织的"变"与"不变"》,《中国青年研究》2020 年第 2 期。

② 孟威:《"饭圈"文化的成长与省思》,《人民论坛·学术前沿》2020 年第 19 期。

③ 吕鹏、张原:《青少年"饭圈文化"的社会学视角解读》,《中国青年研究》2019年第 5 期。

④ 彭兰:《网络的圈子化:关系、文化、技术维度下的类聚与群分》,《编辑之友》2019 年第 11 期。

⑤ 陈骢:《饭圈文化的畸变与归正》,《人民论坛》2020 年第 22 期。

⑥ 何文君:《青少年"饭圈文化"的传播机理与纠偏策略》,《中国德育》2020 年第 16 期。

第一节　"饭圈"文化的形态特征

　　本章主要通过网络民族志和参与式观察的研究方法,深入当前各大主要青年网络社区(如豆瓣、百度贴吧、B站、微博社区、粉丝微信群和QQ群、"星缘"App、"饭圈影响力"等小程序)展开调研,探讨"饭圈"群体的结构成分与活动特征。通过调研可知,当前"饭圈"的特点可以概括为以下四个方面。

一、"饭圈"群体的低龄化

　　随着移动手机客户端的广泛普及,"饭圈"群体的主力日渐呈现低龄化的发展趋势。2020年9月21日,由中国社会科学院新闻与传播研究所、中国社会科学院大学与社会科学文献出版社共同发布了《青少年蓝皮书:中国未成年人互联网运用报告(2020)》,数据显示我国未成年人互联网普及率高达99.2%[1]。其中,"饭圈"数量就占一半以上。"饭圈"堪称当下网络社交平台上最为活跃的群体,"95后""00后"已成为"饭圈"群体的核心力量。《半月谈》2020年的调查数据显示,"有42.2%的中学生自小学就开始了追星生活,有52%的中学生追星时间在3年以上"[2]。有豆瓣网友曾

---

① 张赛:《〈青少年蓝皮书:中国未成年人互联网运用报告(2020)〉在京发布》,中国社会科学网,2020年9月22日,http://www.cssn.cn/zx/bwyc/202009/t20200922_5185844.shtml。

② 《青少年追星调查:警惕饭圈思维侵蚀主流价值观》,半月谈,2020年6月28日,http://www.banyuetan.org/jrt/detail/20200628/10002000331349915933 29569702351058_1.html。

对艺人肖战的粉丝(截至 2020 年 5 月 24 日,微博粉丝数量为 2 893 万)年龄结构做过详细的数据分析,指出在其粉丝群体中,25 岁以下的粉丝量占比为 74.15%,其中未成年人占一半以上①。另有数据显示,王一博粉丝(截至 2020 年 5 月 24 日,微博粉丝数量为 3 631 万)的年龄结构分布显示,25 岁以下的人占比为 79%,未成年人比例为 45%②。"95 后""00 后"多为学生群体,尚未形成独立、成熟的思考能力,在追星的过程中,很容易受到明星偶像、平台营销号乃至粉丝社群的诱导。

二、趣缘文化的圈层化

随着信息技术的快速发展,以趣缘为核心的社会关系得以形成。有别于血缘、地缘和业缘,趣缘指人与人之间基于共同的兴趣爱好、情感需求、价值取向等因素结合而成的一种社会关系。趣缘现象虽由来已久,但在互联网形成以前,受历史条件、地理环境、媒介技术等关系的制约,并未能成为一种占主导地位的社会关系。网络技术的兴起无疑为趣缘群体的形成提供了前提条件。有论者指出,"趣缘群体是一种以身份认同为基础的亚文化体系,它构建了以兴趣和情感为核心的趣缘'圈子',并形成了'圈子化'的文化传播机制"③。根据当前"饭圈"的特点,青年亚文化群体因兴趣爱好的不同,在互联网空间形成了不同的知识圈层,如小说圈、漫画

---

① 《肖战粉丝是什么年龄段的为主?》,知乎网,2020 年 5 月 24 日,https://www.zhihu.com/question/376296657。
② 《王一博粉丝年龄层如何? 18 岁以下占比 45%,如何看待中小学生追星》,搜狐网,2020 年 11 月 6 日,https://www.sohu.com/na/429883607_120560431。
③ 蔡骐:《网络虚拟社区中的趣缘文化传播》,《新闻与传播研究》2014 年第 9 期。

圈、原创圈、言情圈、内娱圈、韩娱圈、日娱圈、欧美圈、追剧党、追番党、二次元、动漫圈、教育圈、手作圈、电竞圈、游戏圈、美妆圈、相声圈、水表圈、CV（character voice，角色声音）圈、美食圈、配音圈等。这些不同的兴趣圈层基本遵循"自发秩序"，以兴趣为基点，以圈子化为传播机制，形成了一种同质性的小众文化和边缘文化。与此同时，圈与圈、圈内与圈外之间还存在一定的壁垒与排他性。这种基于趣缘形成的圈层化现象易于造成"信息茧房"效应，可能会使圈层内产生极化情绪。从这一意义上说，官方舆论机构应积极探讨主流价值话语与"饭圈"文化群体之间的融合，加强融合传播，进而"破壁入圈"，实现对青少年亚文化群体的精神引领。

三、群体行为的组织化

"饭圈"作为一个活跃度高、组织性强并有惊人消费能力的粉丝群体，多是艺人经纪公司为固定艺人的粉丝而组织起来的青少年力量。"饭圈"内部通常有一套完整的组织体系，体现出森严的等级次序。

通过深入调研和深度访谈，我们发现"饭圈"内部根据分工的不同，具体可分为"管理层"、应援组、数据组、网宣组、文案组、控评组、反黑站等类别。所有这些"组织"都由在微博"超话"中有较高等级的粉丝管理。作为偶像粉丝的"意见领袖"，"饭圈"的"管理层"无疑忠诚度更高，能力要求更强，而且还需具备有钱、有时间、懂技术、懂管理、有经营头脑等条件。"管理层"主要负责决策、分配指令、与艺人经纪公司负责人沟通协调等。与此同时，"饭圈"内部也形成了一条隐性的"鄙视链"，如跟拍艺人和负责出图的"站姐"（指明星偶像应援站的组织管理者）看不起"屏幕饭"（指在电脑或手机屏幕前看偶像的粉丝），"屏幕饭"里出钱为偶像打榜、点赞、刷数据的粉丝则看不起那些不花钱的粉丝。

"饭圈"的这种组织和管理模式实际上已等同于一家普通公司的运营方式。偶像明星一旦有任何公开活动,"饭圈"都会迅速地动员和团结起来。为配合营销节奏,"饭圈"会持续好几个月在各大社交平台上"打榜""轮博"甚至抢占各类指数和超话版头,将偶像送上顶级流量的位置。这种高度组织化的群体行为已不同程度地削弱了国家主流意识形态的权威性、引导力和动员力。

四、情感表达的极端化

对于粉丝而言,偶像明星是一种具崇高性和引领性的人格化身,用美国学者米德的话说,就是一种"重要他人"(significant others),他们对粉丝发挥着重要的规范性作用,甚至体现出精神图腾的意味[①]。粉丝对偶像明星的偏爱、追捧及维护通常表现得极为狂热,所以会出现一些反常、越轨甚至极端的行为。现在人们之所以"谈圈色变",其中一个最重要的因素就是"饭圈"追星已陷入一种非理性的程度,主要表现在两种粉丝类型上。一种是所谓的"私生饭",即那些为满足私欲而去跟踪、骚扰、偷窥、偷拍明星隐私的粉丝。他们的行为不仅给偶像本人带来了极大的困扰,也严重扰乱了社会公共秩序。另一种则是被称为"群氓"的"饭圈"成员,他们幼稚、反智、疯狂、盲从,极容易被情绪绑架和煽动。"饭圈"文化的同质性和排他性使得网络开撕、互黑、举报等几乎成为"饭圈"的常态。杨玲就将"饭圈互撕"看作一种"网络圈层冲突中的语言操演",并认为"撕会成为一种社群动员和团结机制,强化

---

① G. H. Mead, *Mind, Self, and Society: From the Standpoint of a Social Behaviorist*, University of Chicago Press, 1934.

粉丝的身份认同"①。笔者认为,这种极端化的情感表达方式将妨碍青少年的身心健康发展,不利于他们形成对社会文化的正确认知及社会主义核心价值观的建立,也挑战了官方主流文化的权威,影响了社会信任机制的建立。

第二节 "饭圈"文化的潜在风险

早在 2013 年,习近平总书记在"8·19 讲话"中就指出,"意识形态工作是党的一项极端重要的工作"②。随着信息技术的普及化,我国当前网络意识形态危机不断加剧,并呈现出复杂性、隐蔽性和反复性等特点。"饭圈"文化在网络空间的迅速崛起对主流意识形态的安全造成了一定的潜在风险。概括而言,主要体现在以下五个方面。

一、消费主义盛行,腐蚀了主流意识形态的主导性

集资和众筹的风气在"饭圈"十分盛行。该行为在"饭圈"通常被称作"氪金"。氪金,即支付费用,指粉丝为偶像花钱。"饭圈"的日常行为,如投票打榜、公益应援、活动应援、广告应援、追行程、见面会、送礼物、购买影音门票及周边产品等,都需要金钱的支持。"饭圈"内部的等级实质上也与氪金的程度直接挂钩,不花钱被视作"白嫖",这类粉丝常遭到歧视和道德绑架。有数据显示,在 2019年,中国追星族超过 5 亿人,其中 36% 的人愿意每月为偶像花费

---

① 杨玲:《撕:网络圈层冲突中的语言操演、认同建构与性别鸿沟》,《文化研究》2020 年第 1 期。

② 《习近平总书记系列重要讲话精神学习读本》编写组:《习近平总书记系列重要讲话精神学习读本》,中国方正出版社 2014 年版,第 104 页。

100—500 元,年市场规模高达 900 亿元①。

在"饭圈"内部,氪金主要通过粉丝"集资"的方式完成,大多是由后援会和粉丝站等组织发起,并由它们完成相关的应援工作。在当前的一些综艺节目中,"集资"常常引发不同粉丝之间的"battle"(争论)。例如,2018 年《创造 101》节目播出时,选手个人集资最高多达 1 300 万元;2020 年《青春有你第二季》节目播出时,刘雨昕粉丝集资超 1 400 万元,所有选手的粉丝集资超 9 000 万元;更有粉丝为自家偶像购买英国世袭爵位、"星星命名权"等②;2021 年 5 月,《青春有你第三季》播出时还出现了"打投倒奶"③事件,引发了舆论的广泛关注。这一系列氪金无度的现象加剧了"饭圈"内部的攀比和奢靡之风。

"饭圈"内部这种不合理的氪金行为在某种程度上体现的正是资本与亚文化之间的耦合。一方面,资本和平台通过营造一种功利性的文化生产氛围,对青年群体实行商业逻辑的操控,推动了偶像文化的商业化和消费化;另一方面,青少年群体通过"打投""集资"等方式体现自身对偶像的忠诚,沦为文化资本的附庸,加剧了文化功利化的进程。据此,有论者指出,"文化消费主义是资本操控下的一种异化消费形态",它将导致文化与人的畸形发展④,而且还将进

---

① 《5 亿人追星! 年市场规模高达 900 亿》,央视财经百家号,2019 年 7 月 27 日,https://baijiahao. baidu. com/s? id=16402032918856077698&wfr=spider8. for=pc。
② 黄衫女:《饭圈 8 大奇葩应援:买星星,买爵位,买物资,还帮人种大米》,搜狐网,2020 年 9 月 23 日,https://www. sohu. com/na/420335188_605773。
③ 粉丝为帮助偶像打榜、投票而购买节目赞助商生产的奶制品,扫描瓶盖内二维码实现助力后,便将饮料直接倒掉。
④ 仰义方、谭雪敏:《文化消费主义的表现形式、生成机理及其纠正进路》,《思想教育研究》2021 年第 2 期。

一步腐蚀主流价值观在青少年群体中的主导性。此外,由于"饭圈"的氪金行为涉及的人数众多、资金量巨大,我国当前对于"饭圈集资"的审查机制和预警机制尚不成熟,潜藏着诸多金融风险和道德风险,长此以往会给青少年的精神健康带来不可估量的消极影响。

二、流量至上逻辑

当前,网络社交平台基于数据化的运行机制已建立起一套流量至上的商业逻辑。明星与流量挂钩后出现了"流量明星"这一专有名词,用以衡量一个艺人所具备的社会影响力、粉丝量、关注度、商业价值及演艺事业的发展程度。一些经纪公司为了让艺人"上热门",会发动粉丝为明星打榜、刷好评,并在"饭圈"中传播一系列诸如"你一票,我一票,爱豆明天就出道","一定要让哥哥的排名保持住,后面追得紧","动动手指,你忍心他被嘲笑吗"等引导话术。这导致"饭圈"群体的价值观念和现实认知被流量数据裹挟,流量成为主导性因素。流量至上的价值导向甚至还引发了一系列流量造假现象。例如,在2020年11月22日,豆瓣社区出现了一篇题为《来自一个编辑的心声:王一博的粉圈,请你们离我的书远点!!!》的文章,该文控诉了王一博粉丝通过在豆瓣社区刷垃圾数据来"养小号"的现象。据笔者调研发现,"饭圈"内普遍存在"养小号"的现象,一些粉丝被要求每天切换30个甚至更多的账号去给偶像"做数据",成为名副其实的"饭圈数据女工"。这导致大量垃圾数据向各大网络社区蔓延的势头。2021年2月,"饭圈"文化甚至蔓延到财经圈①,形成了一种特殊的文化景观。通过考察,我们认为"饭圈"文化的流

---

① 全媒派:《基金经理成偶像:年轻人的饭圈文化终于蔓延到了财经圈》,腾讯网,2021年2月17日,https://xw.qq.com/cmsid/20210217A01WSO00。

量至上逻辑及由此引发的"流量战争"①已严重扰乱了网络文化的价值评价体系、网络空间秩序及网络文化的生态系统，给青少年传导出一种畸形的价值观，分散了网民对主流价值观的注意力。

三、网络暴力恣肆

有"饭圈"的地方就有"撕黑"。撕黑是"饭圈"表明存在感、争取能见度、展示"战斗力"、强化认同感、增强凝聚力的一种最主要方式。它成本低、操作易、见效快且具有隐匿性，故而受到"饭圈"的普遍追捧。撕黑的形式（如语言文字、表情包、图片、视频等）充满了暴力因素，如一些骂人的表达，包括 nmsl（"你妈死了"每个字的拼音首字母缩写，已有境外媒体和平台生造出英文词"nmslese"来抹黑和攻击中国）、mdzz（妈的智障）、funny mud pee（放你妈的屁）、"死全家"等一些极端低俗的网络"黑话"，严重污染了网络生态环境，对社会的语言生活和文化安全产生了不良影响。为了增加流量，一些营销号刻意煽动粉丝的狂热盲从情绪，扮演着群体"极化"和冲突对抗的"幕后黑手"②。对于"饭圈掐架"的现象，当前的一些社交平台也常常存在"把关人"失语、失守、失格的问题。国内外各大主要社交平台俨然成为"饭圈撕黑"的"战场"，大量污言秽语及无所不在的网络暴力严重危害了主流意识形态的凝聚力和影响力。

四、境外势力的渗透

"饭圈"群体经常活跃于国内外各大社交网站，如今国内的"饭

---

① 童祁：《饭圈女孩的流量战争：数据劳动、情感消费与新自由主义》，《广州大学学报（社会科学版）》2020 年第 5 期。
② 行远：《"饭圈"背后的黑手必须坚决斩断》，《浙江法制报》2020 年 7 月 20 日，第 9 版。

圈"文化已被境外媒体广泛关注,并呈现出境外势力向"饭圈"渗透的趋势,具体表现为以下三个方面。

第一,境外反动势力(包括"港独""台独"等)伪装成"饭圈"内部的粉丝,抹黑国家,挑起"饭圈"内部对抗,试图引发"饭圈"与政府的对抗。2020年5月16日,"帝吧"(全称为"李毅吧")官微发布有境外反华势力染指"饭圈"的内容①。这些境外势力在海外社交平台发布的内容具有极强的反动性、煽动性和颠覆性,如《如何利用中国日渐极端的民族主义》《让"饭圈女孩"帮忙"揽炒"》《如何伪装成一名合格的"饭圈女孩"》等文指出,要"利用粉红反对粉红,利用'饭圈女孩'让政府头疼",并且提出了一些具体的实施计划等。

第二,国外偶像明星的言行对"饭圈"价值观的误导。2020年10月,韩国男子音乐团体防弹少年团BTS获得范·弗里特奖,发表了"今年是朝鲜战争爆发70周年。我们会永远铭记(韩美)两国共同经历的苦难历史,以及无数男女的牺牲"②的言论,这引发国内舆论的巨大反弹。事实上,J. A. 范·弗里特(J. A. Van Fleet)对于中朝人民而言,是"一个好战成性的恶魔"③。1951年,他在朝鲜战争中担任美第八集团军司令,宣扬"唯火力制胜论",给中朝人民带来巨大灾难。然而,面对防弹少年团的发言,有些粉丝却干起虚无主义的勾当,为偶像站台,污蔑自己的国家和保家卫国的英雄,发表了防弹少年团"是出于他们所受的历史教育和身份立场行事",

---

① 《关于境外反华势力染指饭圈的事情》,新浪微博,2020年5月16日,https://weibo. com/7010131150/J27WsA397? type=comment#_rnd1616784741770。

② 《韩国男团妄称铭记抗美援朝中的韩美经历的苦难,中国外交部回应》,人民资讯百家号,2020年10月12日,https://baijiahao. baidu. com/s? id=1680337424803519196&wfr=spider&for=pc。

③ 陆有军、张嘉孝:《最后一个军礼》,黑龙江美术出版社2017年版,第80页。

"没有贬低谩骂过中国","如果全世界都需要考虑中国人的感情的话,难道我们不能试试了解韩国人的感情吗"等言论。

第三,境外社交平台利用国内"饭圈"内部的对抗事件"带节奏",煽动"颜色革命"。2020 年 10 月 5 日,粉丝群体为给肖战庆祝生日,选择在四川美术学院涂鸦聚会作为一种线下庆祝的方式,引发热门话题"请肖战粉丝远离川美"。YouTube 等国外媒体则借势解读,称这是一场支持藏独(肖战名字的拼音首字母与西藏二字的拼音首字母相同,即 XZ)、分裂国家、支持"民主自由化"的集会活动。尽管这一事件很快得到官方及媒体的辟谣,但国外媒体这种"带节奏"和刻意的抹黑,实则暴露出"饭圈"线下动员和集会所可能引发的关于身份政治的大规模冲突,值得引起高度警惕。

关于粉丝群体被境外敌对势力煽动和利用的情况,国际上已不乏先例,如 2020 年暴发的泰国骚乱。维基资料显示,泰国的网络社区 K-pop fandom 就是暴乱的资助来源之一①。这给我们的启示在于,一方面,官方舆情机构应密切关注"饭圈"的群体性行为,并做出预估和判断;另一方面,应关注境外势力对"饭圈"的渗透情况,对涉及"饭圈"的舆论及时做出引导,并对一些抹黑行为做出严肃的回应。

五、价值导向的虚无

"饭圈"文化之所以频陷畸形发展的怪圈,并遭全网的强烈批评,充分暴露出"饭圈"群体的深层次文化危机,而价值导向虚无即为其原因之一。笔者发现,一些偶像明星为博取关注,不惜拿国难

---

① 沈逸:《泰国的事儿　据说 K-pop fandom 是主要资助来源之一》,新浪微博,https://weibo.com/ttarticle/p/show? id=2309404561548092768266。

当"梗"。例如,2019年4月2日,演员赵立新在微博上发表"侵华日军没有火烧故宫,不符合侵略者本性"言论;2019年5月,德云社相声演员张云雷在相声表演中以"大姐嫁唐山,二姐嫁汶川,三姐嫁玉树,三个姐姐多有造化,都是幸存者"作为相声包袱,调侃同胞苦难。这种对国难及死难同胞的调侃,引发了舆论界的巨大不满。不仅如此,在追星的过程中,"饭圈"的一些粉丝也常做出借国难、国耻追星的行为。例如,有粉丝全然无视中国近代史上的国耻,以调侃国难、漠视国耻的虚无主义方式对偶像表达所谓"深沉的爱恋"之情:"你是我的《南京条约》,是我沦陷的开始,你是我的洋务运动,轰轰烈烈但又一败涂地……"这些所谓的"圈地自萌"、花式追星的"饭圈"话语,无疑再次深深刺痛国人敏感的神经。此外,还需注意的是,面对偶像的错误言行,一些粉丝却对此加以盲目维护。例如,有粉丝对张云雷调侃苦难的行为"表示理解",甚至将网民的反弹视为"矫情"。可见,一些粉丝为了维护偶像形象不惜颠倒黑白,漠视苦难,这种亵渎国难国耻、毫无底线地吹捧和维护明星的行为,充分暴露出当前"饭圈"文化正面临着价值虚无的精神危机,对青少年一代的价值引导产生了极为负面的影响。对此,有学者指出,"'饭圈'不应成为偶像不当言行的'保护伞'"①。

第三节　"饭圈"文化的治理路径

综上所述,可以看出,治理"饭圈"诸种畸形现象已迫在眉睫,

---

① 常恒:《"饭圈"不应成为偶像不当言行的"保护伞"》,《中国艺术报》2019年12月9日,第2版。

这已成为一种普遍的共识。有评论指出,"'饭圈'互撕当休矣"①,"'饭圈'别太乱,理性之'圈'不能出"②,"治理'饭圈'乱象平台难辞其责"③,等等。无论是政策界、业界还是学界,都对"饭圈"治理进行了探讨,这给本书的写作带来诸多启示。笔者认为,对"饭圈"文化的治理不仅是构建风清气正网络空间的题中之义,也是当前国家治理能力现代化的现实性要求。整体而言,"饭圈"是一种涉及面十分庞杂的文化现象,对于它的治理和引导不仅需国家宣传部门的大力整治,更需要发挥互联网平台、偶像明星、教育部门等方面的协同机制,共同推进主流意识形态在青少年群体中的主导性、向心力、凝聚力和影响力。

一、建立基于多元文化主体协同共建的青少年网络环境专项整治机制

在我国的文化治理方面,官方宣传部门历来是维护公共价值和公共利益的最核心力量。在互联网环境下,面对"饭圈"文化对主流意识形态产生的负面影响,官方机构仍是公共价值和公共利益的保护者与推动者。例如,2020 年 7 月 13 日,国家网信办启动了为期两个月的"清朗"未成年人暑期网络环境专项整治行动④;2021 年 5 月 8 日,国务院新闻办介绍了 2021 年"清朗"系列专项行动

---

① 郑宇飞:《"饭圈"互撕当休矣》,《北京日报》2020 年 7 月 17 日,第 3 版。
② 谢仕亮:《"饭圈"别太乱,理性之"圈"不能出》,《深圳特区报》2020 年 5 月 28 日,第 A03 版。
③ 胡宇齐:《治理"饭圈"乱象平台难辞其责》,《北京日报》2020 年 9 月 16 日,第 3 版。
④ 《关于开展 2020"清朗"未成年人暑期网络环境专项整治的通知》,中国网信网,2020 年 7 月 13 日,http://www.cac.gov.cn/2020-07/13/c_15961758590 26231.htm。

计划。这一系列行动计划的出台,说明我国官方机构已充分认识到治理网络乱象的重要性和紧迫性,这将有效遏制"饭圈"中存在的畸形现象。不过,笔者认为,网络文化治理是一项综合性、全局性、日常性的系统工作,它不仅需要依靠国家机构力量的主导,还需要充分发挥互联网平台、娱乐文化产业、网民大众(包括"饭圈"群体)的参与性力量,共同建构一种多元文化主体协同共建的合作机制,以严厉打击社交平台中涉及青少年群体的有害信息,管控诱导未成年人无底线追星、存在不良价值导向的信息和行为,全面净化青少年所处的网络环境。事实上,随着网络社交平台的广泛渗入,"饭圈"文化也不断呈现新的形态,无时无刻不给互联网治理带来新的挑战。与此同时,笔者也注意到,官方机构相关治理方案的实施通常滞后于网络乱象。基于这样的现实情况,笔者认为,应建立并不断完善由国家官方部门主导、基于多元文化主体协同共建的青少年网络环境专项整治机制,进一步实现对"饭圈"文化治理的制度化、多元化、纵深化、常态化。

二、强化互联网平台主体责任,监管并治理有损主流意识形态的不良信息与行为

随着社会的移动化、数字化转型加速,互联网平台已成为组织和构架社会中几乎所有领域的新的方式。大数据、云计算、物联网、5G、区块链等数字技术的快速发展,以及各种基于互联网平台的社交模式与传播生态正对人类生活进行全方位的渗透。"饭圈"活动主要是由平台公司的运行机制主导和支配的。然而,正如何塞·范·迪克等人所指出的,平台并非一种中立的和无关价值的构建,而有着镌刻其构架内部的特定规范和价值①,这引发了人们对"算法

---

① J. van Dijck, T. Poell, M. de Waal, *The Platform Society: Public* (转下页)

滥用"的普遍忧虑。正因如此，平台在"饭圈"治理中应充分承担起主体责任，借助大数据、算法等运算机制，实时管控"饭圈"中的错误价值导向和不良信息，监管和限制粉丝与明星之间不当的网络互动环节，对一些不理性的"饭圈"话题进行限流、降热度，严厉打击网络暴力和虚无主义等内容。所有这些行动最终都要依赖平台的数据化机制来实行，只有压实网络平台的"把关人"责任，令其切实担负起助力营造健康"饭圈"环境的责任，才能推进风清气正的网络家园建设。

三、加大互联网文化建设力度，推进主流意识形态对青少年的价值引领

"追星"是青少年在成长过程中的一种文化追求。青少年群体通过将明星想象为一个"重要他人"而对其进行效仿、内化，并建立一定的自我形象、生活理念和价值观念。不过，一些明星的"失格"发言和行为也容易给青少年的成长带来负面影响。近些年，"饭圈"出现了一系列乱象，如无底线追星、网络互撕、虚无主义、氪金无度等，都充分暴露出当前"饭圈"群体人文素养缺失、精神贫瘠的现实。这也说明，网络空间的主流价值观未能对青少年形成价值引领，其传播的内容与形式都存在一定的不足和短板。对此，笔者认为，要进一步推进主流价值观对青少年的引领作用，需从两个方面进行：一是加大互联网空间面向青少年的精神文明内容建设，把互联网作为未来主流意识形态的主战场、主阵地，扩大主流文化在互联网平台上的主导地位；二是主流价值观要充分发挥对青少年群体的吸引力，应尊重并理解"饭圈"的传播话语与传播方式，以青

（接上页）*Values in a Connective World*, Oxford University Press, 2018, p.3.

少年喜闻乐见的方式开展传播,实现"破壁入圈",引导青少年积极参与主流价值的建设与传播。

四、全面开展青少年群体的媒介素养教育,制订媒介素养提升计划

当前的"饭圈"文化群体普遍存在失范行为,严重破坏了长期以来的思想政治教育成果,侵蚀了主流价值观对青少年的向心力和引导力。随着青少年触网年龄的不断降低,青少年价值观尚未形成,容易被偶像、营销号、社交平台资本、境外敌对势力等裹挟,这给我国主流意识形态带来的风险和安全挑战日趋严峻。当前,我国青少年的媒介素养教育还无法与快速变化的媒介环境相匹配,远滞后于互联网技术的发展和互联网文化建设进程。从世界范围来看,早在 1933 年,以 F. R. 利维斯(F. R. Leavis)为代表的英国学者就在《文化和环境:培养批判意识》(*Culture and Environment: The Training of Critical Awareness*)一书中率先提出媒介素养教育问题,并给出了一套完整的建设方案。之后,媒介素养教育逐渐在西方各国普及,如今更是成为一场"在全世界范围内兴起的媒介素养教育运动"[1]。相较而言,我国面向青少年的媒介素养教育至今还存在师资严重短缺、课程不可持续、社会认知度不足[2]这三大问题,教育现状和教育水平也落后于西方发达国家。据此,笔者认为,我国宣传部门应联合新闻机构、互联网专家、教育工作者,全面推进并实施媒介素养提升计划,建立有关媒介素养教育的专项制度,积极开展媒介素养教育实践探索,常态化地引导青少

① 陈志勇:《青少年网络媒介素养教育》,中央编译出版社 2018 年版,第 18 页。
② 马姗姗:《面对网络风险,青少年媒介素养如何提升》,《光明日报》2020 年 9 月 18 日,第 7 版。

年科学上网、健康上网，争做"中国好网民"，并成为互联网空间主流文化的接受者、守护者和建设者。

"饭圈"文化作为当前我国互联网环境中一个突出的亚文化现象，是基于青少年网民的社会文化认同与身份认同心理而形成的一个社会范畴。"饭圈"群体对偶像明星的文化认同和归属意识直接对其自身的价值、观念、态度、行为等形成了根本性影响。社会心理学家亨利·塔菲尔（Henri Tajfel）在论及社会认同理论时指出，"个体知晓他/她归属于特定的社会群体，而且他/她所获得的群体资格会赋予其某种情感和价值意义"①。不过，当前互联网环境错综复杂，加之社交平台存在把关人"失守"、偶像明星存在"失格"、青少年网民对舆情风险存在"失察"等潜在问题，导致我国主流意识形态在网络空间面临着诸多挑战。基于此，牢牢把握网络空间主流意识形态的主导权和话语权，增强主流意识形态对"饭圈"群体的引导，既是治理青少年"饭圈"文化乱象的必由之路，也是当前推进互联网国家治理的题中之义。

---

① ［澳］迈克尔·A. 豪格、［英］多米尼克·阿布拉姆斯：《社会认同过程》，高明华译，中国人民大学出版社 2011 年版，第 9 页。

第六章
微信"互怼"群中的"对抗性话语"

2018 年 6 月 1—9 日(北京时间),在美国职业篮球联赛(NBA)中,美国东部联盟冠军克利夫兰骑士队与西部联盟冠军金州勇士队迎来总决赛的终极对决,这对于 NBA 球迷来说无疑是一场狂欢盛宴。两支明星球队在赛场上如何精彩拼杀姑且不论,这非本章的关注重点,但值得一提的是,双方的中国球迷将赛场上的激情对抗延伸到了微信群聊中,唇枪舌剑,互不相让。有好事者还借此创建了"勇士骑士球迷对喷群""骑士勇士球迷互骂群"等,双方球迷就自己喜欢的球队据理力争、互相对骂。随后,这种"互喷"现象开始像病毒一样在青年网络社群中蔓延,以"××对骂群""××互喷群""××互怼群"等为名的微信群一夜之间井喷式地大量涌现,互骂话题涉及地理区域、演艺明星、星座属相、饮食口味、商家品牌、语言文化等各个方面。日常生活中的一些差异和矛盾都成为互骂议题,并在微信群中被夸大。建群者通常会抓住某个具体差异,设置一个对抗性议题,群成员蜂拥而入,利用语音、视频、图片、文字等一切可能的方式展开激烈对骂。对骂语言有时十分粗鲁、低俗,甚至常伴有大量不堪入目的"黄色"内容。由于议题分散,对立双方的关注点又常常依据个人喜好而不断转换,使群聊始终保持着极高的活跃度,通常在深夜十点到凌晨两三点间迎来"互怼"高峰。微信群中的这种"互怼"现象堪称自媒体时代的一种话语狂欢,互骂者在群聊中有意识地生产出一种"对抗性话语",以实现某种对自我形象的构建。这些互骂的群聊内容是当今青年亚文化研究的重要范本。

本章立足虚拟民族志和参与式观察的研究方法,对微信"互怼"群中的对抗性话语进行定量与定性分析,以探讨青年亚文化的话语表征及深层次的文化内涵。

研究的样本来源有两个方面:一是课题组成员分头行动,通过百度贴吧、朋友圈、QQ空间分享的二维码或好友邀请,加入各个微信"互怼"群,从而全面了解"互怼"群的活跃程度,对群内"互怼"的聊天记录进行搜集整理;二是搜集各个媒体平台(包括自媒体)发布的有关微信"互怼"现象的报道内容,对其中一些有代表性的微信群和"互怼"内容进行整理归类。

经过课题组成员的多次商议和探讨,最终选取27个群作为主要的研究对象。筛选条件如下:(1)群聊人数在100人以上;(2)群聊的活跃程度较高,日均聊天内容在1 000条以上;(3)群聊的主题具有代表性,基本涵盖地域攻击、品牌互比、粉丝"互掐"等各个方面。

研究选取的样本时间主要是2018年6月8—15日,这是微信"互怼"群最为活跃的时段。课题组对微信"互怼"群的观察一直延续到2018年6月末。事实上,一些"互怼"群在6月中下旬就开始逐渐归于平静,随着群主的退出或弃之不顾,多数"互怼"群最终沦为"死群"或"微商群"。

在具体的研究过程中,课题组成员通过截屏、下载、录像等手段,保存了包括语音、图片、视频、文字等多种数据,并对它们进行了定量与定性分析。

第一节　微信"互怼"与"对抗性话语"的呈现

根据《牛津英语辞典》的解释,"话语"(discourse)指"通过语言进行的思想交流",它本身意味着一种对话关系。按照福柯的说法,话语构成人们看待世界的一种方式,构成对经验的组织或再现,构成用以再现经验及其交际语境的语码①。"对抗性话语"是相对于"主导性话语"而言的。根据罗伯特·考克斯(Robert Cox)的说法,它是建立在本土话语或被剥夺了话语资格的文本基础上,其根本使命体现为挑战主导性话语的合法性与正当性,即"只要有主导性话语存在的地方,就有对主导性话语进行反抗的某种替代性话语形式"②。2018年6月,自媒体平台上大量出现的微信"互怼"群,为对抗性话语的生产与传播提供了重要平台,它们围绕着青年亚文化群体本身存在的性格特点、个性喜好、生活方式等诸多差异,展开了火力十足的激烈互骂。群成员互骂的方式主要以短视频、语音、图片、表情包等方式进行,所以他们也巧妙地避开了网络监管,使微信群成为一个"法外之地"。群成员在互骂群中放言无忌,口无遮拦,有些内容甚至触碰道德和法律底线。"互怼"的表达方式也丰富多样,如口技、Rap、B-Box、狂笑、呕吐、放屁、撒娇、装聋作哑等,可谓无所不用其极,其意义和目的都在于进行情绪宣泄和自我塑造。笔者曾先后潜入27个相关"互怼"群,并对此进行了较长时间且较为细致的观察,总体而

---

① 赵一凡、张中载、李德恩:《西方文论关键词》,外语教学与研究出版社2006年版,第226页。

② 刘涛:《环境传播与"反话语空间"的媒介化建构》,《中国社会科学报》2012年9月19日,第A08版。

言,微信"互怼"群中的话语对抗主要呈现出以下三个方面的特点。

一、"互怼"群的成员结构

(一) 群成员以"90 后""00 后"为主

2018 年微信官方的用户数据显示,60％的微信用户是年轻人(15—29 岁)①。"互怼"群年轻人的占比还远高于这一数值。众所周知,互联网在 20 世纪 90 年代进入中国,"90 后"的成长与互联网在中国的发展几乎同步,他们顺理成章地成为"互联网原住民";2000 年以后,移动互联网技术得到飞速发展,"00 后"则被称为"移动互联网原住民"。"90 后""00 后"均具备较为娴熟的网络社交互动技能,他们大多都处于高中和大学的学习阶段,有些或为职场新人,时间充裕、精力旺盛,同时也热衷于花大量时间用于网络社交。对于他们而言,网络空间不仅是一个虚拟空间,也是他们的心灵空间,更是他们日常生活的活动空间,是他们展现自我、表达个性、分享信息、展开人际交往的重要平台。

(二) 群成员以陌生人为主,"互怼"是一种陌生人社交（或曰开放式社交）

与一般的熟人群、班级群、老乡群不同,"互怼"群里聚集的成员都互不相识,而且"互怼"本身就属于一种陌生人之间的社交方式。社交 App"探探"创始人王宇曾言:"中国人与陌生人交流是刚需。"②"互怼"群的入群方式十分开放,创群者通常会将二维码发布

---

① 《2018 年微信数据公布(完整版)》,烟台智动在线网络百家号,2018 年 5 月 30 日, https://baijiahao. baidu. com/s? id = 1601879274173028591&wfr = spider&for = pc。

② 《"探探"创始人王宇:中国人与陌生人交流是刚需!》,搜狐网,2017 年 7 月 13 日, http://www. sohu. com/a/156835775_583346。

在贴吧、朋友圈、QQ 空间、微信群。在建群初期,任何人只需扫码即可加入。群成员基本上是以虚拟身份进行交流,他们通常会受到一些议题引导,随后在群聊中进行谩骂,淋漓尽致地宣泄个人的对抗情绪。群的匿名性消除了群成员交流的顾忌和拘束,"互怼"也极易在群内营造出一种具有强烈情绪感染力的氛围。正如古斯塔夫·勒庞(Gustave Le Bon)所说:"传染——群体情绪的相互传染——对群体的特点形成起着决定性作用,决定着群体行为选择的倾向。"①"互怼"群内的对抗情绪可以迅速地传导给每一位成员,使群聊硝烟四起,热火朝天。

二、"互怼"群的主题归类

据笔者的不完全统计,微信"互怼"群的主题内容类型大致可归类为以下七个方面。

第一类是地域之争,如"南方人与北方人对骂群""南北方文化交流群""南方、北方互夸群""南方人、北方人欢乐群""沿海内陆互怼群""东北 vs 河南对骂群""南北红包互喷群""常德、长沙对骂群""重庆、成都对骂群"等。

第二类是饮食口味之争,如"火锅红汤、清汤对骂群""吃辣 vs 不吃辣对骂群""甜粽子、咸粽子对骂群""吃榴莲、不吃榴莲互喷群""吃香菜、不吃香菜对喷群""吃大蒜、不吃大蒜互喷群"等。

第三类是粉丝互骂,如"勇士队、骑士队球迷互喷群""世界杯粉丝互怼群""王者荣耀 vs 英雄联盟互怼群""NBA 球迷互怼群""漫威、DC 对骂群""创造 101 友爱互黑群""依萍 vs 如萍对骂群"

---

① 〔法〕古斯塔夫·勒庞:《乌合之众:大众心理研究》,戴光年译,武汉出版社 2012 年版,第 12 页。

"小魔仙、黑魔仙对骂群""抖友和抖黑对骂群""小猪佩奇、奥特曼对喷群""王菊粉丝和杨超越粉丝互怼群""蔡依林、萧亚轩粉丝对骂群"等。

第四类是品牌互比,如"肯德基、麦当劳对骂群""康师傅、统一对骂群""可口、百事互骂群""美团、饿了么对骂群""华为、小米互喷群""京东、天猫互喷群""杜蕾斯 vs 冈本对骂群""宝马、宝骏互怼群""摩拜 &OFO 对骂群""纪梵希、圣罗兰互喷群""Adidas、Nike 互喷群"等。

第五类是语言对骂,如"中泰日韩英语交流群""方言对骂群"等。

第六类是情感交流,如"相亲相爱一家人""夕阳红老年社交相亲群""单身热恋互喷群""渣男、渣女相亲相爱群""前男友、前女友吐槽群"等。

第七类是特技 PK,如"放屁比赛群""卡痰呕吐对吐群""呕吐大赛群""对笑群""Rap 对骂群""原始人交流群"等。

事实上,上述"互怼"群里的聊天主题并非如群名一样泾渭分明,由于群聊议题分散且随意性强,群成员对话常常因话题转换而显得散漫无边。同时,群名也可以随群主的心情而发生变化,但"互怼"的旨趣几乎总是一致的。

三、"互怼"群的活动特征

(一)"病毒式"的跨平台传播

以马歇尔·麦克卢汉(Marshall McLuhan)的观点来看,网络社群本来就有"再部落化"(retribalization)的特征,网络社交是大多数"移动互联网原住民"的最主要精神需求。建群者将二维码发布在网络空间,一批有共同关注点和兴趣爱好的网民自然闻声而动,很快便聚集在一起。微信"互怼"群的火爆既有赖于新媒体平台的广泛传播,也得益于各大营销号的炒作与关注。"互怼"群的内容呈现出丰富多样的话语形态,包括即兴 Rap、美声唱腔、恶搞戏谑,甚至一些低俗对骂等,一些群成员还通过截图或短视频的方式将群聊内容转发到其他平台,如贴吧、豆瓣、朋友圈、抖音等,互怼群因此进一步扩大了其在网络空间的影响力,一时间"求加入""求带"的呼声四起,使更多青年群体竞相效仿,纷纷创立或加入"互怼"群,助推了"互怼"群的传播。

(二)"互怼"群的活跃时间

"互怼"群的活跃时间主要集中于两个时段,即 12:30—15:00 和 22:00—3:00(次日凌晨)。微信群聊的功能主要是打发时间、排解寂寞、消闲娱乐、人际交往。因此,"互怼"群的活跃时间通常为午间和晚上的闲暇时间,青年群体大多暂时性地卸下学习和工作的压力,空闲较多,能够全身心地投入虚拟世界的话语狂欢。据笔者统计,"互怼"群聊每分钟的最高消息量可高达 1 000 余条。以长期保持 500 人之多的"互怼"群"中华美食交流群"(群名虽与美食有关,但聊天内容通常是以"互怼"为主,包括地域攻击、人身攻击等)为例,它在 2018 年 6 月 9—10 日的群聊消息量走势如图 6-1所示。

(三)多模态传播(multimodal communication)的话语特征

多模态意味着多种媒介传播手段同时进行,它是由微信群聊的功能决定的,因而也成为"互怼"群内容生产与感知的基本特征,如微信"互怼"群里的内容生产,包括文字、语音、图片、表情包、小视频等,具体涉及的感知模态主要是视觉和听觉。"互怼"群最值得关

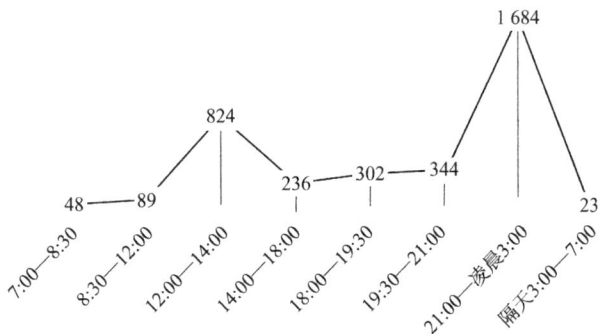

图 6-1 "中华美食交流群"平均每分钟的群聊消息数量(单位:条)

注的是语音聊天,它可以让众多群成员于同一时间发声,呈现出"众
声喧哗"的话语狂欢景观,其"炫技式"对骂,包括 B-Box 或 Rap 对骂、
歌唱对骂、呕吐比赛、对笑等,均成为青年群体的一种个性化表达方
式。这种多模态形式的狂轰滥炸往往比单一的文字方式来得更为
直接,更有在场感,也更符合青年亚文化的多元化品味追求。

第二节 微信"互怼"话语的文化特征

从上文的分析来看,微信"互怼"群的群成员主要集中于"90
后""00后"的青年亚文化群体。他们在互怼群中通过文字、语音、
表情包、短视频等方式进行谩骂、人身攻击、自我塑造等,呈现出丰
富多样的充满对抗性意味的话语形态。这种呈现本身实质上就是
一种象征性的暴力,它体现出青年群体对现实生活的一种不满情
绪,以及通过建立一套虚拟的符号逻辑来挑战现存秩序的冲动。
在虚拟的网络世界中,也许只有通过"逾越界限"的方式来表现自
己时,他们才能真切地感到自己是完全"在场"的。因微信平台的

整顿,加之陌生人社交的难以为继,"互怼"群后来都渐渐变成了"死群"或"微商群",但它在出现之初所呈现的对抗性景观,对于我们解读当代青年亚文化的特征有重要意义。

一、"互怼"中的文化对抗

从微信群名显示的"互怼""互喷""互黑""对骂"乃至"约架"等表述来看,其话语生产的对抗性实际上在建群者那里就已经被预设好了,群主的品格和趣味也决定了群的性质和聊天内容。由此,无论紧随其后陆续加入的群成员在群聊过程中进行怎样的话语呈现,都不过是对这种对抗性话语的再生产而已,即一种对某个议题设置的再度强化。具体来说,"互怼"群中的文化对抗主要体现在两个方面。

一方面,是群内成员根据某个议题产生的内部对抗。微信"互怼"群出现的根本原因在于现实生活中普遍存在差异。可以说,差异无处不在,无时不发生。"互怼"群中出现的地域歧视、粉丝"互掐"、口味之争、品牌互喷、语言文化对抗等,都源于差异。"差异"在语言学家索绪尔那里,被视作语言的意义和价值的本源,具有本体论意义。美国学者 J. 沃尔福瑞(J. Wolfrey)指出,"差异"在本体论层面有两种含义:第一,差异是意义的本源;第二,差异是确定事物身份的依据,因为"了解身份和确认自我是通过辨别它所不是的事物或自我的他者来完成的"①。在"互怼"群中,日常生活中普遍存在的差异都可以演变成一种话语冲突和文化对抗。这导致"对抗"蕴含着一种内在张力:一是青年网民共同掌握了新媒体技术,经过新媒体"赋权",他们能在网络社群中共存、共处;二是他们的

---

① J. Wolfrey, *Critical Keywords in Literary and Cultural Theory*, Palgrave Macmillan, 2004, p.58.

兴趣爱好、个性品味千差万别,构成其"互怼"的文化根源。这充分表明青年社群内部存在着根本性的文化"断裂"。这当然有政治、经济、文化等多个方面的原因,但值得玩味的是,他们似乎无力也没有意愿去通过现实实践来寻求解决之道,而只是在网络社群中以一种虚拟对抗的方式表达和宣泄情绪。

另一方面,是网络社群的青年亚文化与生活世界中的主流文化之间的对抗。互怼群中的群聊内容基本上以脏话为主。说脏话,是人类有史以来就存在的文化现象。澳大利亚学者露丝·韦津利(Ruth Wajnryb)在《脏话文化史》(*Language Most Foul*)一书中称,她"将咒骂视为一种有意义模式的口语行为,可加以功能分析"。她还认为咒骂有三类功能:一是清涤,作为一种语言的表达或情绪功能;二是恶言,咒骂者心怀恶意,有攻击目标,"想造成伤口、想撕裂、想引致伤害";三是社交,形式与恶言咒骂一样,功能在于说笑而非冒犯,是"开玩笑的、随便的、轻松的交谈"①。"互怼"群中的话语形态,集中体现了上述三种功能,而尤以恶言和社交为最主要的形式。从内容上说,"互怼"本身包含对主流文化的戏谑、恶搞和解构,如某互怼群的群名为"社会主义核心价值观交流群",但其聊天内容完全与核心价值观背离,仍是以地域攻击、人身攻击及恶搞戏谑为主,表现出对主流文化与精英文化的对抗。2018年6月8日,微信安全中心官方发布《关于微信群聊内文明对话、理性表达的规范与建议》,提出要明确整治微信群里的谩骂、地域歧视等不文明行为和色情、赌博等不良信息②。为了更好地躲避监管,

---

① [澳]露丝·韦津利:《脏话文化史》,颜韵译,文汇出版社2008年版,第48—60页。
② 《关于微信群聊内文明对话、理性表达的规范与建议》,微信安全中心,2018年6月8日,https://mp.weixin.qq.com/s/MxVEa9PaE3tiR6bJjNL-8w。

群主们纷纷改换群名中的"互喷""互怼""互骂"等字眼,以"娇喘""互夸""相亲相爱"等名称替代。与此同时,群成员几乎很少用文字内容进行互怼,遇到"敏感"内容,他们常常采用图片、表情包、语音、视频等易于躲避监管的表达形式,挑战了主流秩序。此外,青年群体内部还创造出一种局外人完全不懂的文字符号和术语,来进行身份"区隔",并重构出一种网络社群秩序。

二、"互怼"中的话语狂欢

微信"互怼"群是与过去任何一种熟人朋友圈(如同学群、家族群、老乡群、同事群等)都有所不同的网络社群。"互怼"群作为一种陌生人展开社交的网络空间,是向所有人敞开的,群成员来自五湖四海乃至世界各地,他们互不相识,入群不设门槛,不论年龄、性别、职业、家庭背景、地理位置、兴趣爱好等。正是这种完全开放的空间,为陌生人会晤提供了各种可能。进入"互怼"群后,群成员全部处于一种"匿名"状态,不用提供真实身份。"互怼"群的匿名性和隐蔽性使他们可以心安理得地摆脱现实生活中的各种束缚,卸下所有心理包袱甚至放下道德底线,敢于表达,畅所欲言。"互怼"群是开放的,群聊的话题同样也是开放的。这个群就像一个狂欢广场,群成员放言无忌,大家随心所欲地呈现一切来自"草根"和民间的东西。群成员在网络社交空间"呈现异常自我的个人不用为那个自我的善良言行负责"[①],这使得"互怼"群成了话语狂欢的最佳广场。

"狂欢"通常意味着日常生活秩序的"悬置",人们得以摆脱现

---

① [美]欧文·戈夫曼:《公共场所的行为:聚会的社会组织》,何道宽译,北京大学出版社 2017 年版,第 128 页。

实束缚,进入一种广场式狂欢的自由状态,人们载歌载笑、表演游行、纵情声色,宣泄生命本能,可以任意表达各种情绪与意见,遵从的是一种不同于现实生活的乌托邦逻辑。苏联理论家巴赫金将狂欢视作人的"第二种生活"。他在《拉伯雷的创作以及中世纪和文艺复兴的民间文化》(1965)中具体探讨了狂欢节的主要特点:(1)无等级性;(2)宣泄性;(3)颠覆性;(4)大众性①。狂欢化是对理性思维与现实秩序的一种突破,它开启了生活世界的另一种可能。

　　笔者认为,微信群中的"互怼"与巴赫金学说中的狂欢理论有精神上的相通之处。微信空间就是一个全民性的狂欢广场,任何人随时都可以参与。实质上它就是一群来自草根阶层和民间的青年群体以不同于现实逻辑的方式而开展的一种纵情恣肆的话语狂欢。虽然话语本身极容易落入低俗化与娱乐化的窠臼,但也许这正是狂欢的意义,是狂欢本身。群成员的言语中充满了嬉笑怒骂,这是"广场话语"的一种具体形态,既具有攻击性,也具有宣泄性。这种以"互怼"为旨趣的陌生人社交在某种程度上让每个人都摆脱了日常生活的严肃模式,构成"一种特殊的交往,自由自在,不拘形迹的广场式交往"②。此外,值得一提的是,由于"互怼"方式基本上以各种网络话语形式为主,它不同于现实生活中的日常语言,所以无论是语音、文字、表情包还是短视频等方式的多元呈现,无不为"互怼"强化出一种狂欢的意味。

三、"互怼"中的自我构建

　　微信"互怼"群在最为火爆时,每分钟生产的信息量可高达

① 朱立元:《当代西方文艺理论》,华东师范大学出版社2014年版,第198页。
② [美]马克·波斯特:《第二媒介时代》,范静哗译,南京大学出版社2001年版,第22页。

1000余条。在"互怼"群中,根据群成员的不同表现,可将他们分为两类:一是表演者,二是旁观者。事实上,相较于群成员的数量,群内活跃的人数仍然偏少,大部分入群者抱着"看热闹"的心态,而且只重点关注群聊中一些有趣、好玩的内容。"互怼"群中呈现的这种"看/被看""观看凝视/公开展示"①的现象,使"互怼"群在事实层面上形成了一个表演平台。戈夫曼曾运用"人生如戏"的拟剧理论研究人类日常生活中的各种互动,探讨自我与社会之间的关系。对此,英国学者彼得·兰特(Peter Lunt)指出,"在某种程度上,我们在日常生活中都是在表演(performing),……戈夫曼的想法是,可以通过参照剧院去理解日常生活,剧院让我们了解如何去组织表演"②。相比于日常生活,网络生活更像在"表演"。在移动互联网时代,人们的日常生活完全被网络媒介"重构"了,同时,人们开始逐步摆脱现实生活空间的限制,重组进一种充满自我身份认同和自我形象构建的网络环境之中。

"自我"是一个相对于"他人"的概念,是个体在与"他人"进行联结和互动的关系中被不断建构而成的。正如美国社会心理学家库利所说:"一个人对于自我有了某种明确的想象——他有了某种想法——涌现在自己心中;一个人所具有的这种自我感受是由别人形成的对于自己的态度所决定的。"③从众多微信"互怼"群的内容生产来看,其对抗性内容所涉及的地域攻击、粉丝"互掐"、品牌对骂等,基本上都建立在群成员的一种自我身份认同的基础之上,

① 张玉佩:《从媒体影像观照自己:观展/表演典范之初探》,《新闻学研究》2004年第82期。
② [英]彼得·兰特、奈杰尔·沃伯顿:《论戈夫曼》,席志武译,《美育学刊》2018年第2期。
③ C.H. Cooley, *Human Nature and the Social Order*, Scribner, 1902, p.166.

如对地域、偶像、品牌的认同。这种认同也表现出一种排他性，即要将自己与他人区分开。由此可见，青年群体有极为强烈的自我意识，他们在"互怼"群中呈现的具有个性表达与情绪宣泄色彩的话语，都可被视为自我意识的具体体现。

当然，"互怼"群中的自我意识并非孤立存在的，特别是当"自我"身处一个众声喧哗的网络社群中时。根据柯特·勒温（Kurt Lewin）的群体动力学（group dynamics）理论，个人的行为是由个性特征和场（群体环境）相互作用的结果。换句话说，一个人在"互怼"群中的表现不仅与其自我意识有关，还会受到群聊内容如地域攻击、粉丝"互掐"等及形式（Rap、B-box、狂笑、呕吐等）所营造的环境的直接影响。在"人人皆有麦克风"的时代，青年群体试图以多种个性方式在网络平台上展示自我。这种虚拟世界中的自我展示，一方面契合了他们表现自我个性的精神需求，另一方面也满足了他们宣泄情绪和娱乐自我的心理需要。青年人在"互怼"群中建构的"自我"是展示给别人观看的形象，无论是其形式还是内容，都体现为一种亚文化群体的形象特征。与此同时，他们对现存秩序的不满也是通过构建一种反叛的自我形象来表达的，即通过一系列符号形式诉诸象征性暴力，目的就在于挑战当前的秩序。当然，"互怼"群中的自我形象具有一定的虚拟性，也有一定的流动性，如一些群成员常常依据个人喜好而不断变换自己扮演的"角色"，这同样值得我们展开进一步探讨。

第三节　对抗性的消解与多元网络生态构建

微信"互怼"群在2018年6月一时火爆网络，成为现象级热点，原因正在于"互怼"本身的内容丰富与形式多样。"互怼"群中生产的"对抗性话语"既源于青年亚文化群体的一种内部对抗,也是青年群体"跳出主流"对主流文化所做的"仪式抵抗"。那么,如何看待这种"互怼"现象,并在此基础上探讨出一种有效的网络治理方式? 这是营造风清气正的网络空间的题中之义。

一、网络"互怼"的前世今生

"互怼"作为一种青年亚文化现象并非什么新鲜事。以互联网历史的眼光来看,在近二三十年,网络"互怼"实在可以说是稀松平常。早在 20 世纪 90 年代互联网进入中国时,"聊天室"成为第一批网民进行即时在线交流的信息平台,"互怼"现象就时有发生。1998 年,"碧海银沙"网站推出"碧聊",是当时国内最大的视频语音聊天站,网民不仅可以通过它进行文字交流,还可以语音、视频聊天。在互联网监管尚不完善的历史条件下,"碧聊"中的在线交流常充斥大量对骂现象,人身攻击、地域攻击、粉丝对抗也随处可见;各种主题类型的聊天室常常因为激烈对骂而能保持 24 小时热度。有数据显示,"2000 年 3 月,聊天室首页日访问量突破 10 万;2003 年 2 月 14 日当天,碧海聊天室有 156 个聊天室举办晚会,同时在线人数突破 5 万"①。这在今天来说可能算不上什么高流量,但需要强调的是,2000 年中国网民的数量也只有区区 2 250 万人。"碧聊"被普遍视作当时网民"网恋"的圣地,也是一些网民宣泄情感的重要平台。随着 1999 年腾讯 QQ、天涯社区的出现,2000 年博客进入中国,2003 年百度贴吧的推出,2005 年豆瓣网、校内网(后改名为

---

① 郭佳佳、付晓萌:《碧海银沙网,这个 21 岁的互联网老站还是死掉了!》,搜狐网,2017 年 9 月 28 日,http://www.sohu.com/a/195118674_251518。

人人网)等各种五花八门的"兴趣部落"不断涌现,网民进行情感交流的方式变得丰富多样,一些"互怼"现象也随之辗转到其他各类信息平台。有意思的是,这种网络"互怼"有时还被民族主义情绪裹挟①,成为捍卫国家民族尊严、反对敌对势力及其意识形态的重要表达方式。

二、网络"互怼"的自我消解

微信"互怼"归根结底是一种自媒体用户的话语传播,他们"制造热点,推动口碑,发动聚集,引起注意,造成围观,他们既是受众,也是媒体,他们既分享内容,也制造内容、传播内容,他们既是自媒体也是组织",这种"无组织的组织力量"能快速聚合,形成统一的话语模式,体现强大的组织能力,在自媒体舆论场产生巨大的舆论效应。尽管如此,他们终归是一种"基于话语的、临时的、短期的、当下的组合"②,并不具有稳定性和持恒性。"互怼"群中的"对抗"就其表面来看,很容易产生裂变并导致失控。不过,就聊天内容而言,"互怼"群同时还面临着内容同质化、表达单一化、格调低俗化、话语消费化等诸多危险,这也使它在短时间内就失去了对青年群体的吸引力,最终快速走向瓦解。例如,在 2018 年 6 月中下旬,许多"互怼"群就再也没有建群之初的"火爆",群聊内容也开始出现一些"理性"的声音:"各群都熄火了","骂人好累","再也不骂人了","大家都累了,改改风格吧"……有些群主随后主动寻求群风格的转变,使"互怼"群回归群聊的交际功能,另有一些群主则干脆

---

① 刘海龙:《像爱护爱豆一样爱国:新媒体与"粉丝民族主义"的诞生》,《现代传播(中国传媒大学学报)》2017 年第 4 期。
② [美]克莱·舍基:《未来是湿的:无组织的组织力量》,胡泳、沈满琳译,中国人民大学出版社 2009 年版,第 5 页。

撒手不管,任由"互怼"群沉寂。"互怼"群的这种快速聚合与快速消解的特征,体现的正是自媒体时代信息传播的基本特性。

三、建构多元民主的网络生态

从互联网历史的历时性角度观照微信"互怼"现象,有助于我们在整体上把握青年网络社群中的"虚拟对抗"。这也是探讨网络生态良性发展的基本前提。当然,这还远远不够。应该进一步强调的是,微信自 2011 年推出以来,活跃用户数已达 13.85 亿①,它已成为我们每个人日常生活中最重要的媒介手段与生活方式。微信群作为网络社群的重要载体,是绝大多数人传达信息、即时交流、交朋结友、获取资讯、自我呈现的平台。微信空间虽被视作虚拟空间,却真实反映并记录了人们在现实生活中的状态。微信上的"互怼"现象同样也反映出现实生活中普遍存在的矛盾差异。从这个意义上说,建构清朗的网络空间,既是互联网治理的追求,也是建设和谐社会的具体延伸。

(一) 健全约束网络失范行为的机制

不论是早期的聊天室"互骂",还是现在的微信"互怼",都可以说是一种网络失范表现,其中不乏对残障人士的恶意攻击,更有煽动种族歧视与地域冲突的行为,有些甚至触及道德和法律的底线。针对这种情况,可以从三个方面对网络暴力现象和失范行为进行约束。一是加强互联网管理制度的建设。新媒体的出现无疑给社会治理带来巨大挑战,网络空间成为当前社会舆论的最主要发源

① 《腾讯控股:截至去年末微信及 WeChat 合并月活跃账户数 13.85 亿》,界面新闻百家号,2025 年 3 月 19 日,https://baijiahao. baidu. com/s? id＝1827011305275904553&wfr＝spider&for＝pc。

地。对舆论进行监管,首要应完善监管制度,如近些年国家印发的《互联网群组信息服务管理规定》和微信官方发布的《关于微信群内文明对话、理性表达的规范与建议》,就是在制度层面的一种落实。二是从技术层面准确快速地监管舆情。目前来看,我国的舆情监管存在一定的滞后性。事实上,任何舆论舆情的爆发都有偶然性,也有其自身的规律和特点,监管网络失范行为需要在技术层面确保对舆论发酵全过程的全覆盖,准确研判舆情走势。三是强化对网民的教育,增强他们的媒介素养,加大网络伦理教化的引导作用,促使网络失范行为得到自我约束。

(二) 加强网络文化内容建设,扩大其正向引导价值

微信"互怼"之所以成为现象级热点,根本原因还在于当前网络文化的内涵建设存在严重不足,主流文化和核心价值观念在网络空间还没有形成主导性或引领性地位。网络空间是由每一名具体网民组成的。以媒介生态学的观点来看,网络空间是一个有机整体,尽管各种力量存在差异或矛盾,它们仍构成一种相互作用、相互影响的多元共生关系。网络"互怼"或对抗性语言暴力的出现,在一定程度上意味着人们的精神生态出现危机。要有效解除这一网络生态危机,促进网络空间各种"差异"的良性发展,必须加强网络文化的内容建设。网络空间是亿万民众共同的精神家园,要加强网络治理,必须培育积极、健康、向上的网络文化,提倡"真善美",反对"假恶丑",切实地用体现人类优秀文明成果和社会主义核心价值观的内容来滋养人心,并用青年群体喜闻乐见的方式扩大宣传,发挥主导性作用。只有这样,才能加强网络正能量的文化建设,最终对青年人的知识结构、思维方式及价值观念产生正向的影响,并产生积极的社会效果。

（三）倡导多元共生的价值观念，实现"情绪相容"

青年人追求个性，向往自由，但他们内部又普遍存在各种差异。网络空间对抗性话语的出现，正是因为他们将现实生活中的对立与矛盾无限放大，以致造成了一种情绪的"不相容"乃至对抗。要实现"情绪相容"，首先，主流文化要充分理解和包容青年网络亚文化，不能粗暴地"一禁了之"。微信"互怼"中的许多内容，除了个别的极端表达，更多地体现为一种"游戏"精神。其次，要在青年群体内部倡导民主包容的价值观念。从青年人内部来看，无论是他们的性格特点、兴趣爱好还是生活方式，都构成了多样性和差异性的存在。不过，通过语言暴力呈现这种多样性与差异性的方式是不健康的。事实上，对抗本身是一种建构性存在，是一种对规范性秩序的挑战。"他者"的存在并非要否定"自我"，"自我"与"他者"都是网络空间的有机存在部分。只有倡导多元共生的价值观念，实现"情绪相容"，才能真正营造出风清气正的网络空间。

第七章

青年网络社交中的"反专家"话语

"话语"是人们语言交流和观念交互的产物。苏联文艺理论家米哈伊尔·巴赫金(Mikhail Bakhtin)将其视为最敏感的社会变化的标志,它"能够记录下社会变化的一切转折的最微妙和短暂的阶段"①。法国思想家米歇尔·福柯指出"话语即权力"。话语不仅体现为一种生成性和社会建构性,而且具有明显的意识形态属性。"专家话语"呈现出社会文化身份与话语实践的互动关系。一方面,言说者通过话语实践建构文化身份;另一方面,文化身份影响着言说者的话语内容、形式、边界和功能。本章所称的专家指在某一专业领域拥有特殊技能和专门知识的精英群体,不仅是知识的生产者与传播者,也是社会舆论的引导者,甚至是社会秩序运行的决策者。

在社交媒体时代,人们获取信息的渠道日益多元,"所有人向所有人传播"的舆论格局正逐步形成。在此背景之下,专家与公众间的"边界设置"(boundary-work)开始瓦解。一系列基于公共议题的"专家话语"和"专家建议"遭到青年群体的质疑与反对。互联网空间的"反专家"话语是值得关注和警惕的现象,它意味着专家话

---

① [苏]巴赫金:《巴赫金全集》(第二卷),李辉凡、张捷、张杰等译,河北教育出版社1998年版,第352页。

语的权威性与专业性正面临信任危机,给我国的互联网文化治理和舆论引导带来巨大挑战。

第一节　"反专家"话语的表现形态

"反专家"话语主要由青年网民群体发起和参与,是反映其现实诉求、文化心态和价值观念的"对抗性话语"。它以消解、抵制和反对的实践方式质疑了专家的权威性、专业性与合法性,呈现出话语主体的多元性。针对近年来在微博上出现的"建议专家不要建议"(阅读次数 10.2 亿,讨论次数 14.2 万)、"不要建议"(阅读次数 6.6 亿,讨论次数 7.2 万)、"年轻人为什么反感专家建议"(阅读次数 3.1 亿次,讨论次数 1.5 万)、"年轻人为什么不爱听专家建议"(阅读次数 1.9 亿,讨论次数 1.5 万)等热搜话题(数据获取时间截至 2023 年 6 月 15 日,下文数据同),结合相关专家话语文本的评论,"反专家"话语的表现形态可概括为以下三个方面。

一、情绪化对抗

社交平台是青年获取知识资讯的主要渠道,也是他们展示自我、发表观点、抒发情感的重要场域。社交平台的全时化、开放性为青年参与话题提供了便利,但网络的匿名性和碎片化也使他们倾向于用激烈的话语方式来表达情感和价值立场。近年来,青年的成长与发展面临复杂多变的国内外形势,"躺平""摆烂""网络祈愿""孔乙己文学"等话题的"出圈",反映出他们普遍的社会焦虑与应对乏力。一些专家因对青年就业、婚恋、生育、住房、教育等议题发表了"不切实际"的建议而引发他们的不满情绪和抵抗心理。对此,青年人通过评论、转发、弹幕、表情包等形式,在社交平台上表达了对专家观点的不认同,进而对专家的不认同。"反专家"话语是一种情绪化、激烈性和短暂性的话语实践。具体而言,其对抗性情绪主要包括愤怒、失望、不信任、讽刺、谩骂、攻击等类型,如话题"专家建议年轻女性要学会与狼共舞"直接被骂上热搜。青年网民认为,"专家"有时展现的是负面、贬义的媒介形象。有评论表示专家"不食人间烟火",给出"何不食肉糜"的建议,致使"专家成为笑话的代名词";更有评论说"专家非蠢既坏","专家,专门忽悠大家",甚至创造了"砖家""精蝇""叫兽"等词语抹黑专家形象。青年网民与专家的对抗蕴含着一种感染机制,引发了更多青年人类似的情绪体验,并形成一种"集体情绪"。

二、戏仿(parody)式消解

戏仿是"一种通过对原作的游戏式、调侃式的摹仿从而构造新文本的符号实践"①。戏仿文本与戏仿对象构成一种互文关系,反映了戏仿者(青年)对戏仿对象(专家)的颠覆、嘲笑和批评。针对专家的一些不合理建议,青年采取挪用专家话语方式的"微型战术",以消解专家话语的权威性与合理性,引发相关文本的矛盾与断裂,进而制造出一种荒诞和滑稽的效果。例如,针对"年轻人如果暂时找不到工作,可以适当先结婚生子"的建议,有评论戏仿道:"一个人喝西北风还不够,还要再生一个小的一起喝凉水";"买不起金项链,可以先买一块劳力士";"年轻人找不到工作的时候,可以先当个专家"等。又如,针对"专家称年轻人以自我为中心就会选择不生甚至不婚",有网民评论道:"建议专家不要以自我为中

---

① 汪民安:《文化研究关键词》,江苏人民出版社 2007 年版,第 432 页。

心","建议专家不要建议"。通过戏仿策略,青年群体在网络空间中一方面获得了与专家群体"对话""讨论"的机会,另一方面则传达出边缘群体的社会心态,以唤起社会和专家对青年群体的关注。

三、理性化辩驳(polemize)

当然,"反专家"话语中也不乏理性辩驳的声音。"辩驳"指根据一定的理由或论据,运用理性和逻辑力量进行辩护或反驳[①]。这同样构成青年话语实践的方式。理性辩驳体现在两个方面。一是对专家形象或专家话语的权威性进行重申。例如,针对"建议专家不要建议",有网民指出"专家是受人尊敬的专业人士,他们的言论必须做到实事求是和科学严谨,应为自己的言行负责,并接受民众监督";也有评论认为,"真正的专家,应根植于群众,解决群众的痛点和难点,而不是高谈阔论哗众取宠","应建立相互尊重的专家-公众关系,为解决实际问题提供真知灼见","不要让伪专家害了真专家"。二是针对专家建议的不合理之处提出反驳。例如,针对"专家称年轻人不想生,成本高并非主因"的话题,有网民评论道:"年轻人背负三十年房贷,面对赡养老人、教育资源、医疗资源等问题,有多少年轻人还有生育意愿?""现在'996''007'的工作压力,高房价与高成本的生存压力,压得年轻人透不过气。他们不想让下一代也面对同样的困境。"理性辩驳的声音虽显微弱,却代表着青年人所发出的一种可贵声音,凸显了青年人内心深处的一种潜在或正形成的社会观念,可以为社会治理和舆论引导提供充分的理据。

[①]《逻辑学辞典》编委会:《逻辑学辞典》,吉林人民出版社1983年版,第877页。

第二节　"反专家"话语的潜在风险

当前,青年网络社交中的"反专家"话语引起了社会各界的高度关注和普遍忧虑。例如,针对"央视评年轻人越来越反感专家"这一微博话题,有 101 家媒体转发评论,阅读次数达 4.7 亿。可见,部分"专家建议"未从年轻人的实际情况出发,且专家不了解青年群体的生活状态,导致话语权威面临被消解的风险,甚至可能引发次生舆情灾害。具体而言,"反专家"话语的潜在风险体现在以下三个方面。

一、反智主义(anti-intellectualism)

反智主义最早是由美国学者理查德·霍夫施塔特(Richard Hofstadter)提出并定义的。在他看来,反智主义是"对思想活动及被视为这一活动的代表的愤懑和怀疑,是不断贬低这一活动之价值的倾向"①。结合社交平台上的"反专家"话语,其在内容和态度上的特点体现为两方面。一是青年群体对专家和知识分子身份的不认可,如有青年网民戏称专家为"砖家",或对专家乃至整个"专家系统"进行嘲讽、谩骂和攻击,以宣泄不满情绪或表达对专家不屑一顾的价值立场。二是青年群体对专家建议和专家观点的"无条件反对",如有网民称"专家的话从来不听","专家的话要反着听","凡是专家反驳的一律支持,凡是专家支持的一律反对"。反

---

① R. Hofstadter, *Anti-Intellectualism in American Life*, Alfred a. Knopf, 1963, p.7.

智主义表现为一种形象性而非逻辑性的认识论,它导向一种"非黑即白"的一元论①。当"专家系统"不再被信任,就会导致反智主义声音的出现。尽管"反专家"话语的形成关涉多种复杂因素,但专家形象若在网络舆论中不断被"污名化",使"反专家"成为青年网络社交的一种"舆论正确"②,势必会淹没真专家的合理观点,甚至造成"信息真空",进一步加剧反智主义风险。

二、群体极化(group polarization)

群体极化指群体讨论会使多数人认同的观点朝着更为极端的方向转移。"反专家"话语中的群体极化可谓无处不在,无时不发生,它具有突发性、激烈性和不确定性的特征。一方面,新媒介的"赋权"使青年群体参与公共议题的主动性不断增强,网络平台成为情绪化人群的聚集地和情绪快速传染的重要场景。"群体情绪"通常是加剧群体极化和社会对抗的导火索。有学者指出,社交媒体参与度越大,越容易扩大、加深群体极化的态度③。另一方面,基于大数据、云计算、人工智能及用户画像等机制运行的社交平台,在给用户带来海量资讯的同时,也因用户的话题偏好、观点偏好、网络圈层、价值立场等因素而诱发了"信息茧房"和观念"窄化"现象。青年网民因过滤气泡而不断接收同质化的"反专家"信息,对

① 桂勇、侯劭勋、黄荣贵等:《理解丰裕一代:对当代大学生生活与观念的追踪研究》,东方出版中心 2020 年版,第 271 页。

② 陈自强:《当"反专家"成为一种舆论正确,我想为真专家辩解》,红网百家号,2023 年 4 月 27 日,https://baijiahao. baidu. com/s? id=17643186917619552218&wfr=spider&for=pc。

③ H. C. Harton, B. Latané, "Information-and Thought-Induced Polarization: The Mediating Role of Involvement in Making Attitudes Extreme", *Journal of Social Behavior & Personality*, 1997,2.

一些正确的专业观点或专家建议反而采取无视的态度。这将加剧舆论井喷、真相翻转及群体极化,不仅给公众舆论和舆论引导造成困扰,也让专家信任和社会信任面临严峻挑战。

三、信任危机

信任是社会秩序运行的基石。德国社会学家格奥尔格·齐美尔(Georg Simmel)指出,"没有人们相互间享有的普遍的信任,社会本身将瓦解"①。在社交媒体时代,"社交媒体帮助公众进行社会接触与社会参与,同时也在重新塑造着公众对于社会的认知与信任"②。"反专家"话语中的情绪对抗与戏仿消解占据主流,反映出信任危机的两层表现。一是专家信任危机。专家信任是一种"系统信任",代表人们"对群体、对机构组织抑或对制度的信任"③。部分专家建议悬浮在现实之上,致使青年质疑专家"变质成商业资本代言人","受名利诱惑与驱使",进而对专家系统失去了信心。二是媒体与平台的信任危机。有网民指出,专家遭到集体抵制,"媒体也是罪魁祸首,它们总是断章取义地制造话题,赚取流量","主流媒体和平台不应为流量博人眼球,故意制造矛盾和撕裂社会"。媒体作为把关人的失职及平台流量至上的逻辑同样体现在"反专家"话语中。媒体的公共价值及舆论引导功能被大大贬低,可能会引发政府信任危机乃至全社会层面的道德危机。

---

① [德]西美尔:《货币哲学》,陈戎女、耿开君、文聘元译,华夏出版社 2002 年版,第 179 页。
② 詹骞:《社交媒体公信力》,中国广播影视出版社 2020 年版,第 130 页。
③ 詹绪武、陈超臣:《社交情境中网络信任对风险传播的影响与风险治理》,《青年记者》2023 年第 8 期。

第三节　"反专家"话语的引导策略

青年网络社交中的"反专家"话语集中反映了当前社会的风险性特征。它解构了公共社会对专业知识和专家群体的认知崇拜，动摇了"专家系统"在现代社会的权威地位。基于上述风险，有必要在互联网文化治理视域下引导"反专家"话语，并立足专家群体、媒体平台和青年网民三个维度，探讨专家权威的重塑及网络舆论引导的应对之策。

一、专家群体：重塑知识权威

专家群体的权威丧失受多重因素影响。外部方面，社会风险广泛存在于政治、经济、文化及社会生活的各个领域，而且较之过去更难被预测、评估和管理。在社交媒体时代，专业知识生产的中心化格局被打破，公众可借助网络平台获取大量的知识，学习更多的专业技能。内部方面，部分专家脱离自身专业领域，对青年处境"无感"，有些人甚至放弃学术伦理，沦为商业资本的"快思手"。"反专家"话语的出现恰恰说明当前比任何时代都更需要专家权威。面对社会风险时，专家的科学性与专业性仍举足轻重，所以专家要慎重对待自己的身份。首先，专家个体需明确自身的知识边界，以专业的眼光科学地研判社会风险，认真对待公众的社会感知，公开的评论应体现出综合性的价值考量；其次，专家共同体要做到他律与自律统一，深化专业知识指导公共生活的功能意义，防范"伪专家""伪建议"的出现，引导公众树立专业、理性的社会认知与价值观念；最后，专家发表建议时应深化与决策部门、业界同行、媒体及公众的互动,充分吸纳青年群体的表达和接受方式,为公众营造合理讨论社会问题的话语空间,推动公众建立对专家话语与行为的理解与信任。

二、媒体平台:坚守公共价值

"反专家"话语与媒体平台的运行机制和商业逻辑直接相关。专家建议是通过媒体及平台进行传播的。在竞争"白热化"的媒体生态格局下,媒体之间存在激烈的内容竞争,所以常会陷入流量争夺的商业怪圈。为吸引用户的注意力,部分媒体存在"断章取义"的做法,或以"标题党"形式制造话题,或存在内容生产和价值导向把关不严等问题。与此同时,媒体人对专业知识的了解不足也会导致专家的科学话语与新闻话语产生错位,引发传播失灵或触发次生舆情,令专家被动地陷入舆论风暴,媒体平台也因此丧失公众信任。就此而言,一方面,媒体平台要坚持马克思主义的新闻观,强化新闻伦理与内容把关机制,提升业务能力和新闻品质,充分发挥专家与公众之间良性沟通的桥梁作用;另一方面,媒体平台要关切并回应用户需求,"新闻报道要与受众同温同感"[①],坚守"内容为王"和"以人民为中心"的工作导向,同时充分尊重网络传播规律,积极引导公众舆论,推动公序良俗的有序构建,筑牢风清气正的舆论阵地。

三、青年网民:提升媒介素养

青年网民不仅是专家建议的接受者,更是相关话题的参与者和生产者,这对青年的媒介素养提出了更高的要求。媒介素养的

---

① 吾道南来:《新闻报道要与受众同温同感》,《青年记者》2023 年第 2 期。

最初本义是要求青少年有能力拒绝大众媒介提供的"最低水平的满足"。社交媒体时代的媒介素养内涵包括理解并适应媒介逻辑的能力、把握媒介与社会之间权力关系的意识及利用媒介技术开展实践的能力①。随着"触网"年龄的降低与社交媒体的"高接触"使用,青年媒介素养问题尤为突出。"反专家"话语的出现更是暴露出青年对网络信息在识别能力、理性判断能力、网络表达能力和内容创造能力上的诸多不足。因此,提升青年媒介素养是一项紧迫的工作,需要汇聚多方力量,包括网络监管部门、媒体平台、学校、家庭及社会教育等。青年主体一方面应读懂媒介,认识到网络信息的复杂性,时刻保持对网络信息的批判性思维,避免在鱼龙混杂的信息中迷失方向,做理性的文化消费者和清醒的接受者;另一方面,青年人要用好媒介,发挥主体性,将时代内涵与优秀文化融入自身媒介素养的构建,学会科学用网、文明用网,恪守网络道德,养成良好的网络习惯,同时积极开展创造性的网络实践,引领网络文明新风尚,做新时代网络文明的建设者与守护者。

①　朱家辉、郭云:《重新理解媒介素养:基于传播环境演变的学术思考》,《青年记者》2023 年第 8 期。

第八章

"新史记"：网络新闻事件的史传式书写

"新史记"，顾名思义，指今人运用司马迁创作《史记》的史家笔法描述当今时代发生的热点事件。创作者常在文末发扬主体精神，以"论曰"形式评点相关人物及事件，表达一种或褒或贬、亦庄亦谐的文化观念和价值立场。"新史记"作为自媒体时代的一种话语表达，始终围绕着网民关注的热点进行写作，对于网络空间的舆论导向有着重要作用，其形式上的"古雅"与内容上的"时新"，给受众的阅读带来一种陌生感和代入感，近些年来日益受到广大"互联网原住民"①的关注。我们甚至可以说，它在今天的自媒体时代已经完全衍变成一种公共话语表达，产生了不容忽视的文化意义。

第一节　"新史记"的创作群体特征

据笔者考述，在互联网兴起之初最早开始创作"新史记"的，是一位笔名为"饕餮"的云南网民，他创作的第一篇"新史记"是《赵公忠祥列传》，以当时赵忠祥深陷丑闻为缘起，对他做了具体评析。

---

① ［美］约翰・帕尔弗里、［瑞典］厄尔斯・加瑟：《网络原住民》，高光杰、李露译，湖南科学技术出版社2011年版。

该文于 2004 年发表在凯迪网络社区,随即受到无数网民的热情追捧,并迅速得到广泛传播。其传播效果用"饕餮"自己的话说,是"转载跟帖者难以计数"。在那个众声喧哗、人人皆渴望自由发声的互联网起步阶段,网络平台还是一个"前所未有的既没有边际也没有中心的表达平台","饕餮"凭借"用古文恶搞当下"的行文特色,一度跻身《南都周刊》评选的"网络知道分子 20 人"①榜单。"饕餮"作为初代网民,对网络空间"新史记"的传播可谓起到了开风气之先的作用。

时至今日,信息传播手段较之 2004 年已发生了翻天覆地的变化,主要的网络平台在二十余年里也经历了从论坛 BBS、人人网、开心网、QQ 空间、百度贴吧到博客、微博、微信朋友圈等的历史变迁。今天,我们已进入平台化社会的时代。"新史记"作为社交媒体平台上的一种独特文化现象得到了延续,仍然有极为强大的生命力和传播效应。当前在社交媒体平台上参与创作"新史记"的作者数量已大为扩展,不论是题材内容还是表现手法都得到了极大的丰富,具体体现在三个方面。

首先,就创作平台来说,2004 年的社交平台主要集中在网络PC 端,网民互动交流的主要方式仅限于论坛 BBS 上的发帖、跟帖及转载。2011 年,腾讯公司推出的微信很快便成为社交媒体的"新宠",并发挥着越来越重要的作用。腾讯公司发布的"2023 年 Q3财报"数据显示,"微信及 WeChat 合并月活跃用户数达 13.36亿"②,可见微信已成为大众日常生活的重要组成部分,成为人与

---

① 肖尧:《饕餮:用古文恶搞当下》,《南都周刊》2008 年 12 月 10 日。
② 《腾讯 Q3 营收增长 10%,坐拥 13 亿用户的腾讯该咋看?》,瀚海观察百家号,2023 年 11 月 18 日,https://baijiahao.baidu.com/s?id=17827693147800 51530&wfr=spider&for=pc。

人、人与服务、人与商业之间联系的重要平台。当前,人们在微信上的互动方式多种多样,如点赞、转发、评论、打赏等,这些都是人们碎片化生活的基本常态。笔者聚焦微信空间的"新史记"内容,一定意义上正是考虑到该话题的当下性。

其次,就创作群体来说,2004年"新史记"创作刚刚在网络空间兴起,创作者来源较为单一,并且他们尚处于一种自发的写作状态。例如,"饕餮"的文化程度是中学肄业,其古文底子全凭自学,其创作特征也正如他自言的那样:"我是民间记录,民间话语,有点像《20年目睹之怪现状》,发点牢骚。"发展到今天,"新史记"的创作者来源已相当丰富,他们开始表现出一种较为自觉的创作理念。例如,刘黎平曾是《广州日报》的编辑,负责该报的"国学经营天下版",他在自己的微信公众号"刘备我祖"的简介中明确表示,要将眼光延伸到"五千年历史",从中挖掘、提炼人生的正能量;邱二毛(邱春艳)是专栏作家,供职于某央级媒体,他在微信公众号"邱二毛的文字铺"的功能介绍中写下"新史记,用古人笔法写今人今事";贾也毕业于浙江大学中文系,受过严格的古文训练,他在微信公众号"观鉴"中称"新史记者,乃观鉴君仿太史公之笔法,究天人之际,通古今之变,成一家之言,供人参考也";王一舸是中央戏剧学院硕士、昆曲作家,有相当扎实的传统文化功底,在2012年就出版专著《读懂中国:传统文化拾趣》(中国广播电视出版社)。此外,还有一些官方媒体也参与了"新史记"内容的创作,如《证券时报》在2023年12月19日就"董宇辉小作文事件"引发的舆论写了《史记·董宇辉传》,相关媒体还有澎湃新闻、潮新闻客户端、哔哩哔哩、券商中国等。

由此可见,今天的"新史记"创作者已有较为明确的主体意识和创作观念,这对于我们深入了解"新史记"的传播生态有重要的参考价值。

最后,从创作内容上来说,"饕餮"最初创作"新史记"时就对网络热点内容给予高度关注,这一点在今天仍得到了延续。随着不同文化背景、不同职业的创作者加入,"新史记"的内容也在不断丰富,体现出了多元化特征。与"饕餮"最初的"恶搞"不同,近年的"新史记"创作还涌现出相当一部分体现正能量价值导向的内容。特别是 2016 年 12 月 31 日,"中央纪委监察部网站"公众号发布的文章《新史记・二零一六反腐传》在各大社交网络平台上都得到了普遍关注,并取得了相当广泛的传播效果。这种紧密结合时政的创作,对于构建社会主义核心价值观产生了不可忽视的影响,也反映出"新史记"创作内容的多样化倾向。通过"微信搜索",以"新史记"为关键词进行检索,显示的相关内容十分丰富,涉及社会文化生活的各个方面,包括时事新闻类、国际政治类、文体娱乐类、历史文化类等。从这个意义上说,对"新史记"内容展开分析,对于我们考察当下的社会舆论结构及网民文化心态有重要的价值。

第二节 "新史记"书写的表现形态

如前文所述,"新史记"的创作时间最早可追溯至 2004 年。为使本章讨论的议题更为集中且更具操作性,笔者曾对 2016 年微信空间的"新史记"创作进行爬梳、整理,除去其他公众号转载的一些重复性内容,微信空间 2016 年的"新史记"原创内容累计 146 篇:刘黎平在公众号"刘备我祖"上创作 81 篇,占总数量的 55.5%;邱二毛在公众号"邱二毛的文字铺"上创作 13 篇,占总数量的 8.9%;贾也在公众号"观鉴"上创作 5 篇,占总数量的 3.4%;王一舸在公众号"章黄国学"和"一舸"上共创作 5 篇,占总数量的 3.4%;李奉先在公众号"新乡文史论坛"上创作 4 篇,占总数量的 2.7%;晨之风在公众号"晨之风文化传媒工作室"上创作 3 篇,占总数量的 2.1%;盲琴师在公众号"苏老师来也"上创作 3 篇,占总数量的 2.1%;其他均为个别作者的零散创作,共计 32 篇,占总数量的 21.9%。

从 2016 年微信空间"新史记"创作数量的分布特征来看,相关创作至少呈现出两个较为明显的特征:第一,"新史记"的创作已经出现了几个颇具代表性且有重要影响力的创作者和公众号,如刘黎平及其公众号"刘备我祖"、邱二毛及其公众号"邱二毛的文字铺",在引领网络舆论方面发挥了主导作用;第二,"新史记"的创作群体呈现出多元化的走势,一些新生力量,如贾也、王一舸、柴广翰等开始陆续加入"新史记"的创作队伍,而且表现出相当的锐气和势头,这也正契合了自媒体时代"众声喧哗"的表达特征。

总体上看,"新史记"创作主要是以"史传"的形式呈现相关议题,其中也有少部分内容采用赋体形式。"新史记"的创作内容林林总总,可谓涉及社会生活的各个方面,从主题内容上看,大体可分为以下五类:(1)时事新闻类,共计 35 篇,占总数量的 24.0%;(2)国际政治类,共计 12 篇,占总数量的 8.2%;(3)文体娱乐类,共计 45 篇,占总数量的 30.8%;(4)历史文化类,共计 19 篇,占总数量的 13.0%;(5)其他,共计 35 篇,占总数量的 24.0%。

从"新史记"创作的主题分类来看,微信空间"新史记"的具体表现形态呈现出以下三个特征。

第一,追踪新闻热点。"新史记"的创作几乎总是追踪大众关注的热点。也正因如此,"新史记"自诞生之日起就能像新闻媒体一样始终保持普遍的影响力和长久的生命力。在信息化时代，碎片化的阅读方式让大众时刻都关注着热点新闻。这些新闻涉及时政、社会、文化，甚至包括一些娱乐新闻，如"狗仔"偷拍等，其中不乏可以成为人们茶余饭后之谈资的热门话题。例如，特朗普于2016年11月8日当选总统，盲琴师在次日就创作出《特朗普本纪》《希拉里列传》两文；G20峰会于2016年9月4—5日在杭州西湖举行，刘黎平也是在第二天就创作了《G20西湖赋》。这充分体现出"新史记"创作所围绕话题的时效性。从这个角度来说，紧跟大众关注的热点话题，一方面能使"新史记"与大众生活紧密贴合在一起，让大众在感到新鲜、有趣、亲切的同时产生"代入感"；另一方面，这也有利于保持"新史记"创作的关注度，并产生一定的经济价值，如通过"打赏"或广告植入等方式。2016年9月1日，刘黎平在接受《深圳晚报》记者采访时就表示："我只有写人人都会转的人物故事，才会有高阅读量，追逐热点，但不制造热点。"[1]他的这番自述在很大程度上揭示了"新史记"创作的主要特征。

第二，题材丰富多样。创作"新史记"内容的基本目的就是传播。只是根据受众特点的不同，有些传播面向更为广泛的受众，有些则是小圈子内部的传播。造成传播差异的原因涉及受众的知识结构、文化层次、兴趣爱好及生活圈子等，它们也是"新史记"题材创作多样性的重要影响因素。总体而言，"新史记"创作更多是围绕公众感兴趣的话题。这一特点从内容分类上也可以看出：时事新闻有《魏则西列传》《辽宁舰传》《余旭传》《罗尔事件记》等；国际政治方面的有《英国脱欧记》《卡斯特罗世家》《朴槿惠传》《伊万卡·特朗普列传》等；文体娱乐方面的有《傅园慧传》《郎平传》《林

---

[1] 张金平：《"太史刘"写史记》，《深圳晚报》2016年9月1日，第A16版。

丹李宗伟传》《林丹出轨记》《王宝强婚姻惊变记》《张靓颖母亲与冯
柯书》等;历史文化方面的有《陈忠实传》《杨绛传》《村上春树与鲍
勃传》《鲁迅传》《南京大屠杀祭》等。不过,我们还应注意的是,信
息化时代除了具有"去部落化"(detribalization)的特性,还有"再部
落化"(retribalization)的特性。一些"新史记"的内容创作几乎成为
小圈子、小群体内部交流、唱和的一种方式,如晨之风、张之辉等人
创作的相关内容即属此例。这也可被视作"诗可以群"的一种当代
翻版。整体上看,不论是面向广大受众还是小圈子之间的交流,
"新史记"创作题材的多样性和丰富性都是毋庸置疑的。

　　第三,话题具有公共性。"新史记"的内容创作紧跟新闻热点,
但它毕竟不是对新闻事件本身的报道,而更多是对事件本身意义
的关注与追问,体现出的正是某一具体话题的公共性。所谓的"公
共性",就是民主的、开放的,是可以进入公共领域的;也是舆论的、
人人可参与的,是可以自由交流和相互讨论的。"对话的公共性"
(publicity of dialogue)正是公共领域的一种表征。在大众传媒领
域,公共性的意思"从公众舆论所发挥的一种功能变成了公众舆论
自身的一种属性"①。笔者此处无意于讨论大众传媒时代公共性的
真实或虚假问题,仅就"新史记"的创作内容来说,它通过将新闻事
件与作者观点的紧密结合,不仅提供了大众想看的内容,还提供了
大众应了解的事实,即新闻事件本身呈现的意义。每篇"新史记"
内容的最后,几乎都会出现"论曰"的形式对热点事件加以评点。
这种呈现事实且呈现观点的方式不仅有助于大众了解事件本身,
还有助于大众参与事件,从而形成一种公众舆论。事实上,"新史

---

① 汪晖、陈燕谷:《文化与公共性》,生活·读书·新知三联书店 1998 年版,第
　125—126 页。

记"内容之所以能吸引大众的关注,正是因为事件本身与文言文表达形式的结合,以及作者从"史家立言"的视角对热点事件进行"定调"的格局。正如《"太史刘"写史记》一文所揭示的,"刘黎平在后台收到众多留言,大多是表达对最后两段评论的赞赏。他从读者的反馈中找到了立言的信心"①。从这一点也可以看出"新史记"本身的公共性特点。

第三节 "新史记"的话语结构与影响

当前微信空间流行的"新史记"在创作上已初步形成一种相对固定的写作路数,大致可分为两个主体部分:第一部分是对相关热点事件及人物展开深入的追踪叙述,第二部分是在文章结尾处以"论曰"形式进行评点。从"新史记"内容的生产模式来看,前者始终与新闻热点保持紧密联系,是新闻热点事件的文化衍生品;后者的评点内容则以一种"史家"的价值立场对事件进行意义上的补充,可以说是对前者的思想性升华。这体现出一种文化建构的社会功能,在微信空间的传播过程中可以产生巨大的舆论效应。

传播效果指信息内容经过媒介传播至受众处所产生的一系列社会功效及舆论性影响,它与传播者和受众密切相关。"新史记"作为微信空间中一种越来越重要的文化现象,其话语结构与影响可从以下三个方面进行考察。

---

① 张金平:《"太史刘"写史记》,《深圳晚报》2016年9月1日,第A16版。

一、形式因素

微信空间的"新史记"创作可从两个方面来把握。

一方面,在内部结构上,"新史记"具体可分为叙述和评点两个主体部分。这种结构模式在很大程度上是承继自司马迁《史记》的写作范式。《史记》作为我国第一部纪传体通史,其每篇传记基本上贯通了叙述内容加"太史公曰"这样的史评形式。它在叙述上做到了"其文直,其事核",在评点上做到了"不虚美,不隐恶",此所谓"实录"的创作精神。当然,传统史学意义上的"实录"必定会牵涉当今在传播学领域盛行的一个概念——"把关人"。史家在叙述和评点具体历史事件时,不可避免地要"过滤"和"筛选"相关内容。这种"过滤"和"筛选"有时体现为一种叙事笔法的运用,有时候则体现为一种文化精神的彰显。前者实现的是形式上的效果,后者实现的则是内容上的效果。这些特点在"新史记"的创作中均有所传承。

另一方面,从文体形式上看,文体是一个极其复杂的概念,它指"一定的话语秩序所形成的文本体式,它折射出作家独特的个体特征、感觉方式、体验方式、思维方式、精神结构和其他社会历史、文化精神"①。其具体呈现的层面包括体裁、语体和风格。"新史记"在语体方面的文言表述至少包含两个层面的效果。首先,从创作者层面来说,他们要充分了解具体的事件或人物,并掌握基本的文言表达方式;文言史传的表达形式也会使创作者不自觉地强化史家视野和眼光,并萌生一种"立言"的文化信念。其次,从阅读者层面来说,读者刚开始会对文言式的"新史记"产生一种"陌生感",

---

① 童庆炳:《童庆炳文集》(第四卷),北京师范大学出版社 2015 年版,第 89 页。

但这种"陌生"不是完全不了解的陌生,它仍然体现出丰厚的历史文化内涵。这种表达形式上的陌生与大众日常生活中非常熟悉的热点话题紧密关联,易于使读者产生亲切感,并产生观念上的认同,进而形成舆论效果。总体上来说,"新史记"之"新"主要体现为内容上的新,它与时代生活紧密相关,而形式上的"旧"则充分延续了史家传统的叙事笔法,是传统"史论"和"寓论断于叙事"的一种当代性发扬,具有丰富的文化意义。

二、内容因素

"新史记"在微信空间的广泛传播构建出一个与现实生活密切相关的"拟态环境"。一方面,它揭示出创作者对生活世界的一种主观认知;另一方面,它又在此基础之上提供了一种价值观念。这种"认知"与"价值观",一定意义上说,就形成了舆论。舆论离不开传播。随着微信用户的不断增加,"新史记"作者通过公众号平台聚合了一大批粉丝,能产生巨大的舆论影响。舆论场指"包含若干相互刺激因素,使许多人形成共同意见的时空环境"①。它由舆论组成,同时又能影响人们的行为、心理、生活方式及价值观念。舆论场包括官方舆论场和民间舆论场。在自媒体时代,微信空间的"新史记"传播表现出一种多元共生的发展态势。如前文所述,"新史记"创作者不仅有包括刘黎平、邱二毛、贾也、王一舸、柴广翰等在内的、持民间立场的作者,其中最引人注目的还有公众号"中央纪委监察部网站"上以"子不歇"之署名发布的《新史记·二零一六反腐传》。截至 2025 年 4 月 12 日,这篇推文已有 5.7 万的阅读量,获得 485 个点赞。在"搜狗微信"上搜索此文章名,会显示 296 条搜

---

① 刘建明:《社会舆论原理》,华夏出版社 2002 年版,第 107 页。

索结果。其中,关于"严明纪律,完善党内监督制度","深化改革,夯实管党治党责任","利剑出鞘,深化政治巡视监督","作风建设,落实八项规定精神","力度不减,保持反腐高压态势","严惩蝇贪,整治基层不正之风","严以自查,打铁还需自身硬"七个方面的表述,均反映出中央高层对反腐倡廉的坚决意志及所取得的阶段性成果,这赢得了微信用户的广泛赞扬。一定意义上说,官方公众号采用"新史记"这种别具一格的行文方式令用户觉得新奇、新鲜,易于产生对时政的理解与认同。这种"新内容"与"旧形式"的结合对构建官方舆论场及引导公众舆论产生了突出的积极意义。

　　同时,"新史记"在构建民间舆论场方面的功能也日渐凸显。"新史记"的创作内容包罗万象,其文末的"论曰"式评点体现出十分重要的舆论导向功能。例如,邱二毛在《林丹情变记》中如此评点婚姻道德:"是故财色如野马,若重色轻情,唯顾色而忘情,不以情控,不以德束,则色即罪也。"刘黎平在《傅园慧传》中对傅园慧在奥运会时的真情流露称赞道:"今日之中国,少年不失真性情,则中国不失真性情,则中国为少年之中国也。"贾也在《莆田系游医列传》中对"莆田系"提出尖锐批评,并倡导医者仁心的观念:"莆田系唯利是图,披医者之名,行害命之实,祸害人间久矣!时值行业疲罢,此诚危急存亡之秋也,故庙堂之上,当咨诹善道,察纳雅言,医者仁心,当不懈于内,感怀而悲患矣,而商贾趋利,亦应取之有道……"诸如此类的例子可以说都体现了"新史记"对民间舆论场的构建。总体上看,"新史记"写作是"历史叙述"与"价值观念"的合力,它在叙述基础上提供了一种文化价值观念,再加上粉丝力量的推动,便于营造出一个共同意见的时空环境。它直接影响着网民的行为心理和价值观念,对于构建"两个舆论场"都有重要价值。

三、媒介因素

"新史记"赖以生产和传播的平台通常是微信这类新媒体。新媒体与传统媒体之间最为根本的不同在于,它天然地具有"去中心化"特征,呈现出多元化和离散化的传播结构。"去中心化"是美国学者马克·波斯特(Mark Poster)率先提出的概念。在《第二媒介时代》(1995)一书中,他将这个概念运用于讨论传播方式的改变。他认为在报刊和广电媒体占主导的"第一媒介时代",大众媒体表现出一种"中心化"传播模式,即制作者占权威地位,消费者居于受众地位;互联网信息占主导的"第二媒介时代"则彻底改变了这种传统的传播方式,制作者、销售者和消费者的界限不再泾渭分明,没有了所谓的传播中心,人人皆可以参与新闻生产、交流、互动的过程,形成了"去中心化"传播模式[1]。在人人皆有麦克风的自媒体时代,微信作为有近13.4亿活跃用户的信息平台,对各种社会关系都进行了一定的重构。借助此平台,人们实现了信息的广泛分享和互动交流。"新史记"借助微信平台传播内容,意味着创作者早已没有对新闻热点"权威性"的执着,创作本身也没有专业性门槛,即只要创作者有一定的古文功底,对热点事件保持相当程度的敏感度,就可以创作"新史记"。美国作家丹·吉尔默(Dan Gillmor)在《草根媒体》中写道:"你的声音是重要的。如果你有值得说的,人们会倾听。你可以做自己的新闻,我们都可以。"[2]微信平台上的"新史记"创作正是这样一种"人人皆可参与"的新闻,这也成为"新史记"创作者越来越多元化的重要因素。目前,"新史

---

① [美]马克·波斯特:《信息方式》,范静晔译,商务印书馆2000年版,第3页。
② 转引自熊培云:《重新发现社会》(修订版),新星出版社2011年版,第280页。

记"在微信空间的传播主要表现为三种方式,即点对点的人际传播、小范围的朋友圈传播及订阅关注式的公众平台传播。其中,公众平台传播是"新史记"传播的最重要方式,也是影响最大的传播方式。例如,刘黎平"刘备我祖"公众号的关注粉丝有11 300多人,并呈递增趋势。他在2016年创作的《傅园慧传》《马蓉传》《林丹李宗伟传》《郎平传》《英国脱欧记》《王宝强婚姻惊变记》《朴槿惠传》《林丹出轨记》等,都有超过10万的阅读量。其中,《郎平传》的阅读量更是突破了140万。这些传播数据可谓让传统媒体艳羡不已。"新史记"正是凭借微信平台这样的"第二媒介",打破了传统媒体在报道热点新闻事件方面的中心地位,呈现出"去媒体中心化"的舆论效应,产生了广泛的传播效果。

"新史记"写作是当今时代的一种独特文体实践。自2004年兴起至今,无论信息媒介发生了怎样翻天覆地的变化,它仍然焕发出蓬勃的生命力。"新史记"是一种历史叙事,主要立足民间立场来记录、反映当今的社会历史文化,是自媒体时代历史书写的有机组成部分。不过,应该注意到的是,"新史记"与传统史传书写之间仍存在较大区别。当前,我国的互联网监管机制日趋完善,"新史记"的书写也面临其制约。与此同时,"新史记"的创作者还受到消费主义文化的影响,有些人为了追求商业利益而不可避免地卷入商业性与娱乐性的旋涡,甚至有意迎合粉丝趣味。这都成为限制"新史记"进一步发展的阻碍,值得我们警惕并进行深刻的反思。

第九章

政治"萌化"：主流话语与青年亚文化的互构

　　"亚文化"现象由来已久，但该概念的提出尚不到一个世纪。在人类历史文化长河中，主流文化与亚文化共存，始终构成一种生生不息的文化生态。主流文化通常指在特定历史时期的文化体系中占据主导地位或支配地位的文化，它规定着社会精神文化的总体走向，负载着官方主流意识形态的价值指向。"亚文化"作为一种区别于主流文化同时与主流文化共存的文化形态，一方面体现出"非主流、边缘性的'亚'文化或'次'文化特征"，另一方面则"与较小的参与群体、与年轻创新文化相关联，偶尔具有政治抵抗性和激进性并呈现自身的独立性"①。我国当代文化在全球化时代呈现出一种多元化的发展格局，文化主体的多元化、文化生产与消费的多元化、文化产品的多元化及不同文化类型的多元化②，形塑出我国当前一种全新的文化样态。它们之间的相融共生助推了文化的繁荣。

　　近年来，随着信息技术迭代对网络文化和媒介生态进行全方位

---

① 马中红：《中国青年亚文化研究年度报告（2012）》，清华大学出版社 2013 年版，第 2 页。

② 邹广文等：《中国当代语境下的文化矛盾与文化走向》，首都师范大学出版社 2018 年版，第 214 页。

的重塑,使新媒介语境下的文化生态呈现新的面貌,这受到学界的高度关注。例如,杨向荣指出,新媒体时代的文化建构出一种文化狂欢幻象,展现了文化的去深度化、去历史化和多元化特征,隐现了现代人的生存困境①;马中红认为,新媒介改写了青年亚文化与主流文化之间的关系,推动了青年亚文化的多重转向②;陈霖指出,青年亚文化群体通过新媒介构筑了独属于自己的文化空间,学者需要在这一媒介空间中理解亚文化群体的身份认同、文化创造及其与主导文化之间的关系状态③。也有论者据此反思了新媒介技术对政治文化产生的影响。例如,荆学民、李圆认为,受技术主导的微观政治"带来的隐忧是强政治系统失调、'网民平权'的假象突出、'后情感'充斥民众精神世界、'新利益殖民'现象兴起"等④。

　　随着网络时代青年亚文化的崛起,青年人通过媒介"赋权"的方式参与国家政治生活的积极性与主动性不断增强,我国主流的政治文化领域形成了一种新的引人注目的"萌化"现象。例如,在青少年网民群体中,出现了以 ACGN⑤ 等方式积极参与政治文化实践的趋势。他们通过媒介技术创生出一种全新的"萌化"语言、"颜文字"、弹幕、表情包、"鬼畜"短视频等方式,对过去相对严肃的政治内容进行新的读解和再生产,呈现出新媒体时代特有的政治"萌化"景观。这种率先在青年亚文化群体中出现的"萌化"政治现

---

① 杨向荣:《新媒介时代的文化镜像及其反思》,《山东社会科学》2020 年第 12 期。
② 马中红:《新媒介与青年亚文化转向》,《文艺研究》2010 年第 12 期。
③ 陈霖:《新媒介空间与青年亚文化传播》,《江苏社会科学》2016 年第 4 期。
④ 荆学民、李圆:《论微观政治传播中技术主导的隐忧及其消解》,《中国社会科学院研究生院学报》2021 年第 1 期。
⑤ 即"animation"(动画)、"comic"(漫画)、"game"(游戏)、"novel"(小说)的缩写。

象直接影响到主流政治文化的"萌化"趋势。例如,国家官方部门记者招待会也开始运用"萌言萌语"发布新闻内容,一些权威政务新媒体账户也开始采用一系列新的流行文化方式来传递主流价值观。这些变化引发了学界对"政治二次元化"的广泛讨论。例如,何威指出,二次元亚文化的文化实践"在文本和符号、话语和行动、意义和观念三个层面上,既成为其爱好者表达政治言论、参与政治行动的工具和资源,也成为现实政治投射力量的场所与建构的产物"①;赵菁通过分析近些年在社交网站上广受青年群体追捧的爱国动漫《那年那兔那些事儿》,指出"'二次元'的'萌元素'以及在观看中所建立的国族情感纽带,要比应激性、狂欢式的民族主义话语表达更加持久与深沉"②;高金萍针对网络政治传播中的拟人化表达现象展开研究,认为这有助于"消除公民的政治冷漠,提高公民的政治参与意识,使相对孤立的网民转变为参与协商的公民"③。

可以说,在当前信息技术迭代的背景下,我国的主流文化生态格局正在发生一种新变化,即以新型社交平台(如微博、微信、抖音、B站等)为主的媒介不仅全面革新了人们获取政治资讯和主流价值的渠道,还为人们提供了信息共享、意见表达、情感抒发、政治参与的网络空间。在人人皆为自媒体的时代,媒介"赋权"下沉到广大网络用户,过去的以国家权威机构和主流媒体开展主流话语生产的中心性局面开始被消解,以传者-受者等级关系为主导的文化生态格局被全面重构,形成了一种"所有人面向

---

① 何威:《二次元亚文化的"去政治化"与"再政治化"》,《现代传播(中国传媒大学学报)》2018 年第 10 期。

② 赵菁:《爱国动漫〈那兔〉粉丝群像与"二次元民族主义"》,《文艺理论与批评》2019 年第 5 期。

③ 高金萍:《网络政治传播拟人化现象分析》,《人民论坛》2021 年第 8 期。

所有人传播"①的格局。主流政治文化领域出现的"萌化"现象,正是受到了信息技术巨大推动而形成的一种新的文化形态。它有效地推进了主流话语对青年群体的价值引领与青少年群体对主流话语的政治文化认同,但与此同时,我们也应注意到,政治"萌化"不仅存在泛娱乐化和消解主流意识形态的风险,还在一定程度上引发了来自青年网民群体的一系列"反萌化"的"抵抗",给当前的主流意识形态建设提出了全新的挑战。

第一节　政治"萌化"现象的历史溯源

要对政治"萌化"现象做出有效探讨,首先应对"萌文化"本身进行溯源。在青年亚文化领域,"萌文化"作为一种圈层化、趣缘化和小众化现象,可追溯至日本的"御宅族"青少年对于"萌え"(Moe)元素的一种集体文化认同与生活方式构建。动漫爱好者最初用"萌"(cuteness)表达对动漫作品、人物形象或具有"萌属性"产品的一种"狂热的喜爱之情"。自 20 世纪 90 年代以来,日本的"萌文化"开始衍变为一种"萌经济"(Kawaii Economy),实现了从"卖萌"到"卖"萌的转变,并随着文化产业的高速发展逐渐成为日本动漫文化的象征,走向了全世界。矢野经济研究所 2019 年的调查数据显示,日本"御宅族"人口占全国人口的 25％,"御宅族市场"规模在 2018 年高达 7 835 亿日元②。在中国大陆,最早接触"萌文化"的群

---

① 方兴东、胡泳:《媒体变革的经济学与社会学:论博客与新媒体的逻辑》,《现代传播(中国传媒大学学报)》2003 年第 6 期。
② 董牧孜:《发明关键词　日本新世代的不安是如何被消化的?》,《新京报》2019 年 1 月 5 日,https://www.sohu.com/a/286793438_114988。

体主要为关注日本动漫产业的青少年受众。有网友考证，"萌文化"大约在2003年开始流行，之后两年，"萌"成为日本的第一新潮用语①。受日本动漫产业的影响，"萌"迅速成为我国"二次元文化"爱好者使用的高频词，并蔓延于各大网络社区，如天涯、豆瓣、百度贴吧等。2007年，"中国最萌大会"举办。该赛事以"动漫萌动中国·我们萌动世界"为理念，吸引了全国共计487名青年女性。她们通过动漫角色扮演的方式参与了这场为期76天的赛事。2010年10月，"萌娘百科"②创立。该平台以"万物皆可萌"为口号，成为当前最具专业性的"萌文化"用户聚合平台。同年，"萌""萌女郎""萌文化"便成为新浪文化读书频道的"年度热词"。2015年，哔哩哔哩将10月10日"卖萌日"更名为"萌节"，助推了"萌文化"在青少年群体中的广泛渗透。据此，"萌文化"逐步在我国青年亚文化圈层中形成了一种特定的"萌文化体系"，并具体体现于语言表达、社交行为、消费习惯及文化认同等诸多方面，呈现出符号化、行为化、商业化、观念化等特征。

国内主流政治话语与青少年圈层"萌文化"的"接合"③，堪称官方主流文化与青年亚文化的一次"耦合"。

---

① 黄宇雁：《"萌"文化溯源》，搜狐网，2014年9月1日，https://cul.sohu.com/s2014/meng/。

② "萌娘百科"最初名为"绿坝娘wiki"，后改名为"中华萌娘小百科"，2011年5月1日起简称为"萌娘百科"。

③ "接合"(articulate)是英国文化理论家霍尔提出的一个核心概念。在他看来，"接合是一种连接形式，它可以在一定条件下将两种不同的要素统一起来。它是一个关联，但并非总是必然的、确定的、绝对的和本质的"。霍尔认为，"接合"具有话语性和实践性的功能和意义，它是一种联结的实践，体现为对意义的阐释与生产。[英]斯图亚特·霍尔：《后现代主义与接合理论：斯图亚特·霍尔访谈录》，载于周凡、李惠斌：《后马克思主义》，中央编译出版社2007年版，第196页。

　　首先,它最初主要体现为青少年在网络社区中针对时政议题的一种爱国情感表达与政治参与方式。早在 2008 年,围绕南方冰灾、西藏"3·14"甘南暴力事件、"5·12"汶川地震及奥运火炬传递等事件,以"80 后""90 后"为主的爱国学生群体在网络中形成一股抱团力量,抵制西方抹黑中国政府的内容。他们通过生产大量的"萌化"语言、"萌文字"、表情包、视频等表达强烈而感性的爱国情怀,这让他们获得了"小粉红"的称呼①。国内漫画家"逆光飞行"在 2011 年创作出国民历史普及漫画《那年那兔那些事儿》,对1949 年以来国内外一系列政治历史事件进行了生动呈现。"我兔"也由此成为网民对中国形象的称谓。2016 年 1 月,中国台湾艺人周子瑜涉"台独"言行引发了重大舆论事件。为维护国家利益,青年网民在各大网络社区掀起一场"爱国保卫战",他们通过生产大量"萌化"语言和表情包,有力回击了"台独"势力。2019 年,香港"修例风波"再次引发青少年群体的广泛关注。为此,他们虚设出"阿中哥哥"的国家偶像形象,以"像爱护爱豆一样爱国"②的方式,与乱港势力进行了有力的抗争。可以说,"萌文化"不仅全面激发了国内青少年以动漫形式参与政治文化传播的热情,也让他们基于爱国情感达成了团结一致,维护了国家形象,并推进了政治文化生产与实践方式的变革。

　　其次,随着 2011 年"中国政务微博元年"的到来,各级人民政府与部门均开始利用新媒体平台进行政治文化生产,主流话语与"萌文化"于此走向了融合。自此时起,一些官方组织机构及权威

① 闫鹍:《"小粉红"爱国也要"萌萌哒"》,千龙网,2016 年 2 月 6 日,http://china. qianlong. com/2016/0206/353919. shtml。

② 刘海龙:《像爱护爱豆一样爱国:新媒体与"粉丝民族主义"的诞生》,《现代传播(中国传媒大学学报)》2017 年第 4 期。

媒体积极运用"萌文化"介入主流话语的内容生产与形式制作。
2013 年，"萌文化"首次被用于"两会"报道。主流媒体通过各种媒介形式，如文字语言、表情包、图片、短视频、H5 等，将"萌元素"广泛运用于新闻发布的内容。例如，人民网推出了大量关于"两会"的漫画插图，使政治传播呈现出一种新风貌。2014 年 8 月，征兵广告首推动漫版，一改过去严肃的军人形象，展示出其活泼亲民的一面，极大地增强了征兵宣传的吸引力；2015 年，人民日报官微发布系列动漫短片《群众路线动真格了?》《老百姓的事儿好办了么?》《当官的真怕了?》等，国家领导人的卡通形象及反腐"打虎"的画面火遍网络。有论者据此指出，"政治传播方式正在改变"①；2016年，中共中央对外联络部网站发布了题为"图解中共"的漫画，对党政干部选拔任用制度和领导人形象进行了生动呈现。这种轻松活泼的传播方式令广大网友眼前一亮，得到了"画风接地气""萌你没商量""领导人萌萌哒"②等评价。近些年，"萌文化"在官方政务号的内容发布中可谓俯拾即是，各种"卖萌""玩梗"的泛娱乐化表达及对"萌言萌语""二次元""饭圈"等网络热词的运用，堪称炉火纯青，以至于网友对一些政务号发表评论："活跃得就像个假号。"相关政务号则宣称："政务微博也能萌化你心。"③这实际上可以看出，"萌文化"参与主流话语传播已成为引导新时代政务微博的潮流。

---

① 《习近平"打虎"动漫：网络时代的群众路线》，《南方都市报》，2015 年 2 月 21
　 日，http://www.xinhuanet.com/politics/2015-02/21/c_1114413360.htm。
② 《官方漫画"图解中共"领导人"萌萌哒"》，党建网，2016 年 5 月 10 日，
　 http://www.dangjian.cn/jrrd/201605/t20160510_3346423.shtml。
③ 郝天韵：《中央气象台官方微博：政务微博也能萌化你心》，《中国新闻出版广
　 电报》，2017 年 8 月 22 日，http://media.people.com.cn/n1/2017/0822/
　 c40606-29486697.html。

不过,主流话语的"萌化"并不总是能取得预期的传播效果,如果运用不当,则可能适得其反。例如,2020年2月,共青团中央官方微博设计了"红旗漫""江山娇"两个虚拟偶像,甫一推出,即遭全网的质疑与反对。有网友称:"反对国家政治团体形象二次元化、低龄化,并用虚拟偶像的方式进行宣传";"官媒要有官媒的样子";"你的背景决定了你不该有偶像的娱乐属性";等等。五个小时后,相关微博即被删除。"红旗漫"与"江山娇"两个虚拟偶像遭到青年网民的"反萌化""群嘲"与"抵抗",无疑警醒了当前的政治"萌化"。事实上,政治"萌化"的生产与传播主体并非只有官方组织机构或主流媒体,它是一种双向的互动与互构过程。通过追溯政治"萌化"的历史也不难看出,它最初并非由官方组织机构或主流媒体发起,而是"作为亚文化的萌文化"对政治文化领域的一种"渗透"。正是由于亚文化群体将政治议题纳入"万物皆可萌"的"萌文化体系",才使主流文化领域出现一种"萌化"的政治景观。换句话说,"萌文化"的"蔓延"是政治"萌化"的最直接动因。不过,近些年出现的一些主流政治话语的"萌化"现象及其所遭遇的来自青年"萌文化"群体的集体抵制,又给我们审视政治"萌化"现象及重新思考主流话语的创新路径带来了新的启示。

第二节　"萌化"的政治与政治的"萌化"

主流政治话语的"萌化"现象作为当前信息技术迭代背景下的一种极富创新性和传播力的文化现象,受到政界、学界的普遍关注。有学者认为,"萌文化得到主流文化和大众群体的肯定,是由于萌语态是一种具有时代感的,并且具有开放心态和参与意义的

文化实践方式,这恰恰满足了两种话语的沟通需求"①。不过,笔者
发现,当前学界对政治"萌化"的讨论多集中于主流文化的本位视
角,将"萌文化"作为一种话语策略及传播方式,忽略了从青年亚文
化的本位视角全面审视"萌化"政治。事实上,如果仅将"萌化"作
为一种政治文化生产的策略与方式,有可能消解了青年亚文化本
身的体系性。由此,笔者认为,政治"萌化"是青年亚文化与主流文
化"耦合"的必然结果:一方面,它是"萌文化"向政治文化领域"扩
张"与"渗透"的具体体现;另一方面,它也是主流文化"迎合""作为
亚文化的萌文化"的策略。

一、"萌文化"对主流话语的"渗透"

近年来,在信息技术和文化工业的推动下,国内外"萌经济"获
得了高速发展。一方面,"萌经济"迎合了青少年精神文化的内在
需求;另一方面,"萌经济"的崛起使与"萌"属性商品相呼应的"萌
文化"或曰"萌意识形态"形成②。时至今日,"萌文化"已成为青年
亚文化群体中一种极具普遍性和传染性的文化特征。我们可以大
致从三个方面把握其内涵:一是物质层面,如青少年表现出对一些
"萌"属性商品及文化产品(如动漫、吉祥物等)的"无限喜爱";二是
行为层面,青少年在语言表达、穿着打扮、社会交往等层面表现出
了一系列的"萌语言""萌行为";三是精神文化层面,具体体现为青
少年"萌语言""萌行为"背后的一种具有普遍性和趋同化的社会心
理、审美趣味、文化观念和价值体系等。在我国,生产和传播"萌文

---

① 曾昕:《主流文化的萌态话语景观解析》,《中国社会科学报》2020 年 12 月 24
日,第 5 版。
② 叶凯:《物的意识形态——消费文化研究》,吉林文史出版社 2016 年版,第
237 页。

化"的主体最初为日本动漫文化产品的青少年消费群体。他们既是"萌经济"的消费者,也是"萌文化"的生产者和传播者,堪称"产销合一"(prosumer)①的主体。随着新媒介的技术"赋权",我国逐渐形成了一种基于本土文化特征的"萌文化"产品,如《葫芦娃》《海尔兄弟》《大头儿子小头爸爸》等。青少年基于共同的爱好和心理,在社交媒体及"萌经济"的驱动下呈现出一种"再部落化"趋向。这具体体现为"动漫迷""御宅族""二次元文化"等的快速兴起,甚至衍生出一个以"万物皆可萌""可爱即正义"为旗帜的"萌文化"生产与传播的交互平台——"萌娘百科"。从一定意义上说,"万物皆可萌"已将"萌"提升至一种"认识论"或"准认识论"的高度,即青年亚文化群体将"萌"建构成他们获得社会认知、做出认知判断、建构知识体系、塑造价值观念的核心范畴。从"万物皆可萌"的意义上来说,主流政治话语自然属于"万物"的一部分,这也直接引发了"萌化"政治现象。

"萌化"政治的生产与传播主体是青年亚文化群体。从这一意义上说,"萌文化"群体参与政治议题是导致政治"萌化"的最直接动因,具体体现在以下三个方面:一是符合主流价值观的话语内容,如爱国主义、政治认同、身份认同、时政观点及相关专业的知识领域出现了"萌化";二是以新技术为手段而被创生的"多模态"媒介表现形式,如表情包、短视频、动漫图片、H5、VR"萌系"游戏等;三是网络流行的语言表达方式和拟人、拟物的修辞方式,如"萌言萌语"、网络热词、顺口溜及对"物属性"进行人格化或半人格化的二次表达(如"蓝忘机""呕泥酱""阿冠"等)。从一定意义上说,这

---

① M. McLuhan, B. Nevitt, *Take Today: The Executive as Drop*, Longman Canada Limited, 1972, p. 4.

些内容及形式体现的正是"萌文化"对政治文化领域的"渗透"。它引发了政治文化传播格局、话语策略及传播方式的变革，但"萌元素"的广泛扩张及无孔不入，加之"万物可萌"的"无限""无界""无度"，无疑也给主流话语带来了一定的泛娱乐性，潜藏着消解主流政治权威的风险。

二、主流话语对"萌文化"的"迎合"

一方面，"萌文化"在社交网络中的广泛盛行适应了青少年群体的消费化、娱乐化特征，极大地满足了他们追求个性、寻求身份认同及实现自我形象建构的心理需求，使"萌文化"在青少年群体中具有覆盖性广、传播力强、影响力大、时效性高等特点；另一方面，传统的主流政治传播在新媒体兴起之初受到网络新文化的极大冲击，出现了平台建设滞后、内容传播程式化、用户大量流失、传播效力不强等问题，导致主流政治话语在网络意识形态的舆论格局中面临着"主流媒体边缘化"[①]和"主流话语边缘化"[②]的窘境，这引发了政策界、学界及业界的普遍忧虑。

众所周知，我们党和政府历来十分重视权威媒体和主流话语对人民群众的引导力。例如，早在 1939 年，毛泽东就强调要办"真正为人民群众喜闻乐见的报纸"[③]；习近平总书记也在不同场合多次强调，要在坚持以正面宣传为主的基础上，"更多地采用群众喜闻乐见的形式，不断增强新闻宣传的生动性、可看性，努力提高新

---

① 刘建新：《主流媒体如何摆脱被边缘化的厄运？》，《新闻爱好者》2004 年第 12 期。
② 丁柏铨：《主流话语边缘化困局待解》，《人民论坛》2012 年第 13 期。
③ 马朝琦：《话说延安精神》，陕西人民出版社 2017 年版，第 465 页。

闻宣传的质量和水平"①。针对官方主流媒体传播力不强等问题,业界提出了所谓的"倒逼"机制,指出受众思维是互联网思维的核心:"正是这种思维,倒逼各级各地主流媒体融合提速,打造自己在新媒体时代的竞争力。"②在互联网时代,青少年是使用互联网最多,也占比最大的受众群体。2021年发布的《中国互联网络发展状况统计报告》显示,中国网民规模达9.89亿,其中29岁以下的青少年占比为34.4%③。在所谓的"后喻文化时代",青少年是主流话语最重要的传播对象,因为"掌握了年轻人就等于掌握了所有人"④。因此,面向青少年群体开展政治宣传成为主流政治文化主体优化传播路径、增强传播效果的题中之义,而政治的"萌化"就是其中最重要的一环。

政治的"萌化"虽与"萌化"的政治有一定的相通之处,但二者最为本质的区别在于,前者的生产与传播主体为官方组织机构和主流媒体,具有非常明确的政治主体性。无论是将"萌元素"引入有关国家政治制度、国家领导人形象、相关的政策解读、专业知识建构等的内容中,还是采用ACGN、VR等新技术手段实现传播效果的最大化,都充分体现出官方政治主体的自觉性。官方机构将"萌元素"引入政治文化生产的内容与形式,其目标是相当明确的——为了提升主流话语对青年亚文化群体的引导力、向心力。

---

① 习近平:《之江新语》,浙江人民出版社2007年版,第57页。
② 贺林平、罗艾桦:《打造有强大竞争力的新型主流媒体——受众思维倒逼各级各地主流媒体融合提速》,《人民日报》2015年8月21日,第9版。
③ 《第47次〈中国互联网络发展状况统计报告〉》,中国网信网,2021年2月3日,http://www.cac.gov.cn/2021-02/03/c_1613923423079314.htm。
④ 方韵:《后喻文化时代,掌握了年轻人就等于掌握了所有人》,搜狐网,2019年7月2日,https://www.sohu.com/a/324247491_120104552。

这一做法的实质仍是传统主流政治话语在新的媒介生态格局中推进传播策略与传播方式的一种变革,具有价值引领性、形式多样性、传播精准性和有效性等特点。将"萌"元素引入政治议题生产的做法也体现出"三贴近"的传播原则。需要进一步强调的是,在政治"萌化"的过程中,官方组织机构吸纳的只是作为传播策略与传播方式上的"萌元素",而并非对整体"萌文化"的全盘接受,它绝不会受"万物皆可萌"的理念影响而动摇自己"官方舆论场"的主导地位。上述这些因素决定了官方组织机构不可能无视"萌文化体系"中潜藏着的消极性因素,一旦"作为亚文化的萌文化"与借用"萌元素"进行内容生产与传播的主流文化发生正面冲突时,二者之间的良性融合状态便将被打破。

第三节 政治"萌化"的失灵与调适路径

2020年2月17日,共青团中央官方微博推出"红旗漫""江山娇"两个虚拟偶像形象,试图以此为抓手实现对青年"萌文化"的"迎合",并在青年亚文化网民群体中重新建立起主流价值话语的权威性。不过,这一尝试非但没有实现预期的效果,还遭到了青年网民的集体抵制。无独有偶,2020年7月21日,新华社公众号发布推文《报告!我是长江2号洪水》,试图以一种轻松、诙谐的"萌化"语言报道长江第2号洪水。该文甚至还以拟人的方式将2号洪水比作一个"脾气暴躁、具有破坏性"的小孩。这种报道自然灾害的"萌化"方式也遭到了网民的广泛质疑。有网友指出,"小编忘记了滔滔洪水的背后是无数人的血和泪、无数家庭的损失、无数奋战在抗洪一线的干部、群众和官兵无数个不眠的日和夜"①。这类现象的发生可以说完全颠倒了政治宣传与"萌化"策略之间的关系，导致了"传播失灵"状况的出现。"传播失灵"被视为"一种信息传播过程中的扭曲与畸变现象"，也被视为一种"常态现象"②，但政治文化领域的"失灵"无疑将直接损害官方组织机构与权威媒体的公信力，并可能引发主流政治话语和主流价值观的认同危机。

　　一方面，"萌化"的政治文化能有效地弥合主流话语对青年亚文化群体的引导力，事实已充分表明"萌化"策略对于宣扬主流意识形态具有积极作用；另一方面，政治的"萌化"存在"失灵"的风险，这意味着"萌元素"本身蕴含着一股迥异于主流价值的话语体系和价值观念，它也打破了青年亚文化群体"万物皆可萌"的认知模式与价值体系。因此，要有效推进政治文化生产的理论创新和实践发展，还需进一步在政治文化生产的话语策略和表达方式上做进一步的"调适"。这种"调适"本身体现出的仍是主流话语与青年亚文化之间的互动与互构关系。基于这种关系，笔者拟立足于当下信息技术快速迭代的背景，针对主流话语生产与传播的"调适"路径，总结出以下三个"应然性"的基本原则。

一、构建多元协商共治的政治文化生态格局

　　在过去相当长的一段时期内，官方机构和主流媒体一直都是我国主流话语生产与传播的主体。随着新媒介时代的来临，政治文化生活的日常化与媒介化使民间主体，特别是青年亚文化群体

---

① 《将灾难萌化是媒体之耻》，新浪微博，2020 年 7 月 22 日，https://weibo.com/ttarticle/p/show? id=2309634529635739172967。
② 潘祥辉：《传播失灵：一种基于信息传播非理想状态的研究》，《浙江学刊》2012 年第 2 期。

参与政治的自觉性与主动性不断增强。因此,他们构成当前主流
话语生产的另一重要主体。这极大地改变了过去主流意识形态建
设的整体面貌,形成了一种多元文化主体共建与共构的生态格局。
从现实效果来看,经过媒介"赋权"的青年文化群体积极参与政治
议题,有效地打破了过去政治宣传中可能存在的圈层封闭、模式固
化、互动较低、影响不足等问题。与此同时,青年亚文化群体的媒
介活动与语言行为具有差异化、立体化、情感化、社交化等特点。
他们积极参与政治议题,贡献出自身对变革主流政治话语内容和
话语方式的集体智慧,进一步弥合了主流话语与社会大众在内容、
话语、策略、效果等方面的鸿沟,有效提升了主流话语对社会大众
的引导力、传播力、向心力,全面提高了当前政治传播的整体水平。
从这一意义上说,多元文化主体协商共建与共治的政治文化生态
是当前社交媒体时代的一种新型社会文化形态,其所具有的丰富
性、多元性、开放性和对话性等文化特征有助于推进我国社会主义
的政治沟通和民主治理。

二、强化主流话语的价值引领功能

基于多元主体协商共建的政治文化生态有效地改善了主流话
语生产与传播的整体格局和传播水平。与此同时,还应注意到的
是,"萌化"政治现象可能对主流价值导向存在一定的消解风险,并
最终背离主流话语体系建设的初始目标,引发次生舆情。有学者
指出,政治传播功能主要指政治传播在维护秩序、构建合法性、创
造共识和促进公共协商方面发挥的作用①。在传播方式遭到全面

---

① 祖昊:《"政治逻辑"视野下政治传播的功能及其意义探析》,《贵州师范大学
学报(社会科学版)》2020 年第 1 期。

重构的社交媒体时代,主流话语应通过适应新媒介技术与新话语形式来实现变革与创新。通过检视政治"萌化"现象的历史,不论是官方组织机构的"传播失灵",还是作为亚文化的"萌文化"群体对主流话语的泛娱乐化①消解,都在一定程度上给主流话语建设带来了挑战和风险。这在另一层面上也要求官方主流机构应首先树立自觉的政治主体意识,始终坚持"思想为王""内容为王"的价值旨归,深刻贯彻主流政治意识和社会主义核心价值观在主流话语生产中的主导性地位,维护主流话语的权威性。从某种程度上说,"萌文化"群体参与政治议题之所以一度赢得了官方的肯定,是因为其爱国情怀与政治认同。反观"红旗漫"与"江山娇"遭遇"萌文化"群体抵制,"萌化"灾难被视作"媒体之耻",以及网络上出现的诸如"官媒要有官媒的样子"的评论,实际上都可视作社会公众对主流政治话语应坚持价值引领的一种"召唤"。从这一意义上说,强化网络空间主流话语的价值引领功能和效果,不仅是官方机构开展主流意识形态建设的题中之义,也是社会公众对主流话语的一种价值认同和情感期待。

三、推进主流政治话语的创新性表达

在政治文化领域,"如何说"是与"说什么"同等重要的问题。在信息技术快速迭代的语境下,社交平台已全面渗透于人类社会的组织结构和生活方式的各个方面,重塑了人类交往和沟通时的话语选择和路径模式。新的媒介生态催生出全新的网络化表达方式,也直接驱动着主流政治话语做出创新性表达。有论者指出,社

---

① 马川、孙妞:《"政治萌化"不等于"政治娱乐化"》,《廉政瞭望》2020年第17期。

交媒体的兴起使"政治传播面临新的竞争和创新表达的要求"①。
"萌化"的政治与政治的"萌化"体现为新技术背景下的公共话语进
一步融合的趋向,生动地呈现出官方舆论场与民间舆论场在互联
网空间实现信息交互与话语交融的真实图景。"萌化"作为一种新
的话语表达方式,是政治情感化、大众化、社交化的具体体现。它
不仅能有效地增进主流价值对青年网民群体的情感亲和性,还能
进一步推进政治传播方式实现从过去单一化理性表达向多样化的
情感沟通转换。随着新信息技术的不断发展,主流政治话语的创
新表达将成为一项重要议题。例如,荆学民指出,传播技术的发展
改变了意识形态的展开形式和传播方式,受新的媒介语言和传播
方式的影响,从理性表达到感性感染"甚至到场景体验是政治传播
方法转型的必然方向"②。政治的"萌化"为我们探讨主流话语方式
的创新性表达带来了诸多启示,它也与学界近些年讨论的"修辞传
播""柔性传播""软传播""情感传播"等议题共同形成了有关信息
迭代语境下,主流话语创新表达的一种多声部叙事。

　　政治"萌化"现象是新媒介生态环境下主流话语与青年亚文化
实现互动与互构关系的必然结果,呈现出我国当前政治文化领域
的一种全新的传播格局与话语创新形态。由于生产与传播主体的
不同,政治的"萌化"呈现为不同的知识体系与价值观念。具体而
言,以官方机构和权威媒体为主体的政治"萌化",其目的和意义是
确立主流政治话语在公共领域中的权威性和引导力。从这一意义

---

① 彭剑:《政治传播话语:概念界定及创新表达》,《编辑之友》2021年第1期。
② 荆学民:《探索中国政治传播的新境界》,《中国人民大学学报》2016年第
　　4期。

上说,"政治"与"萌化"之间实质上构成了一种"经"与"权"的关系:强化主流话语的权威性和引导力是"经",采用"萌化"策略介入主流话语的生产是"权"。对于"万物皆可萌"的青年亚文化群体而言,"经与权"的关系似乎被颠倒了,它既体现出新话语方式对当前网络文化建设的适应性,也暴露出这种话语方式可能存在的消解主流意识形态的风险。因此,亟须对此加以调适并进行正确引导。具体来说,一方面,官方政治主体需要及时应对新媒介、新技术提出的挑战,适应信息传播时代的话语形态,充分发掘民间话语参与主流话语生产与传播的积极性因素;另一方面,也是更为重要的,主流文化建设始终应具有明确的政治主体意识,强化主流话语的价值引领功能,实现主流价值观念在互联网空间的主导性和向心力。后者既是克服主流话语"传播失灵"的重要尺度,也是持续推进当代主流话语建设、实现高质量发展的根本要素。

　　通过上文对政治"萌化"的历史与问题的具体论述,我们可以看到其经验和教训都是十分深刻的,它至今仍是我国主流话语建设所面临的一项重要议题。笔者认为,只有充分把握"经与权"关系,立足于建构多元文化主体的生态格局,强化主流话语的价值引领,推动话语的创新表达,才能持续推进主流文化建设的理论创新与实践发展。

第十章

偶像"泛化"与青少年榜样教育路径的重塑

榜样对于一个社会、一个民族来说,具有重要的精神引领和价值示范意义。习近平总书记指出,"伟大时代呼唤伟大精神,崇高事业需要榜样引领"①。对于价值观尚未成形的青少年群体而言,榜样是青少年社会化和人格养成阶段的"重要他人",对他们的心理认知、情感认同及行为实践等方面发挥着重要作用。从这一意义上说,探索构建"榜样教育"模式和实践方案,有助于巩固现阶段的思想政治教育成果,并进一步增强主流文化价值对青少年的引导力与向心力。

不过,在社交媒体平台迅猛发展、文化工业高度繁荣的今天,青少年群体的"偶像崇拜"已进入一个"泛化"的时代。我们可以从下面三个方面概括"泛偶像"的内涵。一是青少年崇拜的对象较之过去更加丰富,不仅有明星偶像、行业偶像、平民偶像、朋辈偶像、另类偶像,还有偶像人物,甚至是虚拟偶像等。二是崇拜的标准变得多元和泛化,体现在各种不同的价值取向、审美观念、心理需求上,甚至一个人可以同时有多个偶像,或在不同阶段有不同的偶像。这也导致了青少年对偶像的崇拜存在不稳定性与易变性(如"路转粉""粉转黑""脱粉回踩"等已成为常态)。三是

---

① 习近平:《论党的宣传思想工作》,中央文献出版社2020年版,第20页。

青少年的"泛偶像"现象与行为常被商业资本或消费主义裹挟。由于偶像被"泛化",偶像崇拜呈现出持续时间短、更迭快、驳杂化等特征,使偶像本身的榜样教育功能和价值被消解,甚至出现了"榜样虚无主义"①倾向。从这一意义上说,青少年群体的"泛偶像"现象潜藏着价值涣散与信仰缺失的精神危机,值得引起高度警惕。

近些年,针对青少年群体的"无底线"追星行为及潜在的诸种意识形态风险,中央网络安全和信息化委员会办公室、国家广播电视总局、中国演出行业协会、中国网络视听节目服务协会等各部门针对文娱产业和网络环境治理,密集地颁布了多项专项政策法规,有效地遏制了"畸形"的"饭圈"文化和网络追星乱象,净化了青少年的上网环境,规范了文娱领域的传播秩序。

时至今日,互联网文化治理已成为"泛偶像"时代的一项外在性制度背景。但是,如何从内在维度推进网络精神文明建设,实现对青少年群体的价值引领教育功能,仍有待进一步开掘和探讨。本章主要结合问卷调查、虚拟民族志、参与式观察和半结构式访谈等方法,对当前青少年群体的追星行为和偶像崇拜现状展开调研,对偶像"泛化"的行为特点、价值标准、情感关系、意识形态等进行分析,并结合当前思想政治教育和校园文化建设的相关实践,探讨青少年榜样教育模式的构建路径。

---

① 米丽艳:《历史虚无主义"虚无"榜样的表现、危害及其批判》,《马克思主义理论学科研究》2021 年第 5 期。

第一节 从偶像崇拜到榜样教育

一、偶像崇拜的历史回溯

偶像崇拜在今天被视为一种多见于青少年群体的社会心理现象。不过,在远古时期,偶像崇拜却是一种与宗教信仰有密切关联的社会文化。1897 年,W. 克鲁克(W. Grooke)在《神的束缚:偶像崇拜的基础研究》一文中追溯了从石器崇拜(stone-worship)、木质偶像(wooden idol)到人格化偶像(anthropomorphic idols)的演进过程。对古人而言,神的本质力量体现在神像之中①。由此,偶像对社会历史、文化生活、道德秩序、人格养成等产生着重要影响。在中国,传统的偶像崇拜体现出丰富的文化伦理意味,它受儒家伦理价值观的直接影响,主要表现为一种基于血缘和地缘关系的祖先崇拜和圣人崇拜。尹金凤指出,中国传统的偶像崇拜对象主要为君王和圣人,他们是传统宗法社会中人们的精神寄托、道德依据和道德标杆。进入近代社会以后,中国人的偶像崇拜经历了从偶像破碎到偶像重建的过程②。E. 杰弗里斯(E. Jeffreys)回溯了中国1949—2019 年的偶像崇拜历史,概括了当代中国偶像崇拜经历的从革命英雄、政治模范、艺术人物到明星、名人的变迁历程③。还有

---

① W. Crooke, "The Binding of a God: A Study of the Basis of Idolatry", *Folklore*, 1897,8(4).

② 尹金凤:《中国近代偶像崇拜变迁与中华民族道德生活》,《求索》2010 年第 3 期。

③ E. Jeffreys, "Modern China's Idols: Heroes, Role Models, Stars and (转下页)

学者总结了自改革开放以来青年偶像崇拜的五个阶段及特征，分别为极端个人崇拜的反思和自我意识觉醒（20 世纪 70 年代末 80 年代初）、多元偶像崇拜取向（20 世纪 80 年代中后期）、娱乐导向和自我导向相融合（20 世纪 90 年代）、过度娱乐导向（21 世纪的第一个十年）和以正能量偶像为主导的多元偶像崇拜并存（"新时代"以来）①。在社交媒体时代，"微名人"作为一种新兴的"准偶像"或"泛偶像"，对网民的社会生活、消费行为、身份认同等也发挥着重要的意见领袖功能②。

二、偶像崇拜与榜样教育的转化机制

如果说偶像崇拜是一种主要存在于青少年群体的心理文化现象，榜样教育则可以说是基于这一"心理补偿机制"而开展的价值引导实践。有观点认为，偶像崇拜冲击了学校的榜样教育③，但仍有不少学者指出，偶像崇拜和榜样教育之间存在共通之处，二者是可以相互转化的④。学者张嘉淇通过对香港地区的青少年展开调研，探讨了偶像崇拜与"身份构建"（identity constuction）⑤和"身份

（接上页）Celebrities", *Journal of Multidisciplinary International Studies*, 2012,9(1).

① 黄雪梅、赵雷：《改革开放 40 年青年偶像崇拜的演变与启示》，《青少年学刊》2019 年第 4 期。

② 汪雅倩：《从名人到"微名人"：移动社交时代意见领袖的身份变迁及影响研究》，《新闻记者》2021 年第 3 期。

③ 白彦民、程建华：《新时期偶像崇拜冲击下学校榜样教育的发展》，《教学与管理》2012 年第 12 期。

④ 孙宏艳、耿雅倩：《从偶像崇拜到榜样教育》，《人民教育》2021 年第 7 期。

⑤ Cheung Ka-ki, *Idol Consumption and Identity Construction: A Study of the Young Fans of Popular Singers in Hong Kong*, The Chinese University of Hongkong, 2002.

实现"(identity achievement)①之间的关联,认为青少年粉丝在崇拜偶像的过程中可加深对自我的了解,进而建构出个人的身份认同,形成契合自身心理需求的价值观念与精神信念。从这一意义上说,偶像作为"阳光或路标"(idols as sunshine or road signs)②,具有重要的精神导引作用。据此,岳晓东提出"偶像榜样化教育"(idol transformation education,简称 ITE)观念,并概括出四种可操作的原则,具体为参与性原则、批判性原则、疏导性原则和自助性原则。在他看来,"偶像榜样化教育旨在建立多元化的偶像崇拜模式,淡化对偶像的顶礼膜拜,强化对偶像的榜样学习,学会批判思维"③。由此而言,偶像崇拜是促进青少年实现自我成长和人格发展的一条重要途径。

三、榜样教育的理论资源与现实困境

偶像崇拜的普遍性及潜在的盲目性和娱乐化特点使偶像崇拜几乎总是以一种负面形象出现在主流话语当中。批判者通常认为,偶像崇拜缺乏社会理性,所以需要摒弃这种陷阱和虚幻。相较之下,榜样教育则体现出明显的正向意义。学界对于榜样教育的理论资源也展开了丰富的探讨。例如,袁文斌立足于古代德育理

---

① C. Cheung, X. D. Yue, "Identity Achievement and Idol Worship among Teenagers in Hong Kong", *International Journal of Adolescence and Youth*, 2003, 11(1).

② C. K. Cheung, X. D. Yue, "Idols as Sunshine or Road Signs: Comparing Absorption-Addiction Idolatry With Identification-Emulation Idolatry", *Psychological Reports*, 2019, 122(2).

③ D. X. Yue, "On Idol Transformation Education—Thoughts for Helping Young People to Benefit from Idol Worship", *Asian Journal of Counselling*, 2010, 17(1-2).

论和实践,总结出重视身教、身体力行、师德为先、环境熏陶、内修自省等传统的榜样教育理论①;刘靖君、屈代洲具体追溯了西方的榜样教育理论和实践,认为西方的社会学习理论、社会心理学、发展心理学和人文主义心理学等均对榜样教育做了深刻的理论阐释,给我国的榜样教育带来了重要启示,即价值引领、尊重主体、注重过程和创设环境等②;还有学者深入考察了百年来中国共产党榜样教育的历史经验和现实启示③,探讨了毛泽东榜样教育的标准、方式、经验等④。

榜样教育有丰富的理论资源,但不得不指出的是,在偶像"泛化"及消费主义盛行的时代,我国的榜样教育仍面临诸多现实困境。有学者概括出相关困境的具体表现,如榜样教育方式单一化、传统榜样形象边缘化、媒体榜样宣传驳杂化等⑤,并指出当前青少年榜样教育存在理念滞后、形式单一、内容单薄、力度不够等问题⑥。

综上,我国当前的榜样教育面临着新的形势、新的问题,这不仅体现为偶像"泛化"的客观现实,也暴露出榜样教育本身的内在危机。与此同时,这又给高校开展思想政治教育提出了新任务与

---

① 袁文斌:《中国古代榜样教育理论及其当代启示》,《河北学刊》2010 年第 1 期。

② 刘靖君、屈代洲:《西方青少年榜样教育的理论释义及启示》,《湖北社会科学》2014 年第 12 期。

③ 陈玲、阿丽努尔·塔斯恒:《中国共产党榜样教育的历史经验与现实启示》,《学校党建与思想教育》2022 年第 14 期。

④ 颜柯、宋智敏:《毛泽东榜样教育:标准、方式与启迪》,《湘潭大学学报(哲学社会科学版)》2016 年第 3 期。

⑤ 杨帅、张庆美:《"泛偶像"时代青少年榜样教育》,《思想政治课教学》2021 年第 10 期。

⑥ 李艳玲、刘清生:《开展大学生榜样教育探究》,《学校党建与思想教育》2020 年第 22 期。

新要求。有关如何在"泛偶像"时代探寻榜样教育的新路径,仍需我们在深入了解当前青少年偶像崇拜行为特征的基础上,从理念、内容、形式等层面做出全方位考虑。

第二节　青少年偶像崇拜行为的新动向

"00 后"青少年群体成长于文化产业、消费文化及社交媒体技术高度繁荣的社会环境,导致偶像崇拜呈现出一系列新特征。在本节,笔者对青少年追星现象展开深入调研,并就其偶像"泛化"的新趋势做出四个方面的概述。

一、追星行为的日常化

偶像崇拜是人类独有的一种象征性实践。在前现代社会,它作为一种集体性意识形态和社会实践,通过对神、圣人、祖先、图腾、英雄人物等的崇拜,体现出一种宗教习俗的意蕴,其行为也最富于仪式性特征。进入消费社会之后,随着信息技术与文化工业不断重构人们的生活领域,偶像崇拜的概念得以泛化,并逐渐渗入人们的日常生活,成为当代流行文化的重要组成部分。相关调查数据显示,在我国青少年群体中,有 50％的"95 后"和 70％的"00后"都属于追星一族[①]。追星行为呈现出低龄化、组织化和日常化的发展趋势。笔者在对 1 037 名青少年学生的调查中发现,有78.9％的人曾有不同程度的追星行为。多数学生表示"有自己喜

[①]《想要孩子树立正确的偶像观,父母的引导作用必不可少》,澎湃百家号,2022 年 8 月 2 日,https://m.thepaper.cn/baijiahao_19303917。

欢的偶像”,"每天会花时间关注偶像动态和娱乐资讯","追星能给自己带来正能量"。近年火爆全网的"肖战粉丝风波"(2020)、"打投倒奶事件"(2021)、"EDG 夺冠事件"(2021)等,都引起了大量青少年学生的关注和参与。他们对自己崇拜的偶像表现出极大的热情,并将之视为寻求身份建构、社会认同和情感表达的最为重要的方式。不仅如此,粉丝群体还自发组织了一系列圈层化社群,即所谓的"饭圈"。它已成为一种普遍化、日常化甚至职业化的利益圈层,活跃在各大网络社区。"饭圈"及"饭圈化"对社会活动的广泛渗透,已对风清气正的网络家园的建设构成了潜在威胁。针对青少年"无底线"追星的乱象,近些年的政策界与学界已就其风险和治理进行了丰富的讨论①。

二、崇拜标准的多元化

从宗教意义上说,偶像崇拜具有完全的独一无二性(uniqueness)②,并与其他的偶像之间存在根本的界限和内在性冲突。尽管当前关于偶像崇拜的讨论仍出现了关于"唯粉"与"团粉"之辩,但不得不指出的是,青少年的偶像崇拜较之过去强调"神圣性""唯一性"和"纯粹性"的生态格局已发生重要变化。《中国青年报》2021 年的一项调查显示,95.2%的受访青少年表示会将袁隆平、吴孟超等著名科学家作为人生偶像③。一方面,青少年可崇拜

---

① 席志武、李华英:《"饭圈文化"对网络主流意识形态的潜在风险及治理对策》,《安徽师范大学学报(人文社会科学版)》2022 年第 2 期。

② J. M. Frame, *Systematic Theology: An Introduction to Christian Belief*, Phillipsburg, 2013, pp.56 - 57.

③ 《95.2%受访青少年会将袁隆平吴孟超等科学家作为人生偶像》,《中国青年报》,2021 年 6 月 3 日,http://news. youth. cn/jsxw/202106/t20210601_12987094. htm。

的偶像对象变得丰富多样,他们不再只是将偶像明星作为崇拜对象,近些年还出现了包括行业偶像、平民偶像、另类偶像、虚拟偶像、微名人等在内的多元化崇拜对象。在网络社区中,"追星就追这样的星""追星就追子弟兵""追星就追科学家""追星就追人民英雄""怎样为自己寻找一个优质偶像"等话题,已成为青少年网民的公共议题,引发了广泛热议。另一方面,青少年偶像崇拜的标准出现泛化趋势。相关标准的内涵涉及精神品格、人生意义、职业技能、生活态度、颜值正义等多个维度。与此同时,笔者在调研和访谈中发现,一些青少年学生对追星持审慎态度,"保持理智""不疯狂""不盲目跟风""不影响公共秩序和自己的生活"等正成为一种普遍共识。相较于那些"高高在上"、遥不可及的巨星而言,中小学生也开始更加注重那些能给自己的学习和生活带来榜样力量的人物。有学生明确表示,"追星是为了成为像偶像一样的人","偶像不一定非得多么光鲜亮丽,也可以是平凡朴实的","天王巨星离我太遥远,生活中的平凡偶像能让我在想起他们时内心就充满力量,觉得人生有希望"。可以说,青少年的偶像崇拜行为已渐趋理性。用利奥·洛文塔尔(Leo Lowenthal)的话说,该行为呈现出一种从"消费偶像"(idols of consumption)转向"生产偶像"(idols of production)①的趋势。

三、情感关系的虚拟化

随着平台化社会的来临,基于人工智能、AR、VR、3D、5G、区块链、NFT 等技术的社交平台正成为人们社会生活与文化交往的重

---

① L. Lowenthal, *Literature and Mass Culture: Communication in Society* (Vol. 1), Routledge, 1984, p. 211.

要场景。这也进一步重构了"数字原住民"的偶像崇拜生态,促使青少年群体在网络世界中与一种特殊形态的偶像(虚拟偶像)建立起情感连接。近年来,虚拟偶像已成为一股不容忽视的力量,它通过不同的平台社区(如微博、B站、抖音、小红书等)与粉丝群体进行嫁接,在多场景应用中显示出巨大的商业价值和文化影响力。据相关行业分析:2023年,我国虚拟偶像核心产业市场规模达205.5亿元[1];在虚拟偶像的关注者中,80.6%的人为"90后"和"00后"的二次元爱好者,而且多数人愿意为虚拟偶像产品付费,消费金额呈明显增长态势[2]。

目前,国内已出现一批吸引了海量粉丝的虚拟偶像,有代表性的如洛天依、A-SOUL、柳夜熙、AYAYI、天妤、利柏特、集原美、RiCH BOOM、翎_ling、秦佑之等。虚拟偶像的风行体现了人类冲破物理局限的"技术想象"。从粉丝崇拜者方面来说,他们"看重的仍然是其提供的情绪价值",粉丝与虚拟偶像之间是一种"以情感的需求和满足为核心的"准社会关系[3]。笔者在调研中发现,有超过八成的青少年学生对虚拟偶像有一定了解,他们喜爱虚拟偶像的原因也多种多样,如"虚拟偶像有漂亮的外形,'萌化'的动漫形象容易被年轻人接受","虚拟偶像是完美的,你永远不用担心他/她会'塌房'","洛天依的中国风音乐满足了我对传统文化的美好想象,给我带来了一个美丽、纯净的世界"。不仅如此,虚拟偶像与

---

① 《【行业分析】2023 年中国虚拟偶像核心产业市场规模将达 205.5 亿元》,哔哩哔哩,2022 年 4 月 20 日,https://www.bilibili.com/read/cv16223112。

② 《2022 年中国虚拟偶像行业研究报告》,艾瑞咨询,2022 年 10 月 19 日,http://www.199it.com/archives/1502180.html。

③ 刘胜枝、施丙容:《亲密关系的乌托邦试验——青年群体虚拟偶像崇拜的文化研究》,《中国青年研究》2022 年第 11 期。

粉丝之间的互动也激起青少年的狂热兴趣,粉丝们的二次创作不仅对虚拟偶像的企划生态做了有效补充,也巩固了粉丝群体的内部团结,进一步缔造出粉丝对虚拟偶像的情感依赖及粉丝内部的亲密关系,如 A-SOUL 被粉丝们亲切地称作"一个魂儿"。随着虚拟偶像产业的蓬勃发展,这种基于虚拟偶像而凝结的情感关系无疑将成为青少年偶像崇拜的新趋势。

四、价值形态的消费化

偶像生产与制造的背后无一例外地隐藏着一种操作机制。不论是早期的宗教性偶像,现代社会的偶像明星,或是网络社会的虚拟偶像,都涉及观念与实践层面的意识形态内涵。意识形态最初来自个人或群体偶像崇拜的宗教性信仰。D. T. 科伊齐斯(D. T. Koyzis)将所有的现代世俗意识形态视作偶像崇拜的亚种,是古代偶像崇拜现象的现代形式,"根植于圣经中偶像崇拜的范畴"①。在"躲避崇高""消解宏大叙事"的后现代主义社会,消费主义的蓬勃发展及铺天盖地的由媒体制造的泛娱乐化信息使青少年一代慢慢丧失了对政治参与和主流价值的热情,而深陷消费主义浪潮,对媒体制造的各种幻象"顶礼膜拜"。相关调查显示,多数追星者都有"氪金"行为,如为偶像"打 call"、购买偶像作品和演唱会门票等。更夸张的是现在还出现了"逼氪"一词,意思是粉丝被迫购买专辑或偶像代言的产品,若完不成额度便会面临"开除粉籍"②的风险。就此而言,青少年追星容易受到商业资本的操控,粉丝群体也

---

① D. T. Koyzis, *Political Visions and Illusions*, InterVarsity Press, 2003, p.22.

② 《粉丝团强迫"氪金"? 专辑买不够 200 张开除"粉籍"……》,中国青年网百家号,2021 年 5 月 17 日,https://baijiahao. baidu. com/s? id=1700 (转下页)

被称为"粉丝消费者"（fansumer，即"fan"与"consumer"的结合）①。
在偶像"泛化"时代，轰炸青少年的消费信息是多方面的，各类媒体
的营销信息势不可当。这不仅冲击了主流意识形态对青少年的引
导力和向心力，也对青少年的价值观念形成了一种意识形态控制，
其背后的深层机制便是消费主义意识形态。J. 贝拉德（J. Berard）
等人在《消费青春：通过消费文化引领青少年》一书中指出，消费不
仅制造了青少年的欲望，还塑造了一种消费导向的价值观念②。可
见，青少年不仅是消费的主体，还成了被商业资本消费和操控的
对象。

第三节　青少年榜样教育路径的重塑

在偶像"泛化"时代，青少年学生的偶像崇拜出现了一系列新
特征和新问题，不仅给我国的主流意识形态建设带来了新挑战，也
凸显了当前榜样教育的现实困境。据此，有论者分析指出，是"媒
体炒作之风严重""媒体宣传不当和引导失语""媒体偶像宣传驳杂
化"③等因素造成了榜样教育的困境。笔者认为，这一分析虽不无
道理，但仍只是立足于外在性角度，不免有些片面。如前所述，偶

（接上页）0021351418143318&wfr=spider&for=pc。

① K. L. Hyunmin, A. H. Yura, "The New Consumer, Fansumer", The
Sookmyung Times, 2020 - 03 - 16, https://smtimes. sookmyung. ac. kr/
news/articleView. html?idxno=10185.

② J. Berard, J. Penner, R. Bartlett, *Consuming Youth: Leading Teens through
Consumer Culture*, Zondervan, 2010, p.13.

③ 郭青、李奋生：《"泛偶像"时代青少年榜样教育的困境与出路》，《中国青年社
会科学》2017 年第 1 期。

像崇拜与榜样教育间存在共性,二者可以相互转化,其机制是立足内在性心理机制来运作的。就此而言,要在泛偶像时代构建青少年榜样教育模式,不仅需要全面总结和反思过去榜样教育的经验与教训,还应贴合青少年学生偶像崇拜的特点与方式展开针对性工作。

一、更新榜样理念

偶像与榜样之间并非冲突的,二者可以互相转化。这种转化的重要基础,是他们身上均体现出令人着迷和引人注目的人格魅力与精神品格。这是塑造青少年群体的身份认同,并对他们的思想观念和行为方式产生影响的核心要素。塔菲尔指出,"个体知晓他/她属于特定的社会群体,而且他/她所获得的群体资格会赋予其某种情感和价值意义"[①]。偶像/榜样与青少年之间存在精神性和情感性的纽带。由此,思政教育工作者应首先打破"偶像-榜样"的壁垒,破除单一化、绝对化、理想化的"偶像-榜样"观念,深入探讨偶像崇拜与榜样教育共通的精神内涵及情感与价值意义。同时,引导学生从关注人物转变为关注精神品格及其内涵为核心。其次,以时代发展为经,以精神内涵为纬,总结并融汇中华传统优秀文化、革命文化和社会主义先进文化发展进程中涌现出的优秀人物和精神品格,重塑新时代语境下的榜样精神内涵,在多元化偶像标准基础上,强调榜样精神的主导方向,增进青少年的理解和认同,发掘其指导当下精神文化生活和破除榜样虚无主义的现实功能。再次,正确看待青少年的偶像崇拜现象,对青少年崇拜的对象

---

① H. Tajfel, *Differentiation between Social Groups: Studies in the Social Psychology of Intergroup Relations*, Academic Press, 1978, p. 63.

与行为做具体分析，探讨深层的心理机制，并将其所崇拜的精神内容与丰富的榜样教育资源加以接续，引导青少年的价值取向和行为方式。最后，立足榜样精神内涵，结合青少年熟悉的社会文化生活，充分发掘"朋辈榜样""平民偶像"，结合校园文化建设和课程思政教育，建立青年学生"学习榜样"和"成为榜样"的长效性制度机制。所谓偶像"泛化"，"泛"的只是偶像人物和崇拜的对象，而不是"偶像-榜样"的精神。从这一意义上说，它为学校更新榜样理念和内涵提供了教育实践的可能。

二、讲好榜样故事

以往的榜样教育出现的一系列困境暴露出我国榜样教育在模式上的问题。我国有光辉灿烂的优秀文化，在革命年代和社会主义改革发展事业中也涌现出一大批光辉璀璨的人物。我们从来不缺好的榜样。但是，从学校思政教育层面来说，多数教师对于如何"讲好榜样故事"却疏于实践效果层面的探讨，而只是将其作为一种政治宣讲和思想教育任务，以至于出现了诸如一些受访学生所认为的"内容单一""模式陈旧""话语老套""不够生动"等问题，使榜样教育无法有效达到"以德育人"的目标。相比之下，一些商业媒体和自媒体却因其在讲述偶像故事时的生动性、丰富性、趣味性等特点，赢得了青少年的青睐与共情。就此而言，讲好榜样故事，是当前开展榜样教育的一项重要议题。首先，教育主管部门要构建起学校的榜样教育体系，发挥宣传部、共青团、学院、教师队伍、实践基地等的合力，明确榜样教育的精神内涵和价值标准，精选榜样的优质资源和素材；其次，尊重青少年的精神需求、心理机制和接受方式，把"如何讲好好的榜样（故事）"作为开展榜样教育的基本前提，推进榜样教育话语转型，以青少年学生乐于接受、易于理解和便于共情的表现方式,实现官方话语对青年群体的引领;再次,青少年学生群体有多元化和个性化兴趣,并形成了不同的兴趣圈层。这意味着相关部门要尊重教育规律,采取分众化和精准化教育策略,加强榜样教育的针对性、个性化,打造求同存异的教育生态格局,实现"破壁入圈";最后,鼓励优秀的青少年学生和校友参与榜样故事的讲述,打破榜样教育中的"教"与"受教"的二元模式,增强榜样故事的说服力和吸引力,提升榜样教育的效果。

三、创新榜样教育路径

近年来,大量追星社群和虚拟偶像的出现与流行昭示着青少年的偶像崇拜与榜样教育进入了一个全新的阶段。榜样形象的表现不足是制约榜样教育效果的一大因素。在媒介融合的大背景下,利用新技术与新平台进行知识学习、文化交往及情感维系,正成为"00后"学生的基本生活方式。互联网平台作为一种形式新颖、资源丰富、传播快捷、影响巨大、互动性强的新型路径,为学校创新榜样教育路径带来了全新的发展机遇,具体建议有如下四点:其一,顺应信息技术变革趋势,注重多媒体形式的综合运用,加强榜样教育的"本校化"资源开发、内容建设和呈现方式,加快推进榜样教育资源与新媒体传播的有机融合;其二,打造学校榜样教育多层级、多维度、多渠道的新媒体矩阵,发挥新媒体在榜样教育中的传播优势,探索榜样教育的多模态化、沉浸式、互动化、个性化传播路径;其三,通过"立人设"的方式孵化切合本校历史和发展定位的虚拟IP品牌或虚拟偶像,强化其与本校学生之间的互动交流和身份认同,让榜样人物和榜样精神"活起来""火起来";其四,探索适应新媒体语境的榜样教育新语态,让更具"网感"的榜样故事和榜样精神深入人心,实现主流价值在青少年群体的"破壁入圈"。综上,榜样教育的平台化是新技术驱动下中小学校进行教育革新与路径创新的一项紧迫任务,也是增强教育效果、扩大教育成效、提升学校文化软实力的必然要求。

与其说偶像"泛化"给榜样教育带来了冲击,毋宁说它为榜样教育带来了新机遇。我们应该看到,一方面,青少年的偶像崇拜现象反映了他们精神文化与身份构建的普遍性和内在性需求;另一方面,发掘丰富的榜样教育资源,强化榜样教育与偶像崇拜之间的共通性转化机制,构建榜样教育的新模式,可以有效地强化青少年的精神文化引导力量。就此而言,学校作为主流意识形态建设的重要高地,不仅要密切关注青少年学生的心理诉求,注重青少年群体在成长与成才过程中出现的各种问题,还要深入反思过去榜样教育存在的问题,实现理论与实践创新,进一步推动榜样教育发挥立德树人、巩固学校意识形态教育的作用。

附　录

与时共生的"亚文化":三十年回顾与展望[①]

[英]迪克·赫伯迪格[②]　席志武　编译

　　2010年5月,著名文化研究学者迪克·赫伯迪格受邀参加斯德哥尔摩艺术、工艺与设计大学举办的以"风格/作为抵抗"(Style/As Resistance)为主题的策展项目。在《亚文化:风格的意义》一书问世30年后,作者回顾和反思了该书的创作过程,并对它"当时主要假设的关联性问题"进行了详细阐述。《亚文化:风格的意义》一书是文化研究与社会学领域的经典著作,它以混合的方法论、奇特的理论和文体风格进行呈现,

---

① 原文发表于《欧洲文化研究期刊》(*European Journal of Cultural Studies*)2015年第3期。译文发表于《中外文论》2024年第2期。本书收录时有改动。

② 迪克·赫伯迪格(1951—　),当代著名文化批评家与理论家,早年在英国伯明翰大学当代文化研究中心攻读硕士学位,师从斯图亚特·霍尔,现为美国加州大学圣塔芭芭拉分校艺术与电影系荣休教授,代表著作有《亚文化:风格的意义》(1979)、《灌制与混录:文化、身份与加勒比音乐》(1987)、《隐在亮光之中:流行文化中的形象与物》(1988)等。

这一基调在作者对新媒体时代的文化现象思考中也得到了延续与深化。本文有助于从学术层面深入了解赫伯迪格的学术思想和伯明翰学派的理论策略,也在实践层面为我国当代学者开展具体的流行文化现象研究带来了启示。

《亚文化:风格的意义》(下文简称《亚文化》)一书完成于1977—1978年,写得较为仓促。其间伴随着一系列事件(如英国朋克的发展)杂乱无序地发生,包括出版截止日期的日益逼近。所以说,该书并不是从容状态下的一种自由创作,所以它的概念架构显得摇摇欲坠、松散且充满异质性。正如许多人的评价:该书是被我写作时的特定语境、社会环境及我所掌握的有限资源"过度决定的"(over-determined)。这里还需补充的一点是,我当时正处于20多岁的年纪,是出身于工人阶级背景的第一代大学毕业生,我的硕士学位是在伯明翰大学当代文化研究中心(CCCS)获得的。该学位点是当时刚刚兴起的一个跨学科领域,名为"文化研究"。

写作这本书时,我已离开了研究中心,在英国的几所省级艺术学校兼职教学工作,同时为一家名为舒普(Shoop)的放克、摇滚、斯卡和雷鬼音响系统做各种低薪的杂活。经营者迈克·霍斯曼(Mike Horseman)是我的朋友、合作者,偶尔也是商业伙伴。也就是说,我并不是在大学的社会科学或人文学科部门赚取工资的、专门从事青年研究的学者,而是处于理查德·佛罗里达(Richard Florida)所说的"无产者"行列——受过教育但就业不太稳定,是后工业时代的"创意阶层"(creative class)。这相当于马克思所说的工业无产阶级(industrial proletariat)。

为了说明《亚文化》一书的混合的方法论、奇特的理论和文体风格形态,在时隔30年后详述该书的创作背景和社会语境,可能是一件有意义的事。首先,这本书并不是我事先写好后主动提交给出版商的。它是我受卡迪夫大学英语教授和编辑特伦斯·霍克斯(Terence Hawkes)的委托而写,被列为"新腔调"(New Accents)系列丛书之一。"新腔调"系列旨在向广义上的英语文学学生介绍新的理论和阐释方法。

"新腔调"系列丛书的定位要求是简短、精炼且易于理解。因为 CCCS 与伯明翰大学英语系有历史沿革和行政管理上的联系,霍克斯找到了时任中心主任的斯图亚特·霍尔,询问近年的毕业生中是否有人能从符号学角度撰写一本关于青年亚文化风格的入门读物。霍尔举荐了我[1]。

全职在 CCCS 度过的两年时间(1972—1974)中,我只是作为一个研究生组成的团队的成员,其中还包括托尼·杰弗逊(Tony Jefferson)、安吉拉·麦克罗比(Angela McRobbie)、约翰·克拉克(John Clarke)和布莱恩·罗伯茨(Brian Roberts)等人。我们借鉴了菲尔·科恩(Phil Cohen)在 20 世纪 60 年代末对伦敦东区工人阶级和中下层阶级青少年所做的开创性研究[2],共同发展出一种关于青年文化和消费的情境文化模型。《亚文化》出版合同的签订给了我进一步阐述和验证这一模型的机会。据此,我将青年文化、消费和

---

① 除了对伦敦西部酒吧和伦敦职业犯罪环境展开民族志工作外,我以 1974 年提交的硕士论文《20 世纪 60 年代越界亚文化的风格问题研究》为基础发表了四篇研究论文,内容涉及摩登族文化、牙买加和黑人雷鬼乐、粗野男孩,以及拉斯塔法利亚主义(Rastafarianism)。论文的题目分别为《摩登族的风格》《雷鬼、拉斯塔斯和粗野男孩:风格与形式的颠覆》《克雷孪生兄弟:封闭系统的研究》《伦敦西南部的亚文化冲突与犯罪演变》。关于雷鬼乐的章节后收录于格雷等人主编的《CCCS 专刊》第 2 卷(2009),关于克雷孪生兄弟的章节收录于《CCCS 专刊》第 1 卷(2009)。

② 参见 S. Hall, T. Jefferson, *Resistance through Rituals: Youth Subculture in Post-War Britain*, Routledge, 1976。

不服从政治的一些关切,更直接地与美学、符号学和后结构主义等论争联系了起来。

　　我对于 CCCS 早期作品中关于阶级、男性气质和族裔身份的一些观念很有兴趣,所以对之进行了问题化处理,或至少带来研究上的一些细微差别。我认为,这些著作中有很多关于工人阶级男孩和暴力的未加审视的假设,其中的大部分是从 20 世纪 50 年代和 60 年代初英美社会学家关于城市帮派和青少年犯罪的研究中延续下来的。这些假设在英国的有关足球流氓、工人阶级领地主义等问题的研究中仍有余响。我认为有必要对此进行详述,也许还应加以限定。因此,我从一个工人阶级花花公子和"越轨"①角度来看待英国青年文化。对于作为在一定程度上受到摩登党文化影响的人(20 世纪五六十年代我在伦敦西南部长大),并且在时尚/音乐领域保持活跃和有准专业利益的人(我曾在舒普音响系统工作)来说,我在《亚文化》一书中努力"扰乱局势"(queer the pitch),用英国人的话说就是给球加点旋转——再进一步用两个非常英式的运动术语来说,就是斯诺克和板球②。

　　英国朋克兴起于 1976 年底,那时我刚签订了《亚文化》的出版合同,这适逢其时地可以作为我进行理论探讨的一个现成案例。我把"流氓"(hooligan)这个词加上引号,因为它改变了人们在 20 世纪 70 年代理解流行词"危机"的方式。安吉拉·麦克罗比对《亚文

---

①　"越轨"(deviance)是英国在 20 世纪 60 年代末 70 年代初的一个关键词。每年一度的全国越轨会议受到无政府左翼影响,将"越轨"列入新犯罪学的主要议题,而"社会越轨者"是伦敦早期迷幻音乐场景中最有影响力的乐队之一。

②　有关旋转保龄球与板球异质性的隐喻,主要受尼尔·乔丹(Neil Jordan)的电影《哭泣的游戏》(*The Crying Game*, 1992)的启发。

化》中男性主义偏见的批评是准确的，因为这本书的研究对象完全是男孩。当然，考虑到朋克圈当时正在上演的一些男性落魄的闹剧，英国男性气质在 70 年代中后期再次受到了质疑(陷入危机)。

劳拉·基普尼斯①(Laura Kipnis)近年来指出，"二战"结束后，西方的体力劳动力出现衰退，服务业、金融业和信息业相继崛起，全职女性劳动力也在不断扩大，到了 20 世纪 70 年代后期，脆弱性(女性化)已开始更加"公平地分布于不同性别之间"。因此，在朋克时代，也就是在媒体首次报道"都市美男"的 20 年前，一些男孩在某种程度上正成为"新的女孩"。无论如何，我想将"危机"的概念扩展至阶级与劳资对抗(无论文化上是如何调解的)的范畴之外，将性别问题与性、种族和国家认同的冲突问题纳入其中。

霍克斯最初希望《亚文化》这本书专注于黑人青年文化。我说作为一个白人，我不觉得自己有资格为英国黑人青年代言，但我间接地对英国青年亚文化研究中的"种族化"问题感兴趣。由此，我通过将一系列壮观的英国青年风格建构为战后英国黑人中存在的一系列协商或象征性反应。可以说，《亚文化》一书，一方面是对(下层阶级)男性自恋的庆祝和解构，另一方面也是对"英国性"(Englishness)的解构——当然我必须补充的是，写作期间我并未有意识地以这些术语来进行思考。

这本书最终还推出了现在被称为"伯明翰学派文化研究"方法的变体，并助推了当代青年文化研究的一个热门话题——英国朋克。由于国际媒体、时尚和音乐产业的发展，英国朋克最终走向了全世界。无论好坏，英国的两大出口产品——壮观的朋克文化和伯明翰学派文化研究——在《亚文化》一书中被融合在了一起，并

---

① L. Kipnis, *The Female Thing: Dirt, Sex, Envy, Vulnerability*, Pantheon, 2006.

迅速传播开来。对我而言,这当然是好消息。自此以后,我一直在这本小书的外文翻译中进行"理论旅行"——尽管有人会说我对文化研究造成了破坏,因为我给一个严肃的行动主义和学术领域套上了一个华丽的、卡通的外包装。

就我而言,我希望本书展开的"庸俗"(vulgar)内容及其呼吁不仅有助于建立起关于"低级"/"流行"或媒体文化及作为一个高度紧张/有争议的研究领域的合法性,而且有助于确立文化研究的价值和实用性,特别是作为一种弹性的、战略性的、对新兴社会形态和当代文化现象之批判方法的综合体。与此同时,我的感觉是,有一个潜在的更广泛也更多样化的读者群,他们是精通媒体的有机知识分子,而不是流行或学术出版物的读者。他们的目标是消除专业性、学科化的读者与求知欲强的亚文化的、非学术性读者之间的界限①。

作为一个初出茅庐的作家,《亚文化》一书对我而言是一个修辞上和概念上的实验。现在回想起来,我认为当时想做的,有一部分内容是重访理查德·霍加特。他在 1958 年出版了卓具盛名的《识字的用途》,并于 1964 年创办了 CCCS。霍加特关注 20 世纪 50 年代美国化大众媒体和早期消费文化,及大众媒体对两次世界大战期间受到外部环境限制和约束但内部仍有凝聚力的英国工人阶级生活文化产生的脱节效应。在霍加特这一开创性著作出版 20

---

① 为实现这一目标,我努力推动了《亚文化》第二版的原型动漫封面设计。封面采用了中性的星辰小子(Ziggy Stardust)面孔,以期在学术与非学术市场间架起桥梁。出版商一直要求我更换封面,并撰写一篇新的介绍,但我拒绝这样做。就我而言,这个项目已经完成——它完全符合当时的时代和场景,用 20 世纪 70 年代后期大卫·鲍伊(David Bowie)创造的虚构角色作为封面,已完成了最后的印证。

周年后,"识字"又意味着什么?同样,《亚文化》一书问世于 20 世纪 70 年代后期,早于我们今天所处的沉浸式、数字构建、卫星支持的媒体环境普及,但社交网络技术和信息共享平台(如互联网、手机、Facebook 和 YouTube)的文化、商业、政治和认知方面的先决条件是在这时才刚开始凝聚和稳定下来的。

尽管在写作《亚文化》时我可能没有这样去表达,但我当时本能地对追踪社会身份、政治和知识-权力关系如何被社会、经济和技术发展重塑感到有兴趣。面对这些变化,我是否可能摆脱学术出版的困境,去展示一些新的批判方法,既不掩盖所考虑的主题,或制造轰动,或轻视它们,又不引入过多徒劳的行话,也不损害分析的严谨性?

这在 Semiotexte① 时代就已开始。当时,法国理论在 20 世纪 80 年代的一段时间内成了英语世界的新兴潮流。人们越来越意识到,存在一个广阔的尚未被开发的读者市场,那里的人们想要认真而戏谑地思考方言和物质文化。这批新的潜在读者不一定支持文化上被认可的青年和文化"专家"、批评家,以及在电视和高质量报纸上的评论员。他们是对新的视觉和声音敏感的"读者",并且也不一定认同传统上偏好历史进步和文化衰落的大故事。他们不听从那些被视为理所当然的资产阶级品味,不认可那些受过人文教育的精英们的批评准则。事实上,他们不顺从制度化的权威,只是对音乐和/或街头风格/时尚充满热情。

许多人希望从不同的、意识形态上更模糊的有利角度来思考

---

① Semiotexte 是一家独立出版商,主要出版方向为批判理论、小说、哲学、艺术批评、政治文本和非虚构作品等。Semiotexte 成立于 1974 年,最初是由西尔维尔·洛特林格(Sylvère Lotringer)在哥伦比亚大学哲学系领导的符号学读书小组创办的杂志。

当代文化,而不是在通常给定的(如浪漫主义、现代主义、反现代主义等)角度,即在雷蒙德·威廉姆斯(Raymond Williams)所谓的"文化与社会"传统框架中思考。他们希望采取横向和纵向相结合的方式来思考文化,同时从内部和外部进行综合考虑,在不急于做出判断的情况下,去接触亚文化和(非)流行文化的内在肌理和细微差别。他们不想将流行文化和亚文化看作坏的对象或纯粹的社会学分析对象,也不将其视为被神化和陌生化的事物,而是想要与(亚)文化平视。在此,他们发现自身是反身性参与的主体。

所以,这就是为什么《亚文化》这本书的阅读方式应当如此——我希望读者既接近又疏离低俗或"不雅"的材料,而不是像当时学术出版界普遍认为的,以舒心或适当的方式(这也解释了为什么该书第一句话中出现了凡士林管)阅读它。我希望读者们保持活跃,超越批评界认可的文学所规定的规范性立场,去做一个"超然的局外人",或者说做"(不)感兴趣的旁观者""关心社会的公民"或"痴迷的粉丝"。因此,该书的修辞文本策略是不断变换的表达方式和不断滑动的分析尺度[从特殊到单一,再到社会,从内部共谋(insider-complicit)到超然于结构主义(structuralist-detached),等等,然后再回归原点]。

因此,大众新闻业和朋克理论的混合也是如此,即从不同的、不相匹配的资源中进行剪切与粘贴。这是我故意采用的一种回收(scavenge)和再利用的策略,即试图通过讨论某一话题来进行理解,而不是就事论事。英语中有句谚语:"你应该量体裁衣。"意思是说,你应该根据现有情况和资源来安排工作。这也是我想做的:利用手头有限的批评/修辞资源,以便在不到150页的篇幅中,阐述这一主题的意义(书中多出来的50多页包括注释、参考文献和索引等)。同样的方式也使著作的形式(写作和思维风格)能近乎匹配或反映出所参考的内容(如亚文化中的风格)。换句话说，自助的"拼贴"(bricolaged)理论适配于自助的"拼贴"文化。

罗兰·巴特(Roland Barthes)在创作《S/Z》的阶段经常提请人们注意"编织的"(text-ile)和"文本的"(text-ual)两个词的共同词源——文本的编织、缠绕(ravelled)和拆解(unravelled)的表意(signifying)及无意义(a-signifying)线索，等等。我想追随这种联结，通过尝试一种混合的、新兴的和未完成的批判方法——这是我并未完全掌握的符号学路径——来从字面上理解布料剪裁的隐喻，并将之应用于混合的、新兴的文化制造中(如朋克作为展开的行动与事件)。考虑到图书出版周期(当时的数字印刷费时更长)，我至少提前了一年交稿，该书于1978年正式出版。也就是说，此时的英国朋克仍方兴未艾，朋克尚未成为(亚)文化历史学家和/或"我在那里"的回忆录作者的合法性素材。

这种与时共生的(contemporizing)策略并没有什么特别的新意。在我当时对CCCS文化研究使命的理解中，它或多或少也是符合要求的。[毕竟，"中心"的名称中有"当代"一词。这对历史回顾的优先性提出了挑战，就像"当代艺术"中的"当代"一词。既是对"现代"(modern)的挑战，也是对其进行转变的一种方式。]正如斯图亚特·霍尔后来所说，重点不是在真空中完善理论，也不是为了分析文化本身，而是要对当代的紧迫性问题进行引人入胜且有说服力的分析。这些问题可以与学界之外更广泛的群体建立联系，并对他们产生意义。

从另一个角度来看，对理论的"混搭"(mix-and-match)路径只是对旧式现代主义所要求的"忠实于材料"的另一种理解。尽管在朋克中，参照的材料包括工业垃圾、塑料、安全别针、施虐和受虐用具、噪音、情景主义制图、纳粹标志、涂鸦和兴奋剂，等等。换句话说,我追求的是一种低技术含量、旧货店版本的理论——这是一种破衣烂衫的理论方法——它建立在对一次性现成品、社会流通的符号、经典和"次要"文本的回收与再利用基础之上。这也是从法语世界移译的批判理论中汲取的智慧和思想。

"迁回"(détournement)可能是我要尝试去做的事情,但说实话,我并不是在居伊·德波(Guy Debord)的著作中学到这种策略的,而更多是从DJ-ing①和观察DJ的工作中习得的。在20世纪70年代以迪斯科为中心的艺术形式中,DJ-ing还处于萌芽阶段。时至今日,它仍然是一种操控时间和创造空间的艺术形式。在不同的串烧曲目、节拍、音乐类型、抒情主题和旋律结构间,DJ可以通过衔接和流动而建立起情感、情绪和节奏的亲和力。

"迁回"在英语的表述中通常被译为"脱轨"(derailment)。我所追求的是遵循DJ模式的逻辑,可能更接近迁回(re-routing)或重新引导(re-channelling),甚至是一种冒险、自负的狂想理论[rhapsodizing theory,狂想(rhapsodize)源自古希腊语"rhapsodein"(狂想曲),从字面上说,是将歌曲串烧在一起]。正因为与舒普系统的联系——它是伯明翰地下音乐场景中的一个传奇,现已不复存在——我开始发展基于DJ的精神和认识论,这也是我第二本书《灌制与混录:文化、身份与加勒比音乐》(下文简称《灌制与混录》)②的思想核心。该书初稿完成于1978年,与《亚文化》几乎同时。本着

---

① DJ-ing是为现场观众播放录制音乐的行为。DJ是一个表演者,他为舞会或俱乐部氛围创造了一种无缝和延长的音乐混音。1935年,美国广播评论员沃尔特·温赫尔(Walter Winchell)创造了"disc jockey"(唱片骑师)的概念,它由唱片与骑师组合而成。

② D. Hebdige, *Cut 'n' Mix: Culture, Identity and Caribbean Music*, Routledge, 1987.

早期朋克的速成历史精神(如著名的 *Sniffin Glue*① 杂志的格言
"这是一个和弦,这是另外两个,现在组建你的乐队"),要简洁、快
速和压缩,这在两本书中体现得淋漓尽致。

　　所以,我的目标是在截稿时间内将更多内容、细节及尽可能多
的(有时是矛盾的)想法压缩到一个狭小(口袋书大小)的空间,既
不至于浪费读者的时间,让他们失去耐心,也不至于让读者多花一
分冤枉钱(尽管坦率地讲,我一直认为《亚文化》定价过高)。对于
当时从事文化研究的人来说,与其抱怨 X、Y 和 Z 世代的注意力越
来越短,不如缩小规模,迅速地去适应他们。如果知识分子想要在
开源多平台的媒体领域发挥哪怕是最微小的影响,就应该如
此——即便那时这些多平台媒体领域对旧式公共领域形成了挑战
和威胁。当然,公共领域所发生的转变在今天已是日新月异——
微博用户(micro-blogger)习惯在个人主页发布引人注目的 140 字
推文——以至于《亚文化》和《灌制与混录》对今天"微时代"的用户
来说,可能就像三英寸②厚的黄页一样,显得冗长、陌生和陈旧。

　　写作《亚文化》时,我的一部分意图——无论是有意识的还是
无意识的——是要求建立一种新的、临时性的权威,用于对当代文
化现象进行理论上有根据的、存在主义的和政治上更投入的分析。
这种分析,一方面是基于浸入式的伦理学和美学,另一方面则基于
客观的分析方法。其目的是引发人们思考,而不是制定议程。毕
竟,我一直坚持写作的目的,是向读者(包括自己)展示自己的思考
方式,而不是告诉他们应该怎么想。

──────────

① *Sniffin' Glue* 是马克·佩里(Mark Perry)于 1976 年 7 月创办的一本英国风
　格杂志。作为朋克文化的先驱,这本杂志只存在了大约一年的时间。
② 1 英寸为 2.54 厘米。──译者注

　　这种方式在面对现场观众"宣读论文"时尤其适用。我与视觉艺术家合作,他们通常是概念敏锐和有独立思考的人,但对学术写作和学术论证模式往往持怀疑与抵抗态度。从 20 世纪 70 年代中期开始,我第一次在艺术学校任教时,就尝试着将声音、图像和表演动作融入公开演讲。我认为,作为知识分子和教育工作者,不仅要从某种想象的外部立场来回顾和评论文化现象,还应该利用我们掌握的所有手段来影响文化,以一种我们想象未来世界的方式来影响并塑造它。这不一定意味着要在一种明确的意义上规定事物的发展方向。相反,我认为我们必须尽力让观众参与想象的过程,激活每一位观众独立思考的潜力。归根结底,无非是学会如何重塑权威,包括讲台上的权威。不要抹杀权威或试图假装它不存在,因为它的确存在——无论是西方还是东方,我们都生活在"阿亚图拉"①的时代。它不仅存在于基督教堂、犹太教堂和清真寺,也出现在电视、新闻发布会及对话节目中。但我认为,我们必须将自己重新定位为与讲台权威相关的思想者和演讲者。我们需要在被认真对待的空间中玩耍,从外部找到证验我们思想的方法,反对枯竭的、压迫性的传递真理的圣洁模式。

　　我认为,这意味着利用现成的声音和图像力量,去学会使用语言,不仅包括指涉性、教导性或陈述性,而且包括情感性、有效性和暗示性,以这些方式而不是在强制性/命令式的模式中找到我们的权威。我喜欢让观众当场拼凑作品,在聆听的过程中直接展示。这样做不是因为我有意要保留什么,实际上我没有,也不是因为我提出的论点不能完全成立(尽管它们也许并不完全成立),而是因为

---

① 阿亚图拉(Ayatollah)是伊朗高级十二伊玛目派神职人员的尊称。该称号在 20 世纪被广泛使用,用以泛指一种精神权威。

那些未解之谜悬而未决。某种程度上,我是为了激发观众,让他们尝试解决,并使问题朝着一种我无法预料或无法控制的方向发展。

从个人层面上说,我刚才提到了那种类型化的艺术学生天才。实际上,我对那些理论上娴熟的人感到矛盾。我更喜欢将我试图传达的信息隐匿在混合物中。一般来说,我无法总结我试图表达的内容。在《亚文化》问世之后,当我第一次受邀在公众面前发表演讲时,我感到紧张和害怕。为什么他们要付费让我跋涉千里,住在某个酒店"发表论文"?我完全可以在家写好一篇论文,打印出来,然后邮寄给主办方。换句话说,邮差才是应该投递论文的人。我不知道我在现场能增加什么。与此同时,我也发现——并且继续发现——大多数学术会议不仅枯燥无味,而且交流互动的效率极低。在会场,我也无法理解人们在说什么,即使内容并不特别复杂,只是因为我对这种形式感到非常的疏离。

因此,我决定,在接受学术演讲邀请时,忽略观众的期待和学术交流的既定惯例,并尝试发明一些我感觉更舒适的表达观点和论证的方式,如幻灯片、音频、视频剪辑、幽默、节奏、反复、演说手势和多样化的表达方式(在方言、学术性、个性、分析性和咒语式演讲的风格之间任意切换)。在没有 PowerPoint 的模拟时代,我通常选择的格式会对主办机构的技术支持带来压力——我会就我所需要的设备与组织者和后勤人员进行长时间、有时是紧张的交流。事实上,我更喜欢自己在前台以 DJ 或 VJ(主持)的方式进行把控,而不是将其外包给一个隐藏在投影室的技术人员。我发现,主办方经常会认为以我要求的这种方式进行演讲在逻辑上和技术上是不可行的,是不正确的。事实上,这只需做好准备、多去投入、多做一点工作,更重要的是,要有即兴发挥的意愿。

但我也发现,在多数情况下,这些反对意见隐含着他们对我想做的概念或范畴含义的一种深层不适或抗拒。在他们看来，教授不应是"体力"劳动者、技术人员或 DJ 等。大学是 19 世纪知识/实践等级制度的最后避难所，教授移动椅子和桌子，重新配置和修改空间，并直接改变其中的想象空间和行动空间，这种做法仍被视为不恰当的。因此，当我做演讲时，我会尽量留出时间，让大家来讨论关于"演讲"的定义，关于谁或什么来定义并控制礼堂空间，以及如何使用它。这不可避免地将引发争论。我认为，这些对空间的控制和对机构空间的临时占用与夺取，是经常被忽视的政治问题，这需要在文化研究、教学论和教育文化中做积极的探讨。

当然，在今天这样的数字时代，将视觉、剪辑和录音融入各种"现场"演示并不是什么大不了的事情，但在艺术和设计学校外的大多数情况下，甚至在 10 年前，并非如此。就我个人而言，我尽可能地坚持抵制数字技术（尽管在笔记本电脑或闪存驱动器上携带所有东西确实更方便）——我仍然喜欢音频和录像带，而不是 CD、DVD 和数字文件。尽管我现在也经常使用它，但我对 PowerPoint 有一种持久的厌恶——它取消了那些尚未完全成熟的想法，使随机性和意外性的想法不太可能发生，而且信息存储和拼贴的形式容易引发一些趣味的衰退。此外，我执迷不悟地认为，模拟格式仍带有我所说的"真实的污点"（the stain of the real）。也就是说，它们仍是连续的魔法，因为它们与声音或图像的原始来源有直接的物理或光谱联系。这与数字化不同。数字在传递之前先将世界转化为代码，这是对"原始状态"（pristine）的一种复制（事实上，我相信我们正面临一个日益严重的集体免疫系统危机，因为在总体上说，作为一个生物物种，我们身上的泥土气息并不充分）。最后，我更希望别人将我所做的事情视为对中断的 20 世纪 70 年代美国概念主义（conceptualism）表演艺术与录像艺术传统的一种延续，而不是将其与当代人文学科批判著作中的阐释传统进行关联。

　　这些演示文稿的内容和观点可能与它们依赖的模拟档案一样复杂、混乱和有机。例如,20世纪90年代末,我开始着手创作一部关于20世纪中期美国音乐和文化的三部曲。第一部是关于丹尼尔·贝尔格拉德(Daniel Belgrad)所谓的自发性文化,主要将50年代中期美国知识分子和艺术先锋派汇聚一起,涉及杰克逊·波洛克(Jackson Pollock)、披头士乐队和比波普爵士乐(bebop)等。这一部分还包括将自发性作为美国宗教真实性标志的拓展,以及规划和封闭社区(郊区和城外的控制建筑,意识上与即兴冲动相对立)的起源和影响。

　　第二部是《成为动物:种族、恐怖和美国根源音乐》(2007)。在同一时间,我研究了传统的美国根源音乐①和文化,并分析了这些传统在20世纪50年代如何又为何能嵌入并通过(in and though)乡村音乐和摇滚乐的地方现代主义而得到传承。这一部分关注美国南部的社会动态和种族关系,因为它们通过这些音乐的介入象征性地转向了以宠物/牲畜/野生动物/人-动物的认同和融合为基础的、更加安全的语义领域。受雅克·阿塔利(Jacques Attali)启发,我在整个三部曲中关注音乐的预言潜力,并追溯了20世纪中期的美国社会、艺术和政治景观及其与美国今天的一些被隐匿的联系。将三部曲联系在一起的两个根本性问题是:"我们如何从过去走到今天?""是否可能以这样一种方式参与美国当前的启示录式剧情,即从美国的过去找到被遮蔽但可能被激活的反叙事/另一种未来(counternarratives/alternative futures)?"这个过程听起来有些过于

---

① 美国根源音乐(American roots music),也称"Americana",是由美国音乐精神的共享和多样化的传统组成的一种美国音乐的混合体。它特别重视发源于美国南部的音乐形态,包括乡村乐、民谣、布鲁斯、灵魂乐、蓝草乐、福音和摇滚等元素,被视为一种独特的根源导向的音乐。

线性和抽象,实际上,我的工作过程比这更加盲目,更凭直觉,也更执着。我总是沉浸于材料(特定的音乐曲目、图像、视频片段等),并任其驱动,以至于我的想法和主题是从下而上并自内而外地发展,而不是相反。我的观点也是从案例中生发,而不是理念先行。

　　所以,描述"成为动物"理念起源的另一种方式是,它源于我的一个伦敦朋友丹尼斯·艾维斯(Dennis Avis)几年前为我制作的一盘磁带。丹尼斯设计了复古的便携式音响系统,收集了 20 世纪 50 年代中后期的美国乡村摇滚、布吉乐、R&B 和牙买加斯卡黑胶单曲等。他以"Wheely Man"作为 DJ 化名在伦敦酒吧里收集音乐。他将唱机转盘和扬声器内置于带轮子的格子布购物袋,上面有一个芭比娃娃舞者,连接着汽车天线制成的弹簧,插在酒吧控制台的边缘。这盘磁带在对话中融入了很多动物音频的内容,包括一些很难找到的 20 世纪 50 年代的深奥音乐,如麦考密克兄弟(McCormick Brothers)的《比利山羊布吉》(*Billy Goat Boogie*)和《红母鸡布吉》(*Red Hen Boogie*)、伯尼·赫斯(Bernie Hess)的《野猪布吉》(*Wild Hog Boogie*)和军校生乐队(the Cadets)的《丛林搁浅》(*Stranded in the Jungle*)等,还有一些十分知名的作品,如大卫·巴塞洛缪(David Bartholemew)的《猴子说出了它的想法》(*The Monkey Speaks His Mind*)。这首歌以猿猴的口吻对进化论进行了反击。我就此添加了很多农场和丛林的摇滚乐样本,如唐·伍迪(Don Woody)的《爬错树了》(*Barkin up the Wrong Tree*)、汉克·米泽尔(Hank Mizzel)的《丛林摇滚》(*Jungle Rock*)、芬德曼乐队(the Fendermen)的《骡夫布鲁斯》(*Muleskinner Blues*)、查理·费瑟斯(Charlie Feathers)的《谈论爱情》(*Talkin about Lovin*)。后来,我又加入了许多汉克·威廉姆斯(Hank Williams)时代的乡村音乐,并将其与理查德·彼得森(Richard Peterson)在《创造乡村音乐》

(1999)一书中提供的叙述内容进行对照。这包括“老大党”(Grand Ol'Opry)的起源和亨利·福特(Henry Ford)在 20 世纪 20 年代后期发起的推广盎格鲁-撒克逊广场舞及小提琴乐的运动。福特称之为“颓废的-原始的”(“黑人和犹太人”)爵士乐和布鲁斯。然后，我开始拼接在“无所庇护”(Without Sanctuary)展览中收集到的私刑图片、让-米歇尔·巴斯奎特(Jean-Michel Basquiat)的绘画、安迪·沃霍尔(Andy Warhol)“种族骚乱”的系列画作、丹尼斯·科文顿(Dennis Covington)在“沙山救赎”(2009)①中的弄蛇者照片，还有查尔斯·劳顿(Charles Laughton)执导的《猎人之夜》(1955)视频片段，凯特·史密斯(Kate Smith)晚间节目[与汉克·威廉姆斯和朱恩·卡特(June Carter)的现场演出]的视频片段，《比弗利乡巴佬》[由莱斯特·弗拉特(Lester Flatt)和厄尔·斯克鲁格斯(Earl Scruggs)客串出演]，《解脱》[由约翰·博尔曼(John Boorman)导演，1972]中的班卓琴决斗场景片段(摄于西弗吉尼亚州的一个白色圣洁教堂)，以及一部关于蓝草音乐的纪录片片段[展示了比尔·门罗(Bill Monroe)以圣弗朗西斯亚西西模式(Assisi mode)与马和花栗鼠的低语]。

　　我在演讲了大约四次后，读到了威廉·道尔(William Doyle)的《美国的起义》(2003)②一书。它记述了 1962 年 9 月 29 日晚上发生在密西西比州牛津市的“牛津之战”。当时，来自全美的学生和白人至上主义者联合在一起，试图阻止黑人退伍军人詹姆斯·梅里迪斯(James Meredith)在密西西比大学注册。道尔提到，在骚乱

---

① D. Covington, *Salvation on Sand Mountain: Snake Handling and Redemption in the Southern Appalachians* (reissued edition), De Capo Press, 2009.

② W. Doyle, *An American Insurrection: James Meredith and the Battle of Oxford, Mississippi, 1962*, Anchor, 2003.

最严重的时期，造成了两人死亡，肯尼迪总统被迫派遣超过 20 000 名美国现役步兵、伞兵、宪兵和国民警卫队。据目击者回忆，集结的种族主义者发出了令人毛骨悚然的战斗呐喊，这是"叛乱的呐喊"（rebel yell）。有评论员将这种呐喊描述为"女妖哀号与狐狸叫声的结合体"。于是，我上网找到了一段"叛乱呐喊"的录音，据称是 20 世纪 20 年代一位北卡罗来纳州塔希尔的 90 岁内战老兵在田纳西州一家广播电台里录制的。我下载了这段录音，将其融入了演讲内容。在演讲中，我将牛津之战定位为内战的最后一场战役，同时是美国联邦当局对分裂分子进行反恐战争的第一次预言性交锋。现在，当我做演讲时——尽管这是在最后一刻添上去的，我已进行了四次"完整的"演讲——我认为，那段"叛乱的呐喊"是整个演讲的核心，它是被遮蔽的原点，也是"成为动物"涌现的黑洞。我在所有作品中追求的目标，正是这种时间倒流的感觉，从荧幕的后面和侧面，我找到了它的中心。

我认为，这可以更准确地描述我著书立说及组织演示文稿的过程，通过沉浸和迷失在材料中，让材料决定作品的形状、基调与方向。这都是非常偶然的、随感式的和被动的过程，它需要大量的倾听和记录，同时也需要与自己的潜意识进行合作和协调，而不是对现成材料施以一种强加的预制结构来掌控一切，其中还涉及一种诗学，尽管我不想将诗学简化为语言学或美学。此外，它也是一种讲故事的方式，通过串联一些不连贯的叙事来吸引观众。

所以，用一个过度使用的（overused）短语或词语来说，我的过程是"表演性的"（performative）。如果今天我要开展《亚文化》这样的课题，我不会明确指出书中所涉及的亚文化表演和批判艺术实践之间的区别。当然，我也不会消除这种区别。在我写作《亚文化》时，我对当代艺术了解不多，而且我的历史参考主要局限于情境主义、达达主义和超现实主义。[格雷尔·马库斯（Greil Marcus）在《口红痕迹：20 世纪的秘密历史》一书中，系统地追溯过 20 世纪各种先锋派与朋克之间的联系。]当然，从 20 世纪 80 年代初开始，我们见证了所谓"身份艺术"（identity art）的爆炸式增长。一大批当代艺术家通过各种可能的再现，以及对个体/族裔/性别身份进行拼贴与消费的方式进行创作，以至于在某些情况下（如在 20 世纪 90 年代初的惠特尼双年展等大型综合展览中），批判艺术实践和文化研究这两个领域几乎成为彼此的镜像。

　　但是，在 20 世纪 70 年代中期，情况并非如此。在英国，我们仍然受到波普音乐的影响，并在一定程度上还受到马塞尔·杜尚（Marcel Duchamp）与概念艺术的影响。与此同时，像玛丽·凯利（Mary Kelly）和维克多·伯金（Victor Burgin）这样的学院派艺术家，正尝试将批判艺术实践与理论（通常是通过精神分析理论）进行结合。然而，就《亚文化》项目而言，艺术学院/艺术界/摇滚/波普跨界者，如大卫·鲍伊、地下丝绒乐队（the Velvet Underground）、跳动的研磨乐队（Throbbing Gristle）和杰恩斯·P. 奥利奇（Genesis P. Orridge）等，他们提供了一种更直接的可行性模式，展示了艺术和表演艺术如何"搅动"规范性。1976 年，奥利奇和科西·范尼·图蒂（Cosey Fanni Tutti）在伦敦 ICA 举办的"沦落风尘"（Prostitution）展览上不仅分享了朋克越轨剪辑的性别音乐伦理和美学，还制造出了令人震惊和恐慌的头条新闻。这使得议会对艺术资助产生质疑，并加剧了对性手枪乐队（Sex Pistols）的道德恐慌。性手枪乐队是由马尔科姆·麦克拉伦（Malcom McLaren）、薇薇安·韦斯特伍德（Vivienne Westwood）和负责"无政府主义"（the Anarchy）与设计"上帝保佑女王"（God Save the Queen）图像的艺术家杰米·里德（Jamie Reid）于同一年发起的。

回顾过去，不难理解为什么我在创作《亚文化》时会对达达主义、超现实主义和情境主义产生兴趣，因为我强调颠覆、越界、抵抗、再利用以及符号的去语境化和再语境化等。艺术史学家经常把达达主义、超现实主义和情境主义归类为消亡的欧美先锋艺术传统，他们对革命冲动做了最后的表达（尽管我们将看到这种冲动会永久消亡）。无论如何，我都不会像欧洲先锋派那样，将艺术与亚文化或日常生活隔离开来［与艾伦·卡普罗（Alan Kaprow）等人相反］。随着形式主义霸权在艺术批评中的瓦解，艺术作品经常被描述为一种语境主义、干预主义和事件导向的类别（这也是我在书中为亚文化表演保留的类别）。

事实上，如果不是时间紧迫，我可能会放弃本书讨论的许多结构性对立，如原生文化与商业、街头与市场、抵抗与融合、事件与媒体呈现，等等。这并不是因为我不相信这些对立和区别具有相关性和重要价值（我仍相信它们），而是因为它们需要被限定、更新和进一步阐述。为了更全面和充分地描述新兴社会形态与批判性艺术实践之间的博弈状态，我不得不发表大量关于亚文化、物质文化、身份和消费的政治等研究成果，至少要对它做出一些回应。这些成果大部分直接或间接地挑战了《亚文化》的核心论点所依赖的严格的二元框架。我已经很早就决定不再这样做。正如我说过的，这本书完全是时代的产物。如果今天开展一个类似的项目，意味着我要对一个完全不同的形势做出反应。

尽管整体形势有一些表面上的相似之处，但自1979年以来，时代社会发生了巨大的变化，以至于我们几乎可以认为，我们生活在一个完全不同的星球上。这几十年间，我们目睹了一系列重大变革，仅举几例：柏林墙的倒塌，世贸中心遇袭和有组织的左翼崛起；星巴克和公共吸烟禁令在西方的普及；新部落主义、种族清洗、各种原教旨主义和绿色议程的出现;新自由主义在全球蔓延,以及不稳定但又相互关联的无监管和宽监管的市场;中国和印度经济的崛起;从西向东、从北向南的大规模外包;劳动力以相反的方向大规模迁移;互联网、手机、iPod、iPad、欧元、视频游戏、病毒式媒体、真人秀、名人文化、文件共享、Facebook、Twitter、艾滋病、反恐战争的出现,以及复杂的金融衍生品、次贷和超出人们负担能力的宽松信贷消费主义的兴盛(至少目前如此);等等。而且,在这三十年间,我们也见证了一些稳定和持久的现象:朋克作为一种时尚(或反时尚)的声明,朋克作为一种(边缘)适销的音乐流派,万圣节服装的陈词滥调,随意性的休闲选择和硬核朋克分离主义的生活方式选择,等等。

当然,作为商品、景观和事件的艺术,以及维持艺术并在名义上包含艺术的"世界",已不再是过去的样子,也不再居于原处。这不仅是因为我们不再拥有一个统一地、激进地声称要启动未来的先锋派,而且也因为艺术市场在同一时间出现了瓦解(exploded)和内爆(imploded)。冷战的结束标志着当代艺术市场及支持机构走向了全球化。现在,有超过250个双年展和国际艺术博览会巧妙地分布在各大洲的各个时间段。当代艺术在地方制造(place-making)及策略中发挥着关键作用,许多城市和地区相互竞争,试图通过打造艺术场所来形成经济和文化资本,并以此吸引资产阶级-波西米亚居民、旅游收入和企业投资。因此,艺术与时尚、流行文化和大规模扩展的多平台媒体有着完全不同的定位。它不再局限于画廊、博物馆、高概念期刊(high-concept journal)、高端时尚出版物或另类小众杂志。相反,它像病毒一样,在互联网和精通符号文化的零售业中广泛传播。

在更为壮观的商业迭代进程中,当代艺术继续作为奢侈品收藏和大众(亚)文化身份的标志,因为版权图像被转移到T恤、帽子和路易威登(Louis Vuitton)的包袋上。在一些当代艺术的装束中，艺术或多或少地充当着国际时尚和娱乐产业的配饰品。如今，根据沃霍尔的"商业艺术"模式，达米安·赫斯特(Damien Hirst)、杰夫·库恩斯(Jeff Koons)和村上隆(Takashi Murakami)等知名艺术家，他们在制造商、经纪人和公关人员等团队的支持下，充当着一个个在全球家喻户晓的时尚品牌。2008年9月15日，即雷曼兄弟(Lehman Brothers)破产、股价暴跌的这一天，赫斯特在伦敦苏富比拍卖行在48小时的时间里拍卖了价值2亿美元的藏品，包括浸制的动物标本、斑点绘画、蝴蝶标本拼贴画和镶嵌宝石的头骨等，竞拍者除了一般的买家(包括伦敦的白立方画廊)之外，还有来自俄罗斯、中国、印度和中东等地的新收藏家。

　　这种广受关注的价值竞拍及膨胀的回报规模，在20世纪70年代的朋克时代是无法想象的。即便在马尔科姆·麦克拉伦倡导的超资本主义的"混沌现金"(Cash from Chaos)版朋克乐中也是如此。麦克拉伦和性手枪乐队对70年代的媒体景观产生了深刻影响(在我看来这具有良好的情境主义效果)，但我当时参与并讨论的亚文化场景往往是规模较小且非常本地化的。它们是异质的，但又是亲密的，既有异国情调又充满地方气息，有接地气的、强烈的地域色彩。它们虽然视觉华丽、声音嘈杂，但仍是地下的。这些亚文化场景的传播媒介(外观、声音和海报)的技术含量很低，主要靠自己动手，形式也十分粗糙，但它们注重图像，甚至痴迷于图像。在当时，数字下载还没有出现，所以宝丽来(Polaroid)和笨重的卷轴式录像机(Portapack)都被视为尖端的录制技术。总之，这样的环境与公司做法完全相反。所有的品牌推广更像对马或牛进行推广，而不是企业的品牌推广——整个群体的共同身份都被直观地标记，好比热金属直接烙在裸露的皮肤上。

　　在我的记忆中,20世纪70年代,英语世界的学术话语对生物科学以外的身体问题讨论得还不够深入,但有些动物行为学家,如人如其名的莱昂内尔·泰格(Lionel Tiger)和罗宾·福克斯(Robin Fox)①就在研究动物和人类的肢体语言。还有人体运动学家,如一些民族方法学家使用鲁道夫·拉班(Rudolf Laban)的符号系统来分析舞蹈动作。文化人类学家和桌边书摄影师将异域"部落"的身体装饰/身体改造归类为"他们"而非"我们"。除了欧文·戈夫曼、克利福德·格尔茨(Clifford Geertz)、玛丽·道格拉斯(Mary Douglas)和格雷戈里·贝特森(Gregory Bateson)等原创性思想家的著作外,我认为身体在社会科学中是被边缘化的,尽管女性主义将社会化和性别化具身置于中心的位置。福柯的著作是直到20世纪70年代末才被大量翻译为英语的。在日常文化和媒体中,文身和整容手术被视为少数人的活动。文身与"粗野的元素"(rough element)紧密相关,并带有明确的哄骗/罪犯/不体面的色彩。整形手术——除了战区和烧伤治疗外——往往是富有的社交名流和名人的专利。奥兰(Orlan)②和《整容医生》(*Nip/Tuck*)③甚至都没有

① 这里所谓的"人如其名",是因为莱昂内尔·泰格的姓氏与老虎(tiger)同音同字,罗宾·福克斯的姓氏与狐狸(fox)同音同字,他们的职业身份是动物行为学家,从名字上来说,契合了他们的职业工作。

② 奥兰(1947—)是一位法国多媒体艺术家,他使用雕塑、摄影、表演、视频、视频游戏、增强现实、人工智能和机器人技术,以及手术和生物技术等科学和医学技术质疑现代的社会现象。他也以艺术之名通过整容手术改变自己的外貌而闻名。

③ 《整容医生》是由瑞恩·墨菲(Ryan Murphy)创作的美国医疗剧,于2003年7月22日至2010年3月3日在美国的FX频道播出。该剧以肖恩·麦克纳马拉医生和克里斯蒂安·特洛伊医生的办公室为场景。肖恩是一个顾家的男人,而克里斯蒂安是典型的自毁的花花公子。二人是长期好友,他们以完全不同的方式从事手术,并过着不同的生活。

受到关注。

自那时起，情况发生了完全的逆转。在过去 30 年，我们见证了大量与"异性恋者"、男同、女同、酷儿、跨性别和变性人等相关的工作，包括生理上的身体改造，以及研究它们的批判性或分析性著作。这些研究将整形程序（整容手术、文身、穿孔、性激素与生殖器的改造等）与生物权力、赛博格、表演性等为中心的新的具身理论进行综合，形成了一种变形的语法。这既能接合和确保一系列不断增长关于性与性别的"小众"（niche）身份，同时在某些情况下打开了（有时是更有趣的）居间空间（spaces in-between）。这两种工作，即外科的和理论的（如福柯、朱迪斯·巴特勒）工作，其影响之一就是削弱或质疑了异性恋的规范性概念，但同时，可以预见的是，它们也引发了强烈的反作用，即传统性别角色的重新归属（re-naturing），以及由同性婚姻反对者宣扬的生殖性行为高于其他类型的性行为。

然而，尽管文化战争不断在类似的极化领域（至少在美国如此，如已婚 vs 单身、正常 vs 异常、异性恋 vs 同性恋等）以相同方式出现，但事实却是，我们的生活环境发生了根本变化。20 世纪 70年代的旧二元论，即"同性恋"vs"异性恋"（"双性恋"浮动于二者之间），似乎已不再适应于网络化的西方世界，也无法适应 21 世纪不断展开的性与性别"生活方式"的复杂谱系（这也是为什么"异性恋"需打上引号）。在"异性恋"和"同性恋"之间，甚至是在居间空间，边界开始向四面八方蔓延。这些居间空间已被那些致力于跨性别者永久地占领。换句话说，对于致力于既/且（both/and）而不是两可（either/or）的人来说，他们试图探索任何可能存在的过渡选项，这已超越了亚当·菲利普斯（Adam Phillips）所谓的先赋性的"对承诺的承诺"（commitment to commitment）范畴。你只需看一眼克雷格网站（Craigslist）上的"杂项浪漫"（miscellaneous romance）分类，或关注一下如今致力于性别研究和酷儿研究的博客与期刊，就会深刻地感受到，时代真的变了。在 30 年前，女性研究和同性恋研究仍属于新生事物，现在却成了主流。此外，在流行文化中，男同和女同生活方式的主流化及当今媒体文化中"出柜"名人的普遍成功和大量曝光，表明了公众对性取向差异的态度发生了转变。在 10 年前，某些州仍将双方自愿的肛交行为视为可起诉的罪行并进行判决。如今，在整个美国，同性婚姻的合法化正被严肃地讨论。事实表明，情况发生了逆转。文化研究在助力创造认知环境与政治环境方面发挥了作用，它使得同性婚姻合法的法律举措成为可思考、可争论的对象，并成为一种可实施的现实。

然而，一旦你超越身份和身份政治（或许还要加上 20 世纪 90 年代的"身份艺术"），聚焦于性别差异，并将身体视为一种表达的介质，作为陈述主张/行为研究实验场/超可变的对象等，其政治行为的含义往往会变得更加复杂和矛盾。当然，个体仍像过去的战斗口号所说，是政治的一部分，但政治和个体已与 30 年前迥然不同。在当今的控制型社会，隐私权已被取消。然而，一旦我们将政治问题收缩到具身自我［或者说无实体的自我（dis-embodied self）］，无论这些框架在概念上如何扩展，或扩展至所谓的"后人类"，我们也还遵守着社会的唯一指令，即对组织协议、优先事项和目标进行一种"自愿的"内化（包括自我发展、自我发现和自我改进）。在全球互联的资本主义文化中，它们以越来越刻板和先发制人的方式被编排到当下重塑心理社会基因的日常应用程序中。现在，技术-企业-政府对控制的需求范围已达到一种普遍程度，从纳米级别到全球级，再到星际级，由内到外、螺旋式地双向扩展。但是，从互联网上众多监控机构的角度来看，规模经济似乎真正在意的是个体消费者-公民档案:个体"自我"的模块化是一种在线构建,它随着每一次按键、下载、发布、购买、搜索或信用申请而不断更新。从电脑或手机屏幕的黑箱来看,用户的"性身份",如男同、女同、酷儿、异性恋、"直男/女"或中性等,仅代表着潜在的、可区分的字节编码中的单一"字符",可随意地选择利用、跟踪和交易。换句话说,我想强调的是,不加选择的披露所带来的是一种剥削漏洞,而不是"出柜"的解放潜力。

所以,我不愿对身体和性别认同的话语及其引发的文化与政治影响得出明确结论,尤其是在所谓的"新媒体"时代。从名为《隐在亮光之中:青年监控及其形象呈现》[1988(1981)]①的文章开始,我尝试定期重思《亚文化》中提出的关于身份、抵抗、越轨、可见性等问题的立场。在那篇文章中,我谈到了壮观的青年亚文化所参与的陷入和抗拒(snare-and-baffle)游戏:他们吸引人们的注意力,但拒绝按照"书本"的方式来进行解读;他们"将被(由父母、教师、营销人员、警察等)监控的事实转化为被观看的乐趣"。20年后,我在另一篇文章(《至死不渝:即兴、边缘和框架》,2001)中重新审视了揭露和隐匿之间的紧张关系。这次不是在青年亚文化的背景下,而是在反全球化抗议者采取的差异化策略背景下。后者针对1999年在西雅图举行的世界贸易组织峰会提出了这一策略。

回想起来,西雅图在北美身份政治方面最具预见性的创新,可能不在于差异性和超越差异的视觉狂欢——生态异教徒(eco-pagans)和赤裸的女同性恋者与戴着安全帽的工人一起

---

① D. Hebdige, *Hiding in the Light: On Images and Things*, Routledge, 1988, pp.17-36.

游行!——而在于对异议者面孔的广泛抹除,因为越来越多
的抗议者没有选择暴露自己,而是选择远离(范围之外),他们
选择了掩饰和隐藏,而不是自我展露。在对抗的背景下,个体
从摇篮到坟墓这整个人生过程,都受到了企业和国家的监控,
并沦为可见和可读的公共"身份",这可能对自由构成了真正
的阻碍。新一代激进主义者用围巾遮住眼睛,用化名代替真
名……似乎决意要抹去一切痕迹。我们很难找到一个更明晰
的迹象来说明公共领域(在现代性视野中,公共领域被视为一
个具有政治能动性和积极公共身份、代表权、民主和解决问题
的相关领域)的消亡,至少也是深刻的变异。这种隐匿的意志
不应被解释为逃跑,而应被解释为承诺(或许更准确地说,两
者兼而有之)——隐匿是对环境的逻辑与原则进行回应。而
这一环境的特点,一方面融合了名人崇拜、新自由主义经济和
职业政治的灾难性,另一方面则是国家和企业利益以任何可
用的手段,对大量公民消费者进行无休止的监视。①

　　自写下这段文字后,我一直试图通过分析不同现象(如规划社
区、灾难应对培训中心、安全化技术、舞曲和狂欢派对、体育场摇滚
灯光秀、迪士尼公司、村上隆的著作等)来更清晰地了解一切是如
何系统地运作。我创造了一些复合新词,如"dis-gnosis""porn-
etration"和"sado-cute",试图用语言捕捉语义范畴的突变与融合,这
似乎是 21 世纪公共(私人)文化和当代媒体景观中的独特现象。
我将简要解释一下我对每一个术语的理解。首先,"dis-gnosis"的

① D. Hebdige, "Even unto Death: Improvisation, Edging and Enframement", *Critical Inquiry*, 2001, 7(2).

前缀"dis-"意为"相反的,缺乏的","gnosis"意为"知识的或知识相关的"。我使用这一术语是要同时指出:一方面,是对(延长的)童年和"纯真"形象的描绘,这在整个迪士尼产品和文本中都普遍存在;另一方面,是指更广泛的婴儿化过程,它是控制型社会运作时不可或缺的一部分,所以其范围和影响是全球性的。

"dis-gnosis"①的意思是"知识"的反面,与意识形态、恶意、健忘、低能化和错误意识等类似术语有关,尽管它不能被归结为其中的任何一个。我曾在 2000 年初为一场受迪士尼影响的(Disney-influenced)艺术展览写过文章,该术语指:

> 那些在文化上被赋予价值的心态和制度模式。它赋予了尴尬的(或难以接受的)知识以积极价值,并保留它在实践上和专业上的好处。而这种知识又会抵制获取、抑制表达,不仅对幼稚状态和无数相关拟像进行理想化,而且无限地支持一些错综复杂的机制,即不知道和永远不知道(not-and-never-knowing),又不断奖励那些停滞不前、否认、拒绝和非确认的状态。②

---

① D. Hebdige, "Dis-gnosis: Disney and the Retooling of Knowledge, Art, Culture, Life, Etcetera", in M. Budd, M. H. Kirsch, *Re-thinking Disney: Private Control, Public Dimensions*, Wesleyan University Press, 2005.
② 颇具讽刺意味的是,迪士尼公司肩负着企业教育的使命,致力于通过迪士尼学院(Disney Institute)进行商业创新。后者是迪士尼主题公园的商业培训计划。此外,沃尔特·迪士尼(Walt Disney)还创办了加州艺术学院。这是一所实验艺术学校,我在 20 世纪 90 年代担任该校批判研究学院的负责人,并担任 MFA 写作项目的主任。加州艺术学院通过罗伊和埃德娜·迪士尼/加州艺术剧院(Roy and Edna Disney CalArts Theater,简称 REDCAT),与迪士尼品牌保持着密切联系,后者就坐落于洛杉矶市中心的沃尔特·迪士尼音乐厅综合体。

　　"dis-gnostic"状态是建立在对基础和起源的压制之上。这也许就是为什么经典的迪士尼"卡通世界"被组织成一系列奇怪的、没有亲子关系的动物。阿曼德·马泰拉特（Armand Mattelart）和阿里尔·多尔夫曼（Ariel Dorfman）指出，他们于1972年出版的《如何阅读唐老鸭》在美国被禁止，因为该书对迪士尼帝国提出了批评。此外，内维尔·韦克菲尔德（Neville Wakefield）也称，沃尔特的世界充斥着双胞胎、三胞胎和中性多胞胎，如唐老鸭的侄子、黛西的侄女、三只小猪、七个小矮人，等等，这表明了一种"对克隆作为非性别起源形式的偏执"。尽管该公司在对男同和女同的招聘上采取了高调的平权政策（员工被称为"演职人员"），但这在保证同一性和消除多样性方面也增加了反知识（dis-gnostic）的价值。

　　"porn-etration"①是同一枚硬币的反面，即"阴暗面"，它是与"dis-gnostic"紧密相连的邪恶的孪生词。"porn-etration"指色情内容通过互联网来对公共领域进行渗透，从可下载的名人性爱视频到整个西方世界普遍出现的下腰文身和"我是色情明星"的T恤标语，它们在千禧年后的视觉文化中无处不在。2007年，我在一篇关于日本动漫和漫画数字想象的文章中指出，21世纪初全球媒体文化的戏剧性特征可能部分应归因于历史矛盾，我们对一夫一妻制的固执承诺[在可支配的过度性化（hypersexualized）图像环境中已承受着压力]引发了人们的长期无聊与流行的旅行癖，这与网络带来的绝对滥交形成了冲突。在该文中，我认为数字革命给当代文化带来的最深刻和最矛盾的转变，可能是因为精通网络技术的公众突然能够接触到色情及相关衍生品，其种类和数量又是无法想象，如色情交友网

① D. Hebdige, "'Flat Boy' vs. 'Skinny': Takashi Murakami and the Battle for 'Japan'", in M. Yoshitake, P. Schimmel, *Murakami*, Rizzoli, 2007.

站。反过来,这种转变也带来了一些新问题,包括对色情和"色情渗透"(pornetration)的反对,如对抗性的宗教原教旨主义呈指数级增长,虐待狂色情羞辱仪式(如果排除耶稣被钉在十字架上的形象)以前所未有的规模被记录和传播(如从《蠢蛋搞怪秀》到《泽西海滩》真人秀节目,被蒙面圣战分子录制并发布到网络的、被捆绑和跪着的人质的广播镜头,美国国民警卫队的阿布格莱布监狱的酷刑色情图片库等)。人们很容易就此从马尔库塞所称的"压抑"(repressive)延伸到我所说的"表达的去崇高化"(expressive de-sublimation)。这一过程在所有冲突和矛盾的形式中,与商业底线一道,推动着一种渐进式的"色情渗透"过程,正如过去右翼惯常做的一样,衍变为 20 世纪 60 年代的反文化运动。但我认为,这种强化只有在朋克中才会真正起到复仇作用,尤其是英国朋克坚持认为避孕套、兴奋剂成瘾和危害他人要胜过穿孔、染发、大麻和友好待人。特别是当你搅动英国阶级对立、法国情境主义美学和传统的英国恋物癖及束缚时,更加是如此。这就是笑脸(反知识的圣洁图腾)表情翻转过来,闪现出其"肮脏"的另一面,幼稚化让位于赤裸的退化。

　　"Sado-cute" ①将这两种表面上相反但深层次关联的趋势合二为一(受控的婴儿化/彻底的退化/模拟的"纯真"/模拟的窥阴式"体验")。作为一种新兴的跨国青年关注的感觉及日本数字图像经济的主要欲望驱动力,"Sado-cute"跨越了两个方面,使一方对抗另一方——好的、坏的和可爱的。根植于日本动漫的超反常但可爱又可怕的形象,以及与之一道成长的本地化"怪异极客"(freaky geeky)"御宅族"亚文化,"Sado-cute"矩阵及其刻录软件一起被翻译

---

① D. Hebdige, "'Flat Boy' vs. 'Skinny': Takashi Murakami and the Battle for 'Japan'", in M. Yoshitake, P. Schimmel, *Murakami*, Rizzoli, 2007.

成一种可输出的、被动攻击性的情感结构。其定义策略是挑逗，即同时蓄意刺激和困住欲望。

　　"Sado-cute"是一种更大的技术文化形态，它以矛盾心理作为武器和手术刀，在此过程中创造出新的病态和流行病（男性和女性的饮食失调激增、边界维护的崩溃、跟踪、对肉毒杆菌和整形手术成瘾），以及新的身体形态（超大/肥胖/超性别化/锻炼过度/整容过度/超扁平/中性）和新的矛盾性词汇，如"敌友"（frenemies）、"同志情"（bromance）、Facebook 的"网友"（frendz）等。"Sado-cute"标志着女孩力量的神化，特别是在泡沫经济后的日本上班族身上，传统的性别等级制度已瓦解。它是如此前卫，以至于卡哇伊（可爱）少女（通常是穿着校服的青春女孩）已经取代其他形象（农民、士兵或公司男职员），成了代表平民的典型形象。正如我在《亚文化》一书中指出的，如果抵抗是工业时代晚期和后工业时代早期青年亚文化在情感、修辞和风格组织上的主要变量（青少年叛逆群体），"Sado-cute"则可能是更广泛的社会转变的一部分，转向一种不那么公开的对抗。它更矛盾，但更适应权威，具有商品化和自我物化的倾向，这种态度也更符合企业服务型经济的顺从型规范。

　　2006 年，朋克风靡了三十多年，其间我有机会去追踪有关青年和青年亚文化、消费主义、反常的力量、否定的价值、不服从的政治、性与爱的观念和态度发生的一系列变化。当时，洛杉矶当代艺术博物馆举办了村上隆作品回顾展，我受邀为此撰文。在文章中，我认为村上隆的项目一定程度上涉及对色情沉浸（过度曝光）、虐待狂窥阴癖者、情感退化及上文提到的模拟纯真之间共生关系的系统性探索。作为"御宅族"情感的批评者和倡导者，村上隆的关注点之一，就是追踪、分析、促进和揭露反常与"反知识"及其在"御宅族"的数字想象中如何交织在一起并发挥作用。

最后,我将"Sado-Cute"描述为一系列挑逗的、诱惑的和最终阉割的系列行动。"Sado-Cute"旨在将观众带入罗兰·巴特所称的"象征性裂缝中,其中发生了某种人为的干扰———一种被撕裂的意义冲击,而对象仍是重要的和可取的"。于是,我得出了以下结论:

> 尽管在裂缝的边缘点缀着情色的花卉装饰,但观者掉入其中却是对(我们潜在被否认的欲望)死亡,或更确切地说,是对不存在(nonexistence)的一种开启,而不是陷入一种纯粹的简单欲望。(尽管欲望又何曾纯粹或简单过?)"Sado-Cute"精心策划的退化并没有将我们带回童年或青春时的一些熟悉场景。它营造的场景是通过讽刺[如迈克·凯利(Mike Kelley)的装置艺术]或矫揉造作[如保罗·麦卡锡(Paul McCarthy)或乔治娜·斯塔尔(Georgina Starr)的表演艺术]而让人感到怪异,它使我们回到裂缝本身的所在。亚人类或超人类的空间变得更加诡异(spooky)而非奇异(uncanny),它位于文化创伤的伤口内部,位于性别被赋予前的婴儿时空———创伤起源背后的不死时空,它在麻烦开始之前就退缩了。①

我在重新阅读这段文字时,突然想到,它至少在基调上与我在《亚文化》中写的关于朋克的"空白性"(blankness)并无不同,所以万变不离其宗。当然,就引文方面,我过去受到的理论冲击主要来自罗兰·巴特。多亏了理查德·霍华德(Richard Howard)②的译

---

① D. Hebdige, "'Flat Boy' vs. 'Skinny': Takashi Murakami and the Battle for 'Japan'", in M. Yoshitake, P. Schimmel, *Murakami*, Rizzoli, 2007.
② 理查德·霍华德(1929—2022),美国诗人、文学评论家和译者。他曾因诗歌创作获得普利策奖,也是英语世界翻译罗兰·巴特著作的重要译者。

介，巴特对我而言仍是一个持久的灵感来源。他继续为人们提供着一个可望不可即的理论模型，他坚定不移地将反常（perversity）和微妙（delicacy）作为互补性的价值，始终认为作家需要不断地抛弃（尽管不一定撤回，更不用说否认），以防止语言变成"嘴中的腐尸"（正如 1968 年时人们曾说的那样），并通过不断寻找新的方法去构思永恒的问题。

走向"后场景":互联网时代的青年亚文化群体、抵抗与社交性[①]

[葡]保拉·盖拉[②]　席志武译

　　自 1979 年赫伯迪格提出"亚文化"概念以来,学界对其的反思和批判就一直存在。在后亚文化时代,"亚文化"的内涵与边界不断被打破。本文系统论述了近年来学界对赫伯迪格"亚文化"的批评与重构历程,并结合当前的互联网文化背景,重思了互联网对青年亚文化的影响。为进一步打破盎格鲁-萨克逊中心主义的亚文化观念,作者立足葡萄牙本土的朋克群体,通过深度访谈的研究方法,探讨了朋克体现的文化的、社会的和象征性意义,并提出"走向一种后场景"(towards a post-scene)的观念,以期丰富互联网时代的亚文化研究路径。

---

① 本文选自《赫伯迪格与 21 世纪的亚文化》(K. Gildart, A. Gough-Yates, S. Lincoln, *Hebdige and Subculture in the Twenty-First Century*, 2020)一书。本书收录时有改动。

② 保拉·盖拉(Paula Guerra),葡萄牙波尔图大学社会学教授,波尔图大学社会学研究所(IS-UP)和地理与空间规划研究中心(CEGOT)研究员,研究方向为青年文化、艺术与文化社会学、独立摇滚、地下音乐场景、DIY 和朋克等。2019 年,他与本尼特合著并出版了图书《DIY 文化与地下音乐场景》(*DIY Cultures and Underground Music Scenes*)。

导言　语境、对象与方法

　　赫伯迪格的作品，尤其是他的代表作《亚文化：风格的意义》（1979，下文简称《亚文化》）一书，毫无疑问代表着青年亚文化理论在文化研究、人文科学和社会科学等领域的知识图景。数十年来，该书对所有关注并了解青年文化、社交性及其风格变化的研究者而言，都极富启迪意义。赫伯迪格做出了诸多贡献，他还是运用跨学科研究方法的先驱。与此同时，他最早关注到英国日益凸显的亚文化群体及散居海外者的社会与文化影响。尽管《亚文化》一书可能还存在一些局限性，事实上赫伯迪格自己也意识到了这一点①，但不得不说，该书至今仍是一部经得起时间锤炼的作品，它是一部经典之作。实践证明，尽管赫伯迪格的著作遭到了不少理论界的批评，但亚文化观念并没有失去其连贯性和传承性。相反，它在一系列新的研究中不断被重新使用，并焕发出历久弥新的生命力。

　　关于亚文化的最大变化，可能与互联网的出现有关，这也引发了社交活动及青年风格的一系列变化。在本文中，笔者基于对过去40年间葡萄牙朋克文化的全方位考察，旨在说明，在与盎格鲁-撒克逊语境（Anglo-Saxon context）不同的时间和社会中，亚文化概念是如何被重新定义（reconceptualized）的。亚文化作为一种抵抗主流群体及其意识形态的形式，代表着一种朋克风格（在视觉、美

---

① D. Hebdige, "Contemporizing 'Subculture' 30 Years to Life", *European Journal of Cultural Studies*, 2012,15(3).

学、音乐和社会意义上)的断裂之路(fractured circuitry)。鉴于近些年时代社会发生的一系列变革,赫伯迪格的亚文化观念理应成为一个被彻底审查的对象。

本文的研究方法主要基于对葡萄牙朋克群体(音乐人、编辑、宣传者、粉丝和批评家)进行的 217 次深度访谈,访谈内容是此次调研数据的重要组成部分。由于这些内容在本文的分析中起到核心作用,所以有必要对访谈内容做一个说明。具体来说,访谈内容分为五个主题:一是关于葡萄牙朋克场景(punk scene)的起源,尤其是其国际影响力;二是互联网和社交网络的使用;三是地方(place),即伊曼纽尔·沃勒斯坦(Immanuel Wallerstein)所称的"体系世界"(system-world)在葡萄牙历史上的发展轨迹;四是朋克选择葡萄牙语和英语作为一种音乐歌词语言的原因;五是朋克场景如何在葡萄牙境内实现整体渗透,以及如何对象化了几种本土场景的操作模式。

首先,我们将针对赫伯迪格的《亚文化》一书及当代文化研究中心(CCCS)遭遇的一系列批评与重构(reformulations)做出系统论述。其次,我们将尝试超越赫伯迪格(不是要抹杀他的贡献),思考互联网对青年亚文化的影响。最后,我们将运用收集到的经验数据,对葡萄牙本土的亚文化案例做进一步讨论。

一切都关于赫伯迪格: 赫伯迪格之后的研究

青年亚文化的研究有大量的理论、概念、方法和路径。亚文化研究源自两种不同的社会学传统:美国的和英国的。美国方面,它最初是基于 20 世纪 20 年代至 40 年代芝加哥学派社会学家的开创性研究,尽管这些研究者并不认为自己是"亚文化学者"。英国方面,亚文化的研究路径主要来自 CCCS 自 20 世纪 60 年代中期及之后十年对工人阶级青年群体的研究。它以跨学科方法作为指导,兼顾社会学、文学理论批评、符号学、文化研究及媒介研究等诸多领域的成果。

在初版于 1979 年的《亚文化》一书中,赫伯迪格指出,"二战"后的英国由于受到一系列结构性因素的影响,如教育、青年经济"赋权"、媒介的日益重要及休闲经济等,英国社会阶层及其他方面都发生了深刻变化。这种变化的影响之一,就是出现了大量关于工人阶级的讨论。有意思的是,CCCS 的研究者重点关注的不是对娱乐的庆祝,而是通过亚文化方式去寻求解决影响青年工人阶级的生存问题。然而,这些解决方案却无法克服一个现实,即这些人在社会结构中处于次等(subaltern)地位。因此,研究者应该"专注于某些行动、价值观念、物质制品的使用、地域空间等,从而将他们与广义的文化进行区分"①。

从这一意义上说,这种亚文化的路径使权力问题得到关注。这意味着,理解亚文化可以作为一种解决青年人在日常生活中所遇困难的方式,因为每个社会阶层对社会均有不同看法。因此,他们在对待特定的文化时也存在不同意见。但是,我们应考虑采取哪一种亚文化的解决方案呢? 因为科恩(Cohen)曾谈到亚文化群体的潜在效能,即 CCCS 成员所承认的一种"神奇的"解决方案最终被认为是无效的。它除了逃避现实之外,无力去改变现实,而且这些方案已被市场和媒体行为抵消。

---

① J. Clarke, S. Hall, T. Jefferson, et al. , "Subcultures, Cultures and Class", in K. Gelder, S. Thornton, *The Subcul-Ture Reader*, Routledge, 1997.

一切的科学观点无不存在缺陷,CCCS也不例外。G.泰特(G. Tait)可能是最早对亚文化方法进行深入批判的作者之一,他对定义亚文化的变量提出了质疑,尤其是关于年龄、社会阶层的变量①。他指出,亚文化分析中"性别"和"种族"这两个关键性因素被忽略了。说到"性别"问题,不得不提到麦克罗比的贡献,他廓清了女性在亚文化参与中的隐性地位(invisibility)。另一个是关于"种族"的问题,韦德②尤其是胡克③等作者发现,在后殖民时代(postcolonial era),是原被殖民国家(former colonizing countries)的社会发生巨大变化的时代,也是原被殖民国家和殖民国家之间持续不断的、全方位流动的时代。如此一来,全球化和本土化同时在纵横交错的网络中交织。这证验了文化同质性的观念(被视为对身份和特定价值观的确认),所以当我们在讨论流行音乐时,它变得越来越不可思议。

对亚文化理论的批评主要来自所谓的后亚文化的(post-subcultural)理论。该理论在20世纪90年代后期开始引起人们的广泛关注。后亚文化理论提出了一种更复杂、更具动态性和更为错综复杂的方式来质疑影响青年人的文化问题。青年人的身份已被视为反思性的身份,它既是特定本土和/或区域方面的问题,显然又是全球性的和/或虚拟性的。

在后亚文化理论中,第一个最为相关的概念是新部落。马费

---

① G. Tait, "Youth, Personhood and 'Practices of the Self': Some New Directions for Youth Research", *Journal of Sociology*, 1993, 29(1).

② P. Wade, *Music, Race, and Nation: Musica Tropical in Colombia*, University of Chicago Press, 2000.

③ R. Huq, *Beyond Subculture: Pop, Youth, and Identity in a Postcolonial World*, Routledge, 2006.

索里①最早发展了这一概念,试图赋予后现代社会社交模式以一种新的意义。本尼特②和 B. 马尔本(B. Malbon)③则将这一概念转变为后亚文化研究,以应对日益增强的青年文化认同感。这些青年人对青年文化的归属取决于诸如品味、美学和情感等因素,而不是根据亚文化理论的预设,取决于如阶级、共同体和种族等纽带④。

　　第二个是有关生活方式的概念。在 20 世纪 90 年代,人们对生活方式的观念重新产生了兴趣。生活方式的重新复苏要归功于钱尼。他除了将生活方式作为理论核心,还对生活方式及"生活的方式"做出了本质上的区分。后者指人们所属共同体相关的更稳固的界限,以及一套共同的规范和仪式。不过,前者是更富于创造性的表达,是具反思性身份的典型形式,它展示了一种所谓的"消费者能力"⑤。

　　后亚文化的第三个核心概念是"场景",它最早由斯特劳⑥提出。他认为,场景超越了空间,并涉及个体之间某种特定的关系状态,这种关系基于音乐风格层次上的亲密共享(sharing of affinity)。它过去是(现在仍是)后亚文化理论的核心概念,因为它允许脱离决定性观点(认为亚文化存在并严格遵循着阶级、共同体和种族界

---

① M. Maffesoli, *The Time of the Tribes: The Decline of Individualism in Mass Society*, Sage Publications, 1996.

② A. Bennett, "Subcultures or Neo-Tribes? Rethinking the Relationship between Youth, Style and Musical Taste", *Sociology*, 1999,33(3).

③ B. Malbon, *Clubbing: Dancing, Ecstasy and Vitality*, Routledge, 1999.

④ A. Bennett, "The Post-Subcultural Turn: Some Reflections 10 Years on", *Journal of Youth Studies*, 2011,14(5).

⑤ D. Chaney, *Lifestyles*, Routledge, 1996, pp.92 - 97.

⑥ W. Straw, "Systems of Articulation, Logics of Change: Communities and Scenes in Popular Music", *Cultural Studies*, 1991,5(3).

限)。此外,场景遵循着共享和审美契合的路线。同样,这些路线
处于不断的流动和变化之中①。

媒介、互联网、亚文化群体与后亚文化群体

考虑到亚文化群体与媒介之关系的时间顺序,我们不得不参
考库恩和赫伯迪格对于这一复杂关系的开创性研究。一方面,亚
文化群体被视作危险的和有问题的;另一方面,从消费角度来看,
他们又非常具有吸引力。S. 桑顿(S. Thornton)对这种关系做了更
深入的研究。他认为,媒介是亚文化创造及生存的有机组成部分。
这种关系首先归因于媒介,也就是说亚文化成员是否将其视为一
种威胁。其次,它取决于媒介是社会生活的组成部分,并且是亚文
化群体不可或缺的部分,不论是亚文化群体的形成或是其意识形
态的发展,都无法摆脱媒介②。然而,如前所述,对亚文化观念的主
要批评之一在于,它无法应对日益增长的文化活力。在当代社会,
个体身份在转变之中(in transition),集体身份将是零碎的和暂时性
的。互联网是所有这一切的助推者,因为它被视为前所未有的文
化流动性的加速器(intensifier)。

基于后现代的观点,S. 特克(S. Turkle)相信互联网允许创造新

---

① K. Kahn-Harris, "Unspectacular Subculture? Transgression and Mundanity in
  the Global Extreme Metal Scene", in A. Bennett, K. Kahn-Harris, *After
  Subculture: Critical Studies in Contemporary Youth Culture*, Palgrave
  Macmillan, 2004.

② S. Thornton, *Club Cultures: Music, Media and Subcultural Capital*, Polity
  Press, 1995.

的社会和文化的感受性①。一方面,它使我们能够重塑自我,并在网上拥有多重身份,从家里到卧室,无所不包,都可改塑。另一方面,曼纽尔·卡斯特尔(Manuel Castells)在他所谓的"社交性组合"(portfolios of sociability)层面考虑了互联网的可能性②。也就是说,互联网可能建立以流动性为标志的在线社区。

J. P. 威廉姆斯(J. P. Williams)质疑了这种趋势,认为这种虚拟体验被严重高估,不能仅仅因为人们浏览互联网就判定人们具有多重身份的可能性③。互联网增加了文化的流动性,这是理所当然的,但这些不加鉴别的分析却没有对离线(offline)与在线(online)状况进行比较。霍金森是关注这一问题的少数学者之一,他在对在线哥特式亚文化(Gothic subculture)的研究中提到了互联网具有增强文化流动性的潜力,认为互联网可以强化亚文化群体与社会其他人员的藩篱。霍金森驳斥了互联网作为一种居所(place)的普遍性观念,他不认为个体通过接触文化的广泛多样性会必然地扩大自身的视野和想象力。相反,互联网倾向于鼓励人们对某一兴趣的专门检索,并强化某一固有观念。互联网远没有通过人们与"他者"之间的接触来增强文化的多元性,而似乎只是在互联网中强化了现存关系④。对于在线的哥特式亚文化,霍金森发现,用户定期

① S. Turkle, *Life on the Screen: Identity in the Age of the Internet*, Touchstone, 1995; P. Wade, *Music, Race, and Nation: Musica Tropical in Colombia*, University of Chicago Press, 2000.

② M. Castells, *The Internet Galaxy: Reflections on the Internet, Business and Society*, Oxford University Press, 2001, p. 132.

③ J. P. Williams, "Authentic Identities: Straightedge Subculture, Music, and the Internet", *Journal of Contemporary Ethnography*, 2006, 35(2).

④ M. Diani, "Social Movement Networks: Virtual and Real", in F. Webster, *Culture and Politics in the Information Age: A New Politics?*, Routledge, 2001.

访问的网络只是自己喜欢的那几个。这些网站通过超链接联结彼此，从而创造出一个封闭式的哥特式站点网络。这为在线哥特式亚文化提供了更强的凝聚力，节点（nodes）或知名网站的出现将用户吸引到乐队、音乐会、报纸文章、杂志等推广宣传链接中，进一步强化了这种凝聚力。

　　同样，论坛或博客通过提供专门的和独家的内容，为抵制初学者的进入设下防线。而这也意味着，参加这些论坛需要一个学习过程并具备专门知识。因此，在互联网上建立的联系并不比在线与离线世界之间的联系更重要。正如霍金森所说，网络上风格边界的构建是以各种方式进行的，从个人在主页上发布的照片到电子杂志推荐的各种音乐，再到由那些生产并维护有关亚文化"常见问题"站点的人提供的有关哥特的定义……无论它们是否有此企图，这些网站在加强亚文化与外部社会之间的界限方面，都发挥着特别重要的作用①。

　　与此同时，D. M. 博伊德（D. M. Boyd）和 N. B. 艾里森（N. B. Ellison）也指出，与媒介的普遍性传达（media convey）相反，青年人使用社交网络的首要目的是与他们离线世界中的朋友、家人和熟人保持联系②。不过，社交网络还可以用来收集那些在线下会面后想保持进一步联系的人的资料。威廉姆斯对离线和在线亚文化体验之间的相互关系进行了研究。通过分析"硬核的"（straightedge）

---

① P. Hodkinson, "'Net. Goth': Internet Communication and (Sub)cultural Boundaries", in D. Muggleton, R. Weinzierl, *The Post-Subcultures Reader*, Berg Publishers, 2003.
② D. M. Boyd, N. B. Ellison, "Social Network Sites: Definition, History and Scholarship", *Journal of Computer-Mediated Communication*, 2007, 13(1).

亚文化①，尤其是对其参与的不同形式与在线/离线的不同归属意义，作者强调，自 20 世纪 90 年代以来，通过互联网的媒介"赋权"，亚文化已成为全球性问题。这种情况激起了亚文化参与形式的变化，"硬核的"亚文化从植根于本土的音乐经验中被转移了。这种转变基本发生在网上，即通过在线世界，青年人认同了自己的一种"硬核"身份，虽然有些人离开了网络去进行线下的接触，但另一些人却没有这样做。这是一个很大的区别，尽管对前者而言，音乐是维持"硬核"身份的根本纽带，但对后者而言，互联网是亚文化经验的唯一介质。这些不同的观点引发了人们为维持亚文化身份及其心理与社会功能的抗争②。

　　互联网没有取代现有的利益和从属关系，而是揭开了神话的神秘面纱，传播了意识形态与亚文化的风格。霍金森提醒了我们一个事实，即"互联网和亚文化友谊之间的关系特别重要，因为它为参与者提供了社会激励，让他们不断回到同一个在线亚文化论坛，并定期参加现实生活中的哥特活动，其他的订阅用户也会参加"③。所有这些都跟离线与在线之间存在强烈交互关系的观点相

---

① "straightedge"（硬核的）有时缩写成"sXe""XXX"或"X"，指一种硬核的朋克亚文化，其拥趸要求不使用酒精、烟草或其他娱乐性药物，以此来反对那些过度纵欲的朋克亚文化。对一些人来说，这种"硬核"还延伸到避免滥交、素食主义及不使用咖啡因和处方药物等方面。"硬核"一词是由铁杆朋克乐队 Minor Threat 在 1981 年发行的一首歌 Straight Edge（又译为《直尺》）衍生而来，并在 20 世纪 90 年代从美国传播到北欧、东欧、中东和南美等地。——译者注

② J. P. Williams, "Authentic Identities: Straightedge Subculture, Music, and the Internet", *Journal of Contemporary Ethnography*, 2006, 35(2).

③ P. Hodkinson, "'Net. Goth': Internet Communication and (Sub)cultural Boundaries", in D. Muggleton, R. Weinzierl, *The Post-Subcultures Reader*, Berg Publishers, 2003.

一致。不仅如此,"硬核"亚文化在虚拟空间的大量扩散引起了一种自相矛盾的感觉:它一方面导致了更强的群体凝聚力,另一方面又引发了人们开始抱怨因"硬核"的在线散播("硬核"的碎片化和庸常化)导致的意识形态变化。

R. 哈恩弗(R. Haenfler)①和 K. 希尔特(K. Schilt)②等人具体分析了音乐场景与抵抗之间的关系,这也是 CCCS 的一个"老"问题。但在这里,他们试图更深入地分析互联网如何允许抵抗,以集体的和个人的③,以及显性的和/或隐性的方式。威廉姆斯处理了几个"硬核"亚文化者的案例,由于各种原因,他们不能对主流采取一系列明显的抵制做法,但可以通过在线参与亚文化的方式来克服这一状况。希尔特将此视为一种"公开抵抗",即明确表达抵抗实践的可能性,而无须质疑线下自我(offline self)的表现。

在后亚文化理论的基础上,本尼特等人的研究显示出使用社交网络的年轻人在一定程度上摆脱了亚文化理论预设的僵化界限,并试图在新部落观念中寻求一种更明显的归属感。不足为奇的是,强调面对面的新部落倾向于向在线场景(online scenario)进行转移和调适。这与一些虚拟身份的悲观论调形成鲜明对比④。悲观论者认为,这些最终都将在许多不连贯处崩溃。然而事实上,尽

---

① R. Haenfler, "Rethinking Subcultural Resistance: Core Calues of the Straight Edge Movement", *Journal of Contemporary Ethnography*, 2004,33(4).

② K. Schilt, "I'll Resist with Every Inch and Every Breath: Girls and Zine Making as a Form of Resistance", *Youth & Society*, 2003,35(1).

③ R. Kahn, D. Kellner, "Internet Subcultures and Oppositional Politics", in D. Muggleton and R. Weinzierl, *The Post-Subcultures Reader*, Berg Publishiers, 2003, pp.303 – 310.

④ Sherry Turkle, *Life on the Screen: Identity in the Age of the Internet*, Touchstone, 1995.

管这些虚拟身份是流动的和多重的,却也存在一种连贯性。

这里出现了一个悖论,即我们不仅要质疑亚文化理论,还需要重新认识新部落概念,因为有一个比原初预设更为稳定的网络结构。通过对澳大利亚青年人身份的定性研究可以看出,他们没有一个人声称自己属于某种单一亚文化(a single subculture),但他们并不拒绝承认其身份中的亚文化成分。"边缘亚文化群体"(liminal subcultures)①是一个专属名词,它同时具有矛盾性,其特征是歧义性、多样性、连贯性及各种亚文化群体界限的打破。尽管经验数据证实了"新部落"概念,但布莱迪·罗巴茨(Brady Robards)和本尼特仍然强调,这一概念值得重新分析,因为它较之马费索里②最初提出时已有更为稳定的网络。我们发现,除了短期的社交活动外,流动的社交性还有一种"恒存感"(a feeling of permanence)的特征,其根植于一系列价值观与共同承诺(美学的、政治的等)。换句话说,"新部落主义(neo-tribalism)与其被描述成一个不断变化的整体社会文化环境,不如说它就是一个暂时游荡的过程。在这一过程中,志趣相投的个体最终都能找到彼此"③。

快节奏与在线生活

为避免过于集中地讨论盎格鲁-萨克逊的例子,我们将把关注

---

① David Muggleton, *Inside Subculture: The Postmodern Meaning of Style*, Berg Publishiers, 2000, p.75.

② M. Maffesoli, *The Time of the Tribes: The Decline of Individualism in Mass Society*, Sage Publications, 1996.

③ B. Robards and A. Bennett, "My Tribe: Post-Subcultural Manifestations of Belonging on Social Network Sites", *Sociology*, 2011, 45(2).

点聚焦于葡萄牙朋克群体。对此,我们已做出了长期而系统化的努力。基于长时间和同步性开展的调研结果,我们试图探讨朋克所体现的文化的、社会的和象征性意义。朋克作为一种精神和生活方式,体现为一种巨大的启发性潜力,这有助于理解音乐场景相关的身份及社会的变迁历程。

　　受篇幅所限,我们将重点介绍在线亚文化参与的表征及它与线下社交活动的关系。与近些年出现的其他青年流行文化一样,朋克很快就全球化了。来自世界各地的城市年轻人接触到朋克的声音和语言,以及朋克的有关产品、传播路径、世界观和生活方式。葡萄牙当然也不例外。获知这种全球性力量的一个简单途径,就是英语在全世界的广泛使用,无论是朋克乐队的名字、唱片、杂志或歌词韵律等,都是以英语方式传播的。然而,全球化的概念远远超越了国际化。全球朋克(global punk)并不局限于在全球传播那些最初在英美得到认可的团队与声音。新的信息和传播技术克服了时间和空间的阻碍,使全世界的人可以瞬时连接,从而赋予"全球"一种新的意义。互联网为文化全球化提供了在全世界广泛分布的横向信息流①。这在朋克与其他文化领域之间形成了一种基于霸权(hegemony)与反霸权(counter-hegemony)的紧张关系。

　　与众多其他场景一样,葡萄牙朋克自 20 世纪 90 年代末开始使用互联网,尤其是社交网络。新闻、图像、声音、观念和世界各地的歌手和团队之间的联结的快速传播,以及人们通过数字档案和不同版本对众多数据和主题的即时获取,都增强了一种全球社区(global community)的观念,这也是一种全球性场景。与其他国

---

① A. Appadurai, *Dimensões culturais da globalização*, Editorial Teorema, 2005.

家的场景一样，它也是葡萄牙朋克的场景。所以，结果是显而易见的：葡萄牙朋克场景是一种本土场景（local scene），因为它是在特定社会、经济、文化和政治背景下形成的；同时，它又是全球场景的一部分，是全球朋克文化共同体的一部分。正如一位受访者所言：

> 有了互联网，互通之门打开了……这是一件非常了不起的事情，真的……因为有了互联网，人们可以到处探索，互相影响。如此这般地，就开始创立一些分支，并据此将摇滚乐传播到世界各地。
>
> ——Lucas[37 岁，高中学历（3 级），售货亭老板，葡萄牙里斯本]

所有受访者都会同意这一论断。其中，90％的受访者有Facebook 账户，以此来收集信息和参加活动。总体而言，他们都认识到互联网和社交网络的存在，并认为如果不上网，就意味着被排除在一系列相关维度之外，使用互联网不仅关涉获取音乐创作及作品，而且也与他们的日常生活息息相关。他们认为，互联网创造的新的可能性有助于保持朋克的存活（alive）和活跃（active），避免朋克的停滞和腐蚀。

通过查看 1977—2013 年活跃在葡萄牙的乐队数据库，我们发现了同样有趣的数据。在 539 支乐队中，43％拥有 Facebook 账户，54％拥有 Myspace 账户。应该强调的是，39％的乐队成立于 2000年以前。也就是说，这些乐队的出现早于互联网服务。虚拟空间形成的全球性框架当然不会消除社会关系的微观和中观层面。

当被问及互联网对朋克作为一种全球文化发展的附加值时，受访者均指出了以下一项或多项优势。第一个优势是互联网使信息获取的民主化成为可能。人们不仅拥有了大量可用内容,而且访问快速、轻松甚至几乎没有任何限制。因此,许多受访者提到共享文件使公众在买到唱片前就可以访问各种音乐项目,这也不足为奇了。免费获取数字资源已扮演越来越重要的角色。Myspace 在该领域中似乎是一个高效平台,如今却已经被其他与Facebook 相连接的平台(Bandcamp、Soundcloud、Spotify、Podcasts等)超越了。

> 现在,用音乐术语来说,乐队就是为了某种抗争而传播信息和发布提醒,你使用计算机可以将信息传达给不同地方的成千上万的人。你可以在科英布拉(Coimbra,葡萄牙中部城市)散播你的信息,在几秒钟之内与位于日本、南非、巴西的人进行交流,这在互联网出现之前都是不可想象的。你可以动员人们来支持你,不管是什么原因,你也可以使你的乐队人尽皆知。
>
> ——Belmiro[37 岁,高中学历(3 级),仓库经理,英国伦敦]
>
> 在我看来,从互联网上免费获得的信息和事物的数量是否足够,这才是最重要的,否则没有意义,因为我没有工夫去为此花很多钱。
>
> ——Gonc,alo[26 岁,本科或同等学力(6 级),网站设计,维亚纳堡(葡萄牙北部城市)]

第二个优势与第一个优势息息相关,但现在与乐队相关的是公开发表作品的可能性。许多受访音乐人表示,他们在互联网上允许公众了解他们的计划和最新作品,售卖唱片和录像带,与粉丝建立联系,并销售杂志。与此同时,互联网和社交网络也成为一种工具,为葡萄牙朋克场景中的信息和社会事业进行动员。

　　我是一名宣传者,将乐队的免费资料上传到网上或者其
他任何地方,以供那些想听的人获取,因为艺术必须是免费
的……我认为朋克是一种应该向所有人开放的音乐类型,它
传达了大量信息,几乎就像一本书。在这里,你可以学到你真
正想要的东西。我认为那应该是一种免费的资源。
　　——Anselmo[20 岁,本科在读或同等学力(6 级),音乐
人/计算机工程专业学生,葡萄牙里斯本]
　　是的,但我想 Messenger 可能是最主要的一个,它让我们
获得更多的联系。我是 Traumatics 乐队的粉丝,我常常通过
Messenger 将音乐会或其他一切都连接起来。如果人们想知
道我的情况,就给他发一个文件,并附上一首歌让他听一听。
当然还有手机,我们通过手机连接在一起了。
　　——Lázaro[37 岁,初中学历(2 级),殡仪服务助理,巴基
斯坦瓜德尔]

　　第三个优势是创造和生产音乐的条件。许多研究者写过这方
面的文章①。新资源和新工具的出现让每个人都能在家里演奏,甚
至在家里录制唱片。再加上内容的可及性和传播的可能性给制作
带来很大的便利,极大地拓宽了地下场景歌手的视野。新媒体和
数字社交网络使音乐作品和制作者的接触变得更加民主化,让制
作者和作品更加显眼,这有效地阻止了音乐场景的停滞不前。正

---

① K. Kahn-Harris, *Extreme Metal: Music and Culture on the Edge*, Bloomsbury
Academic, 2007; A. Bennett, "Towards a Cultural Sociology of Popular
Music", *Journal of Sociology*, 2008,44(4).

如资深朋克老将 Alberto(他只读过初中)略带忧郁地所说,如今"事情"变得更容易了。

> 不同的是,现在一切都变得很容易。我刚开始从事朋克时,一年只有一两次音乐会。现在仅在波尔图,每周就有两到三场音乐会。也就是说,如今事情发生的速度,比我那个时代快得多……但是,积极的一面在于,现在有比以前更多的乐队,而且它们演奏得更好。

所有观点都质疑了音乐场景的地域性。正如斯特劳(1991)最初提出的那样,空间和物理空间非常重要,它们与文化和社会的现象及实践直接相关,二者的关系就此建立。因此,我们将谈论它们相互依存的关系。但是,由于新的传播技术和(诸如盒式磁带、CD 和黑胶唱片之类,以及演出和巡演的)物理设备的可移动性,这使每一个场景的范围都在扩大。一方面,更多的人可以访问录制出来的音乐;另一方面,如今的技术不仅使作品易于访问,还保证了与传统录制相同的质量。因此,音乐人和乐队不需要唱片公司的支持就可以引起公众的注意,从录音到公开发行,都可以自主进行。互联网的发展使乐队和歌迷之间的交流变得容易,加强了场景(从开始、发展到结束)的活力。场景和固定物理位置之间的联系变得更为脆弱。如今,场景可以是跨地区的,甚至是虚拟的①。

---

① A. Bennett, R. A. Peterson, *Music Scenes: Local, Trans-Local and Virtual*, Vanderbilt University Press, 2004.

"带我去参加你的聚会"[①]

互联网的最后一个（不是最不重要的）优势在于，它允许朋克成员之间的交流持续到更多参与性场景之外的时刻。随着他们年龄的增长，这方面变得更加相关，不论是对于个人还是对于音乐的形式层面[②]。因此，一点也不奇怪，受访者最常提及的优势之一就是它。许多人强调了博客的重要性，它在场景和那些非专业人群之间架起了桥梁。其他人则认为，Facebook 是与老熟人重新建立联系的典型工具。对他们来说，社交网络促进了地理位置分散的不同场景之间的交流。互联网通过克服物理距离使人们保持或恢复联系，通过建立超时空的共同体观念，强化了人与人之间的连接纽带与精神归属。这一切都与情感息息相关。

> 我遇到过许多人。通过 Facebook，我找到了 20 多年未曾谋面的人。这不仅令人印象深刻，几乎是让我深受感动。
>
> ——Cristiano(44 岁，高中，摄影记者，葡萄牙里斯本)

我们收集的数据可以用来支撑这些观点。在 217 位受访者中，有 130(60%)个人通过互联网和社交网络分享有关音乐活动的

---

① 《带我去参加你的聚会》(*Take Me to Your Party*)是 The Johnstones 乐队的一首歌。The Johnstones 是一支来自加拿大安大略省阿贾克斯的 SKA 风格的朋克乐队，成立于 2002 年。

② A. Bennett, *Music, Style, and Aging: Growing Old Disgracefully?*, Philadelphia Temple University Press, 2013.

信息。

当然,一些受访者也对虚拟世界提出了批评,因为他们(不论是至今活跃在音乐界的还是已经退休的)是朋克文化的主角。提出缺陷与发现优点同等重要。我们发现三种主要的批评意见。第一个就是冷酷技术(impersonal technology)造成了人际接触的匮乏。由于无须到达实体现场,互联网降低了人际互动的质量,同时使过去面对面的人际交互变得越来越少(除非十分必要才可能见面)。

> 最近我真的不太相信朋克这种东西。我没有什么要反对的,这是一种方式,每个人都可以做他想做的。但归根结底,这是一个非常社会化的东西,现在的街道、互动、人际关系、爱情等,都不应该是这个样子。人们在家里就可以完成光碟交换、文件互换……
> ——Estevao[35 岁,硕士或同等学力(7 级),研究员,葡萄牙里斯本]

> 人们需要眼中有物,感知它们并正确地与它们一起生活,而不需要屏幕。因此,如果愿意的话,你可以将自己投入事物之中。如果没有这种设施;事实证明……一方面,它是一个庞大的设施;另一方面,它消除了所有移动行为的能力,因为你将内容都传输到了屏幕上。
> ——Frederico[49 岁,本科或同等学力(6 级),翻译,西班牙阿斯图里亚斯]

第二种批评是针对实物消失的遗憾的,这对朋克文化来说非常重要。一些受访者认为数字文件取代了传统的黑胶唱片、CD 或录音磁带，这似乎降低了反文化运动的力量。如果所有内容都可以在数字屏幕上被找到，它们也就可以在数字屏幕上被稀释或丢失。如 Frederico 所言：

> 互联网扼杀了摇滚文化及其表达方式，杀死了实物，并用屏幕和复制品取代了实物。人们需要用所有的力量去实施、去行动，因为它将实物都置于屏幕上。此外，人们也需要为所有的意愿去采取行动。

鉴于杂志作为一种富有韧性的实体物[在我们的数据库中，只有 93 份杂志(占 30%)推出了在线版本]，上述问题也许可以得到更好的理解。同样，通过音乐场景的黑胶唱片显露出的持久性及如今兴起的复古现象，也能被更好地理解。我们获取的案例数据显示，在过去，黑胶唱片(如果要和 CD 相比的话)的数量从未达到很高的数字，但今天与 30 年前相比却几乎接近，并呈上升趋势。

第三种批评涉及"庸常化"(trivialization)的观念。互联网带来了巨大的信息量，让我们获取信息更加便利，同时也使思想与形式的建构、衰朽及更替变得极为匆促，所有这些都助长了朋克的鄙俗化(vulgarization)。朋克变得庸常化，过去原本应是多模态(multimodal)参与的事物却被简化成了一种消费，过去原本是一种立场和选择的东西，最后只剩下了所谓的时尚。Alberto 是来自波尔图的一名资深的朋克宣传者，他说"它们'污染'了朋克的观念"。在如此庞大又扁平的信息世界中，如何分辨出一些重要的相关项目呢？当一切都似乎被限定在如鲍里斯·维昂(Boris Vian)所言的"白日梦中的泡沫"(the froth on the daydream)时，又如何与一种文化和生活方式建立强有力的联系？

　　　　如今,朋克只是一种音乐风格,它没有任何影响。它几乎
　　成为一件守旧之物,比其他任何东西都更像垃圾。人们是唱
　　片的收藏家,在家里,在网上,甚至都不用走到街上去。
　　　　——Alda[44 岁,高中学历(3 级),珠宝商,葡萄牙里斯本]

　　Isabel 今年 51 岁,是一位居住在里斯本的中学教师,她将当前
时代与自己年轻时进行了对比:

　　　　现在接触音乐更加容易,但在人际接触方面却失去太多,
　　因为音乐媒介化太随意了。我在年轻人身上所看到的是,他
　　们似乎对朋克失去了兴趣,淡化了兴趣。在以前,音乐都是按
　　场景划分的……当我还在读书的时候,有朋克党、重金属党,
　　一切都是泾渭分明的。现在,我不知道他们是不是仍然存在,
　　但在当时,音乐都是在视觉上、姿态上进行细分的,一切都是
　　被认真对待并得到誓死捍卫的。

后亚文化的构成

　　正如本尼特①强调的,我们不应该忽视亚文化概念是在一个高
度意识形态化背景中被引入和发展的事实。这实际上也就解释了
亚文化群体的一些本质性定义,以及作为一种必要特征,该群体要

_____

① A. Bennett, "Punk's Not Dead: The Continuing Significance of Punk Rock for
an Older Generation of Fans", *Sociology*, 2006,40(2).

去"抵抗"社会政治的重要意义。比较明智的做法是从这样的观点开始，即青年亚文化群体更具扩散性和传递性，该群体可以通过多种方式融入或稀释于后资本主义的文化工业中。亚文化群体不是单一的社会阶层产生的文化现象，而是通过各种介质，涵盖并处理了多种社会因素及根源的现象。新技术和社交网络的民主化更是体现了这一点。这需要对亚文化概念及赫伯迪格的假设①做进一步提炼，毕竟赫伯迪格在写作《亚文化》时无法预料到互联网和社交网络的出现。

　　社交网络无处不在，而且是一边倒的。90％的受访者声称自己有一个 Facebook 账户，这样他们就可以关注音乐的最新动态（音乐会、专辑），也可以与朋友和熟人（其中许多熟人是久未联系的）保持联系，以及通过社交网络传播音乐资料，使社交网络成为宣传专辑、单曲发行等业务的一个展示平台。这种普遍现象还激起了一种归属（belonging）的网状性，它不受时间与空间限制，可以与那些无法抵达的场景产生联系。从根本上说，自葡萄牙朋克兴起以来，强化世界主义（cosmopolitanism）一直是其关键特质。也就是说，体验并享受文化及审美经验是当务之急，并且没有国界。

　　世界各地的团体和亚文化群体之间迅速又激烈地分享着音响、思想、形象等，这激起了全球场景的归属感。然而，这接近于霍金森所提倡的结果。一方面，互联网成为日渐增多的风格、亚文化群体与文化实践进行交流的关键方式。当然，这也更接近于新部落的感受性。另一方面，互联网也是一种强化亚文化归属的工具。这里指的是经典亚文化理论的归属感。但是，通过万维网，社会互

_____

① D. Hebdige, "Contemporizing 'Subculture' 30 Years to Life", *European Journal of Cultural Studies*, 2012,15(3).

动又增加了一种新尺度。

　　我们的调研数据能够部分地支持新部落的路径。2010—2014年,在葡萄牙这样的小国,所有的音乐活动数量竟多达1 819场,这可以确证音乐种类的多样性。在葡萄牙,音乐活动与成熟的文化节几乎同义。除了音乐活动的数量外,我们还可以证验几种流派的混合。在我们来看,流派的混合并不意味着发起者的一种纯商业目的,而是意味着其在文化品味与趣味方面[或者如彼得森与克恩在1996① 年提出的杂食品味(omnivorous taste)]符合新部落关于流动性与世界主义的感受性。如我们所见,在1 819场音乐活动中,不分性别(no gender)的音乐类型占大多数。除了最广泛的音乐类型,即"朋克、电子乐与独立摇滚"(punk, electro and indie rock)占比41%以外,其他音乐类别的占比也都很高。例如,"朋克摇滚和金属乐"(punk rock and metal)占22%,"朋克摇滚和电子乐"(punk rock and electro)占7%;"山区乡村摇滚"(rockabilly)占5%,"朋克摇滚与哥特"(punk rock and goth)占3%,"疯狂摇滚乐"(psychobilly)占2%。

　　这就是亚文化理论的起点。该理论提出了音乐流派的决定论和本质论观点,并将二者紧密联系一起。姑且不论这样的盲目看法是否有效,我们可以说,葡萄牙的标准就是一种新部落主义(neo-tribalism)。

　　还有一个问题是,互联网不仅具有传播的可能性,而且具有动员的可能性。末日论的预见性观点认为,歌手的(甚至更大的)原子化(atomization)将表现在社会联系、政治和社会参与等方面的崩溃。与此相反,我们看到了不同的景象。公开展露(disclosure)的

---

① R. A. Peterson, R. M. Kern, "Changing Highbrow Taste: From Snob to Omnivore", *American Sociological Review*, 1996, 61(5).

可能性不应只是集中在个人或乐队宣传的唯物论问题,而且还应着重于激活网络、性情与欲望的能力,去实现有利于一系列社会政治动员的目的。否则,社会动员将是不可能的,或者至少是成本高昂的。这是一种对"抵抗"进行重新概念化(reconceptualizing)的新方法,不只是在旧葛兰西意义上(in the old Gramscian sense),而是一种更为网状(reticular)化的视角。它通过一系列网络关系(包括物理的和虚拟的)进行相互连接并强化连接,使这种关系有可能(也可能不会)被激活和动员起来。

　　当然,面对互联网的影响也出现了一些批评者,他们不应该被称为"卢德主义者"(Luddites)①或"雷斯特洛老人"(Velhos do Restelo)②。应该予以分析的是互联网的出现如何影响了亚文化体验并使之遵循着 S. 弗里斯(S. Frith)的格言,将音乐、文化与身份连接起来③。正是通过音乐体验,个体将自己定位在亚文化层面。这

---

① 卢德主义者是 19 世纪英国民间对抗工业革命、反对纺织工业化的社会运动者。在该运动中,常常发生毁坏纺织机的事件。这是因为工业革命使用机器大量取代人力劳作,令许多手工工人失业。后世也将反对任何新科技的人称为卢德主义者。1779 年,英国莱斯特一带,一个名为内德·卢德(Ned Ludd)的织布工曾怒砸两台织布机,后人以讹传讹成所谓的"卢德将军或卢德王领导了反抗工业化的运动",遂得此名。——译者注。

② 这一表述可翻译成"雷斯特洛的老人"(The Old Man of Restelo),指在路易斯·德·卡蒙斯(Luís de Camões, 1524—1580)在杰作《卢济塔尼亚人之歌》(OS Lusíadas)第四章中介绍的人物。该诗是作者首次去往印度时创作的。"雷斯特洛的老人"通常被用来象征悲观主义,代表着当初在大发现时代质疑葡萄牙航海成功的人。如今,它成了葡萄牙人悲观主义的象征。卡蒙斯是葡萄牙最伟大的诗人,曾与莎士比亚、冯德尔、荷马、维吉尔、但丁相提并论。卡蒙斯创作了大量抒情诗和话剧,但他最为人所知的著作是《卢济塔尼亚人之歌》。也正是这部著作使人们将"卡蒙斯语言"称为葡萄牙人的语言。

③ S. Frith, "Music and identity", in Stuart Hall and Paul du Gay, *Questions of Cultural Identity*, Sage Publications, 1996, pp. 108‑127.

就意味着,音乐关联着集体的身份建构。任何影响这种关系的事物都会对集体和个体身份认同产生影响。这就是为什么我们能听到反对朋克庸常化的言论。它们反对将亚文化相关的对象及实践泛化,反对什么才是(或不是)真正的朋克的言论。这在一定程度上反映了他们对个体的或集体的亚文化身份的不安定感,他们对这一身份十分珍视,并投注了大量时间和精力。

简言之,考虑到所参考和引用的经验材料,我们可以强调葡萄牙朋克与互联网之间关系的复杂性和模糊性特征。这种关系标示着亚文化和新部落的特点。他们是新部落的,因为我们在风格、音乐和关系层面存在着多重交集,这也是由互联网无所不在、高速运作及流动不居等因素带来的。歌手们都表现出强烈的世界主义色彩,他们掌握了不同国家的音乐场景知识,并能够欣赏异域的音乐流派,体现出一种杂食品味和文化资本(重视一种文化的世界性观念,并强调基于民族传统与国家观念之间的文化断裂)的新形态①。这些歌手的身份标示出音乐品味和不同风格的交杂性与流动性。

然而,我们从亚文化的视角出发,得出了与本尼特等人不同的结果,大多数受访者都清楚地将自己定义为朋克。朋克的这种归属可能在代际转换中更为强烈,在青年中更为常见。然而,在涉及互联网的模式和强度上,朋克仍然是其身份的最重要尺度(structural axis)。同样,受访者也使用互联网,尤其是社交网络,并以此来维持和强化他们的亚文化参与性。这是一种了解最新朋克场景信息的方式,也是他们现实社交网络的延续。我们的研究结

---

① R. A. Peterson, R. M. Kern, "Changing Highbrow Taste: From Snob to Omnivore", *American Sociological Review*, 1996, 61(5); S. Friedman, M. Savage, L. Hanquinet, et al., "Cultural Sociology and New Forms of Distinction", *Poetics*, 2015(53).

果部分地参考了霍金森关于哥特式场景与互联网之间关系的假设。这种假设描述出一种模棱两可的关系，即它既不是亚文化的，也不是新部落的。

走向一种后场景

考虑到这些因素，前文提到的数字化现象，即人们仅需一台电脑，而不需其他乐器，就可制作音乐，并能够在线分享音乐，这无疑（再次）扩大了葡萄牙音乐场景的范围。互联网带来的第一个增长，是它能与其他现实因素直接接触，增强了分享信息、声响、观念和抗争的可能性。第二是内部增长，它是音乐生产、录制和分享方式的民主化结果。所有这些除了跨越了传统亚文化方法在文化消费与文化参与之间长期存在的鸿沟之外，还体现出明显的理论-方法学上的影响。与此同时，这也引发出一个新的问题，即如何将这种不断增长的可塑性（plasticity）和流动性融入亚文化与场景的概念？这些变化又在多大程度上表明，无须讨论亚文化群体和场景，而只对后亚文化群体（post-subcultures）及后场景进行深入讨论就可行呢？

我们将如何看待那些将经典亚文化元素与其他近似新部落的特征融合在一起的社会群体？或者如何看待一种观点，即认为老年成员应继续参与亚文化而不应再以青年为中心（youth-centred）？朋克的真爱粉与假粉丝①之间的传统区别被完全压倒，其内部边界

---

① K. J. Fox, "Real Punks and Pretenders: The Social Organization of a Counterculture", *Journal of Contemporary Ethnography*, 1987, 16(3).

变得和外部边界一样流动不居。

对互联网在朋克中的重要性分析显示出朋克的巨大秘密和力量，即它在任何地点、任何时间都具有生存下来的弹性和能力。葡萄牙是一个落后的国家，与现实和欧洲的情感相去甚远，向来在文化方面投入较少。然而，葡萄牙的亚文化在诞生初期就显示出一种不同的特质，它正在不断强化其灵活性，并不断重塑自我。而这，也许正是我们对赫伯迪格那本开创性著作《亚文化》所做出的最主要批评。

形象、品味与正向意义：对赫伯迪格《隐在亮光之中：流行文化中的形象与物》的解读^①

　　赫伯迪格的《隐在亮光之中：流行文化中的形象与物》（下文简称《隐在亮光之中》）一书初版于 1988 年，它忠实地记录了赫伯迪格从青年亚文化向后现代主义文化研究转型的思想路径，不仅反映出赫伯迪格文化思想的生动性和丰富性，更为我们今天开展文化研究和批评实践提供了鲜活的学术范本。"形象"（image）、"品味"（taste）和"正向意义"（positive term）是解读《隐在亮光之中》的三个关键词。本文拟从这三个关键词入手，对《隐在亮光之中》的文化内涵展开具体论述。

　　迪克·赫伯迪格是当代著名的文化理论家，也是英国伯明翰学派的重要代表人物。他早年在伯明翰大学当代文化研究中心（CCCS）攻读硕士学位，师从该学派的核心人物斯图亚特·霍尔。霍尔现为美国加州大学圣塔芭芭拉分校（UCSB）艺术与电影系的荣休教授。

　　国内学术界对于迪克·赫伯迪格的研究和讨论主要集中于

---

① 原文发表于《文化与诗学》2020 年第 2 期。本书收录时有改动。

《亚文化:风格的意义》(下文简称《亚文化》)①一书。就当前国内的研究状况来看,学界通常是将赫伯迪格置于伯明翰学派的思想脉络中进行读解,篇幅相对有限,研究角度也较为单一,缺乏系统而深入的讨论。

事实上,赫伯迪格的学术思想具有相当丰富的历史文化内涵,他始终与同时代的流行文化现象有密切联系。具体而言,赫伯迪格早期的关注对象主要为青年亚文化,后来他不断把视野扩大到与青年亚文化相关的政治有效性议题,将亚文化同消费、时尚、设计、品味等问题关联起来。在 1985 年以后,赫伯迪格的研究重心主要聚焦于后现代主义文化的理论和实践,并提出了他对"后"学的具体审视。1992 年,赫伯迪格前往美国之后,开始关注美国当代的艺术与文化,并写下大量关于消费文化和通俗文化的著论。总体而言,赫伯迪格的著述多围绕青年亚文化与音乐、当代艺术与设计、消费与媒介文化等问题展开,其代表性著作有《亚文化》(1979)、《灌制与混录:文化、身份与加勒比音乐》(1987)、《隐在亮光之中的形象与物》(1988)等。

《隐在亮光之中》一书初版于 1988 年,中译本由笔者翻译,于 2020 年由重庆大学出版社出版。该书堪称赫伯迪格的学术思想发生转变并进一步深化的忠实记录。正如他自己所言:"本书的写作经历了一场有关形象与物的旅行;一场从亚文化穿越后现代主义并走到它的'另一面'的旅行;一场开始于 19 世纪早期亨利·梅休(Henry Mayhew)笔下的伦敦贫民窟小贩文化,结束于我在美国中

---

① 该书有三个中译本,分别为《次文化:生活方式的意义》(张儒林译,台北骆驼出版社 1997 年版)、《次文化:风格的意义》(蔡宜刚译,台北巨流图书公司 2005 年版)、《亚文化:风格的意义》(陆道夫、胡疆锋译,北京大学出版社 2009 年版)。

西部'正午时分'搭车前往无地之路的旅行。本书就是关于旅行的一种记录。"①这份关于赫伯迪格学术"旅行"的记录不仅充分反映出他文化思想的生动性和丰富性，更为我们今天开展文化研究和批评实践提供了鲜活的学术范本。

《隐在亮光之中》是赫伯迪格的一本学术论文集，该书的写作时间几乎贯通整个20世纪80年代。正如作者在引言部分中指出：《错误的身份》《走向一种品味的地图学：1935—1962》等文发表于1981年；《隐在亮光之中：青年监控及其形象呈现》是以作者1983年在威斯康星大学密尔沃基分校20世纪研究中心的一篇报告为基础的；《"星球一号"的底线》一文发表于1985年；《设法应付"然而"》是根据作者1986年3月在埃克塞特艺术与设计学院的演讲写成的。该书最后一部分"后现代主义和'另一面'"写成于1986年，紧随其后的四个"附言"都是专为该书所写。可以看出，《隐在亮光之中》一书的写作时间前后跨度较大，这在一定程度上也反映出作者对于流行文化现象研究的整体格局。事实上，作者对该书的写作"没有特定的起点，也没有一个主题的事先预示"，导致它对当代流行文化现象的关注与呈现显示出一种"不一致的一致性"。

《隐在亮光之中》一书生动地呈现了赫伯迪格的文化研究路径，代表着他从青年亚文化到后现代主义文化的纵深发展。为此，本文拟从"形象""品味"和"正向意义"三个关键词入手，对《隐在亮光之中》的文化内涵展开具体论述。

一、形象

按照形象学的观念来看，形象本身是一种话语的建构之物

---

① D. Hebdige, *Hiding in the Light: On Images and Things*, Routledge, 1988, p. 8.

(discursive construct)，它体现出明显的建构色彩。形象的生产和传播几乎总是与特定时期的历史、文化、话语等相关联；形象不是对社会现实的客观描述，而在一定程度上是一种"社会集体想象物"①。

"形象"堪称《隐在亮光之中》一书的第一个核心关键词。正如该书的副标题"On Images and Things"所示，它聚焦的正是流行文化中有关形象与物的问题。

纵览《隐在亮光之中》全书，赫伯迪格为读者呈现了一系列丰富的流行文化现象：作为"亚文化"群体而存在的青年形象、时尚与纪实的照片，20 世纪 50 年代的流线型汽车、意大利的踏板摩托车，20 世纪 80 年代的"时尚指南"、比夫的漫画、乐队的公益演出活动、波普艺术和音乐的宣传视频，等等。作者游走于不同的知识领域，常常在一系列文化实践过程中表现出对形象之物的密切关注。这不仅具体反映出赫伯迪格的研究视野，也生动地展示出文化研究本身的跨学科性和非学科性。

赫伯迪格对形象的关注方式常常是将其置入一种冲突性关系。以《隐在亮光之中：青年监控及其形象呈现》一文为例，赫伯迪格具体探讨了青年存在的两种具体形象：一种是作为"麻烦的"青年，另一种是作为"娱乐的"青年。作者指出，"在青年'市场'与青年'问题'之间，在青年作为'娱乐'与青年作为'麻烦'之间，这种我希望呈现出的二元对立已被整合到两种截然不同的摄影风格之中"。所谓"麻烦的"青年，指他们是导致"暴乱"发生的主体力量。一方面，他们常常通过采取各种"逾越界限"的方式表达对现存秩序的不满，并构成威胁；另一方面，他们诉诸象征性或实质性的暴

---

① ［法］达尼埃尔-亨利·巴柔：《从文化形象到集体想象物》，孟华译，载于孟华：《比较文学形象学》，北京大学出版社 2001 年版，第 121 页。

力,以摆脱与成年人的从属关系。所谓"娱乐的"青年,则指青年常与一些休闲消费、购物习惯、娱乐文化等内容产生内在性勾连,同时也常通过消费来实现某种"圈层化"的形象建构,如逛精品店、购买唱片和时尚杂志、去歌舞厅跳迪斯科等,以摆脱父辈文化的"粗鄙"和自身对之妥协的形象。

　　青年之所以被视为一种"麻烦",自然是以 1981 年 7 月发生在伦敦市中心的"暴乱"事件为契机。然而,知识文化界对青年问题的关注则要追溯至 19 世纪伦敦的贫民窟文化。那时,青少年问题作为一个社会问题就不断出现在小说、新闻媒体及议会报告中。在代表官方立场的知识文化界看来,这些"无人监护的、异教的少年劳工",在现代工业化的城市文明中就是一种"怪异的""不自然的"存在,他们常被视为携带着引发骚乱的可能性,会对城市人群构成某种潜在威胁。正因如此,随着媒介技术(主要为摄影)的发展,这群"沉默的人群"开始受到来自警察、社会学家、慈善机构和新闻媒体等方面的普遍监视。"摄影通过再现更加接近实际情况,似乎让整个监控的想法变得可靠。在摄影和摄影实践中,这些官方文件的用途,这种潜在的监视,在一开始就挟裹其中,它绝不是中立的,而是代表着一种特定的立场和特殊的利益。"①在 20 世纪 70 年代,青年"暴乱"常常出现在一系列媒体报道中。新闻报道开始连篇累牍地对青年问题给予关注,使青年成了被窥视、被监控、被中伤、被损害的对象,形成了令人恐惧的形象,同时也使"高压政治"成为可能。然而,这是社会对某一个群体的"想象",所以构成了一种变异了的青年形象。对此,赫伯迪格指出,"媒体对暴乱的

① D. Hebdige, *Hiding in the Light: On Images and Things*, Routledge, 1988, p.22.

再现暴露出一系列问题,即黑人青年作为一种边缘化存在,他们因此成为城市抢劫的替罪羊;媒体对'青年问题'形成的一种刻板印象,其来源和用途又是怎样的? 这些问题可谓相当严重,以至于它们几乎掩盖了这类青年其他的文化抵抗形式的意义。"①

与之相对应的则是青年作为一种"娱乐"形象的出现。随着"二战"之后英国经济的复苏和繁荣,青少年开始在消费、购物及文化品味中主动树立起一种全新的文化形象。他们通过消费来装点自身,在外表、姿态及穿着打扮上都显示出一种迥异于父辈文化的风格。青年人通过消费构建了一个"纯粹的自由身份空间"。与此同时,青年的形象呈现早已打破了过去被监视和被审查的规训性意义。他们甚至开始享受这种"被注视的快乐",开始主动表现出一种对"关注度的寻求"。在他们看来,这种"娱乐"的形象正是一种对权威的抵抗,是一种"独立的宣言、他者的宣言、异质文化的宣言,同时也是对匿名的拒绝、对从属地位的拒绝"。不过,面对青年的这种文化姿态,官方仍将其视为"有害的、不纯粹的、不健康的、'美国化的'"。

赫伯迪格通过上述对青年两种形象的分析,具体呈现了青年形象"被动建构"与"主动建构"之间的关系。事实上,"隐在亮光之中"这一标题本身就蕴含着一种有关"亮"与"暗"的对立关系。无论是"亮"对于"暗"的遮蔽,还是"暗"本身的自动闪现,它们的内部都涉及十分丰富的历史语境、权力关系、价值立场及政治话语的内涵。也正是基于这一意义,赫伯迪格要求挑战过去对青年形象所做的严格区分,并提出了一个超越娱乐和政治界限的核心观

---

① D. Hebdige, *Hiding in the Light: On Images and Things*, Routledge, 1988, p.19.

念——娱乐的政治。

二、品味

"品味"是《隐在亮光之中》一书的第二个关键词。它在本书中常常与"品质""趣味""风格""格调"及"审美标准"等词关联一起，共同构成了一种具有建构意义的文化身份象征。

"品味"或"趣味""格调"等术语，在布尔迪厄的《区隔：趣味判断的社会批判》一书中常常被视为体现着阶层区分的功能和意义。在他看来，品味是与一定阶层的存在条件相联系的规定性产物，它聚集着相同趣味的人群，并将他们与其他人区隔开来。人们在对不同的消费习惯、时尚艺术及文化实践的选择中验证和凸显了自己的社会地位与文化身份。因此，品味成为区分不同社会阶层的重要标志。

在《隐在亮光之中》一书中，"品味"通常具有两种内涵：一种是受外来文化（主要是美国的、意大利的）影响而形成的时尚品味，另一种则代表着英国本土的、传统的、正宗的（authentic）审美文化标准。二者常常面临一种紧张的冲突关系。

如在该书的第二部分"品味、国家和流行文化"中，赫伯迪格主要将关注点聚焦于进口美国货（尤其是流行音乐和流线型产品）和意大利的踏板摩托车。在《走向一种品味的地图学：1935—1962》中，作者呈现了美国流行文化对英国的"入侵"，具体体现为美国的流行文化（如摇滚、爵士乐、电影、唱片、电视剧节目等）对英国大众产生的商业诱惑，并引发了关于新文化形式与消费模式的争议。与此同时，美国的流线型产品（如冰箱、汽车等），在英国的大规模扩张，不仅改变了大众品味，也严重侵害了过去传统上正宗的、独特的审美标准。这引发了欧洲主流精英对美国流线型产品的抵制。在他们看来,这代表两种不同的价值观和消费品味之间的剧烈冲突,也意味着传统工艺的生产风格和消费模式面临着一场不可遏制的"美国入侵"。"自20世纪30年代起,美国(及其生产过程和消费规模)作为一种均质化的力量,已经形成了一种工业时代野蛮发展的形象。一个没有历史的国家当然也没有真正的文化,它被竞争、利润和进取主义统治。它很快就要成为西方世界中威胁每一个先进的工业民主国家的发展模式。"①

在《作为形象的物:意大利的踏板摩托车》中,作者则主要呈现了意大利的两种品牌的踏板摩托车,即黄蜂牌和兰美达牌。黄蜂牌踏板摩托车有轻巧的外形,可以轻松掌握和控制,操作简单。同时,其具有的流线型外观让人感到它是一种时尚之物,所以备受追捧。兰美达牌踏板摩托车在基本理念、规模和价格上都与黄蜂牌类似,但它还在发动机上做了动力改装,甚至可以搭载乘客。它们共同将消费群体锁定为那些年轻、喜好社交且注重踏板车外表的消费群体——主要为青少年和女性。这两种来自意大利的踏板摩托车"代表着年轻、时尚的设计,一切别致的、现代的以及'合意的'东西"。它们甚至被视为意大利的"第二次文艺复兴"②,共同对英国传统的重型、高性能摩托车造成极大冲击,使英国制造商被迫转型,投入踏板车的生产。

正如作者所言,《低级趣味:关于波普艺术的笔记》一文将上述品味的主题延伸到了艺术与时尚领域。波普艺术通常是被"独立小组"(independent group)的成员们用来描述媒体(如广告、电影、漫画、杂志、时装)的图像。他们"使用电影技术、电视广告、报纸杂志

---

① D. Hebdige, *Hiding in the Light: On Images and Things*, Routledge, 1988, p.53.

② Ibid., p.106.

等手段,创造日常生活中的物体形象"①。这种低成本、一次性消耗的、商业的、肤浅的并带有某种机巧性和刻奇性质的通俗艺术竭力追求一种平面的、无深度的时尚表达,与过去英国传统上纯粹、严肃和神圣的艺术大相径庭。它的广泛流行不仅摧毁了传统的艺术秩序和品味等级,而且也意味着传统美学界限的崩塌。波普艺术的出现招来了一些捍卫传统艺术品味的批评家的抵制。"所有的批评者似乎都认为,波普艺术偏离了负责任的艺术家应有的关注,偏离了严肃的表述。它是愚蠢的、脑子错乱的或空洞的,本质上是未谙世事的或不道德的。"②也正因如此,围绕波普艺术展开的批判或赞扬出现了两种不同路径的"品味之争"。对此,作者明确指出,"波普艺术作为另一场'品味之战'(实际上是同一场战争在沿着不同战线进行)中的策略,体现于旧世界与新世界之间,体现于美国[如莱斯利·菲德勒(Leslie Fiedler)指出的'必须被发明和发现']与欧洲(有悠久的文学和美学传统,有复杂的关于阶层和地位的符码)之间。"③

　　可以看出,赫伯迪格对品味的论述,几乎总是以一系列并置关系(juxtapositions)来进行呈现。这种"品味之争"暗含着两种对抗的社会文化力量,两种不同立场的阶层群体,两种不同的价值倾向,以及两种不同的品味形态。然而,新出现的流行品味(或曰低级趣味,代表着一种"水平下降")却试图抹杀过去的关于品味之间的对立,弥合它们的差距。作者认为,波普艺术所代表的文化品味

---

① [英]罗斯玛丽·兰伯特:《20 世纪艺术》,钱乘旦译,译林出版社 2017 年版,第 76 页。

② D. Hebdige, *Hiding in the Light: On Images and Things*, Routledge, 1988, p. 127.

③ Ibid., p. 120.

的目标正在于一种"生生不息的传承与创新",其直接影响和根本价值在于"它对易接近的、直接的和'表面'之物(而非复杂的、隐匿的与'深刻'之物)的颂扬,这在艺术领域就形成了一套评价现代主义姿态的激进的标准"①。

三、正向意义

赫伯迪格在 1985 年后开始转向对后现代主义的文化研究。这在他撰写的《设法应付"然而":在比夫漫画的怪诞世界里》《"星球一号"的底线:应对〈面孔〉》等文中已初见端倪。

关于后现代主义文化,学界通常认为它是现代主义的对立面,并认为其价值正在于一种对传统总体性、中心性、深度性和目的论等观念的"否定"。赫伯迪格指出,"'否定'是后现代主义作为一种话语(或混合性话语)的关键。它就像索绪尔的语言范式一样,是一个没有正向意义的系统。……是基于对正向实体本身可能性的明确否定"②。美国当代著名文化理论家费雷德里克·詹姆逊(Fredric Jameson)将后现代主义文化概括为四种具体的表征,即深度模式的削平、历史意识的消失、主体性的零散化及距离感的丧失。赫伯迪格也持类似的看法,如他在《对"后"学的审视》一文中就立足"三个方面的否定"(反对总体化、反对目的论、反对乌托邦)总结了"一些与'后现代主义'这一术语相关的主题、疑问和议题"。

赫伯迪格对自己这种"概要式"的总结保持着清醒的警惕,认为这违背了后现代主义精神,"因为后现代主义精神是要弃绝掌控

---

① D. Hebdige, *Hiding in the Light: On Images and Things*, Routledge, 1988, p.10.

② Ibid., p.186.

的诉求和'支配性的反映'"①。然而，他之所以仍坚持这样做，目的
则是试图超越英国文化研究中的新葛兰西主义与后现代主义之间
的争论，去对此进行综合，并诉诸更具建设意义或更积极的表达，
去探索真正增益于人生和充满正能量的维度。

赫伯迪格这种对正向意义的寻求是建立在后现代主义的一系
列"否定"和"死亡"的基础之上的。例如，他在《附言1：致命的策
略》中指出："后现代主义的话语是致命的和宿命论的：在每一个转
折点上，'死亡'这个词开始全面吞没我们：'主体之死''作者之死'
'艺术之死''理性之死''历史终结'。"②那么，在此背景之下，我们
除了走向绝望的边缘，还能被引向何处？为此，作者提出后现代的
"另一面"的说法，认为在"另一面"的空间中，"一切可能性正在发
生"。它们隐匿在后现代话语的背后，可以为制定一套更有效、更
有活力的战略奠定基础。

从这个意义上说，赫伯迪格实际上就成了一名价值论者。这
基本上延续了他在《"星球一号"的底线：应对〈面孔〉》一文中的思
路。在他的话语体系中，星球一号/星球二号、第一世界/第二世
界、圆的/扁平的、正统文化/流行文化等，分别代表的是两个不同
的世界，其内部充满着对抗与战争。赫伯迪格之所以对两个不同
的世界进行区分，正是要在批判"第二世界"的基础上提出一种正
向意义。他这样评价代表"第二世界"的《面孔》杂志："《面孔》就是
这样的杂志，它每个月都会不遗余力地模糊政治与戏仿、恶作剧之
间的界限，模糊街道与舞台、屏幕之间的界限，模糊纯洁与危险之

---

① D. Hebdige, *Hiding in the Light: On Images and Things*, Routledge, 1988, p.183.
② Ibid, p.210.

间的界限,模糊主流与'边缘'之间的界限,进而把整个世界彻底地
扁平化。"然而,在赫伯迪格看来,"这个地球是圆的而不是扁平的,
审判永远不会结束……秩序正是建立在混乱的基础之上的"①。

　　赫伯迪格对正向意义的肯定还具体表现在他对早期亚文化的
反思中,例如,在谈到纽约饶舌歌手阿非利夫·巴姆巴塔(Afrika
Bambaata)创立的"祖鲁国度"(Zulu Nation)时,他就认为这种由流
行乐、霹雳舞、搓碟乐、涂鸦、舞蹈剧、足球口哨、祖鲁拉廷斯和放克
等杂糅而成的"狂野风格"超越了一种斗争和冲突,同时把绝望升
华为风格和自豪感。"舞蹈作为一种自我赋能的策略,不仅为舞者
提供了自豪与自尊的合法性来源,而且在这种情况下,还将(舞者)
个体与他/她自己的生命力量联系起来。"②赫伯迪格还谈到了"乐
队援助"(band aid)现象,认为它"成功地恢复了合作、互助的传统,
以及对人类能动性与集体行动的信念"③。这些也都是建立在后现
代主义的分析之上的,它号召我们结束过去的矛盾冲突,去想象
"另一面"的生活,并建构起一种全新的道德准则和一种全新的生
态政治。

　　可以看出,赫伯迪格的这种对正向意义的建构始终立足于后
现代主义文化空间。它的前提就是清楚地认识到现代化愿望的某
种"极限"(limit)。他认为,旧的权威已经出现信任危机,老套的概
述性与总体化愿望业已瓦解,在这片"废墟"之中,我们仍可以找到
许多的美好事物。因此,"极限"并非意味着终点和停止,它还意味
着敞开和开始。在《附言4:学会在通往无地之路上生活》一文中,

---

① D. Hebdige, *Hiding in the Light: On Images and Things*, Routledge, 1988,
　 p.176.
② Ibid., p.216.
③ Ibid., p.220.

赫伯迪格以美国乐队传声头像（Talking Heads）的《无地之路》（*Road to Nowhere*）作为寓言，揭示了他对正向意义的某种价值探求：“《无地之路》肯定的内容包括肯定普通人，肯定笑声超过恐惧，肯定物种存在大于个体生存，肯定现场流动的生命大于任何一种‘命运的随波逐流’。”[①]因此，这个世界也不只是有所谓的主体之死，还有无数新生的事物和无限光明的生活。

以此来看，赫伯迪格试图提出一种充满政治性和价值论倾向的主张。他强调在综合后现代主义和新葛兰西主义的基础上，促进新的团结、新的运动，推动社会的正向发展。在这里，赫伯迪格放弃了总体性、目的论及所谓的宏大叙述，而是立足于一种有限的甚至受特定视野、观念、阅历和知识所限的个体性视角，提出了自己对未来社会的希望。这是值得我们高度重视的。

[①] D. Hebdige, *Hiding in the Light: On Images and Things*, Routledge, 1988, p.240.

主要参考文献

[1] A. Abbott, *Department and Discipline: Chicago School at One Hundred*, University of Chicago Press, 1991.

[2] M. M. Bakhtin, *The Dialogic Imagination: Four Essays*, University of Texas Press, 1981.

[3] A. Bennett, K. Kahn-Harris, *After Subculture: Critical Studies in Contemporary Youth Culture*, Palgrave Macmillan, 2004.

[4] A. Bennett, "Subcultures or Neo-tribes? Rethinking the Relationship between Youth, Style and Music Taste", *Sociology*, 1999,33(3).

[5] S. Blackman, M. Kempson, *The Subcultural Imagination: Theory, Research and Reflexivity in Contemporary Youth Cultures*, Routledge, 2016.

[6] H. Blumer, *Symbolic Interactionism: Perspective and Method*, Prentice-Hall, 1969.

[7] P. J. Burke, J. E. Stets, *Identity Theory* (2nd edition), Oxford University Press, 2023.

[8] A. Chadvick, *The Hybrid Media System: Politics and Power*, Oxford University Press, 2013.

[9] D. Chaney, *Lifestyles*, Routledge, 1996.

[10] Cheung Ka-ki, *Idol Consumption and Identity Construction: A Study of the Young Fans of Popular Singers in Hong Kong*, The Chinese University of Hongkong, 2002.

[11] C. H. Cooley, *Human Nature and the Social Order*, Scribner, 1902.

[12] N. Couldry, A. Hepp, *The Mediated Construction of Reality*, John Wiley & Sons, 2016.

[13] D. Covington, *Salvation on Sand Mountain: Snake Handling and Redemption in the Southern Appalachians* (reissued edition), De Capo Press, 2009.

[14] S. de Bruin, *Something for Everyone? Changes and Choices in the Ethno-Party Scene in Urban Nightlife*, Vossiuspers-Amsterdam University Press, 2011.

[15] W. Doyle, *An American Insurrection: James Meredith and the Battle of Oxford, Mississippi, 1962*, Anchor, 2003.

[16] E. Durkheim, *The Rules of Sociological Method*, Free Press, 1982.

[17] E. Erikson, Identity: Youth and Crisis, W. W Horton and Company, 1968.

[18] N. Fairclough, *Critical Discourse Analysis: The Critical Study of Language*, Longman, 1995.

[19] Michel Foucault, *Discipline and Punish: The Birth of a Prison*, Penguin, 1991.

[20] Michel Foucault, *The History of Sexuality: The Will to Knowledge*, Penguin, 1998.

[21] A. Gawer, M. Cusumano, *Platform Leadership: How Intel, Microsoft and Cisco Drive Industry Innovation*, Harvard Business School Press, 2002.

[22] K. Gildart, A. Gough-Yates and S. Lincoln, et al., *Hebdige and Subculture in the 21st Century: Through the Subcultural Lens*, Palgrave Macmillan, 2020.

[23] S. Gordon, *The History and Philosophy of Social Science*, Routledge, 1991.

[24] D. Hebdige, *Cut 'n' Mix: Culture, Identity and Caribbean Music*, Routledge, 1987.

[25] K. Hetherington, *Expressions of Identity: Space, Performance, Politics*, Sage Publications, 1998.

[26] P. Hodkinson, *Goth: Identity, Style and Subculture,* Berg Publishers, 2002.

[27] Alexander Dhoest, Steven Malliet, Barbara Segaert, et al., *The Borders of Subculture: Resistance and the Mainstream*, Routledge, 2015.

[28] R. Hofstadter, *Anti-Intellectualism in American Life*, Alfred a. Knopf, 1963.

[29] M. Hogg, A. Dominic, *Social Identifications: A Social Psychology of Intergroup Relations and Group Processes*, Routledge, 1988.

[30] Rupa Huq, *Beyond Subculture: Pop, Youth, and Identity in a Postcolonial World*, Routledge, 2006.

[31] F. Inglis, *Media Theory: An Introduction*, Basil Blackwell, 1990.

[32] Julian Wolfreys, *Critical Keywords in Literary and Cultural Theory*, Palgrave Macmillan, 2004.

[33] Ken Gelder, *Subcultures: Cultural Histories and Social Practice*, Routledge, 2007.

[34] L. Kipnis, *The Female Thing: Dirt, Sex, Envy, Vulnerability*, Pantheon, 2006.

[35] D. T. Koyzis, *Political Visions and Illusions*, InterVarsity Press, 2003.

[36] M. Lepskiy, V. Lunov, *International Interdisciplinary Conference " Sketch a Subculture "*, Accent Graphics Communications & Publishing, 2021.

[37] M. Maffesoli, *The Time of the Tribes: The Decline of Individualism in Mass Society*, Sage Publications, 1996.

[38] G. J. McCall, J. L. Simmons, *Identities and Interactions* (revised edition), Free Press, 1978.

[39] G. H. Mead, *Mind, Self and Society: From the Standpoint of a Social Behaviorist*, University of Chicago Press, 1934.

[40] D. Muggleton, *Inside Subculture: The Postmodern Meaning of Style*, Berg Publishers, 2000.

[41] M. O'Donnell, *Structure and Agency*, Sage Publications, 2010.

[42] R. E. Park, E. W. Burgess, *The City*, University of Chicago Press, 1925.

[43] G. Ritzer, J. Stepnisky, *Contemporary Sociological Theory and Its Classical Roots: The Basics*, Sage Publications Publications, 2017.

［44］ S. Stryker, *Symbolic Interactionism: A Social Structural Version*, Benjamin-Cummings, 1980.

［45］ J. van Dijck, T. Poell, M. de Waal, *The Platform Society: Public Values in a Connective World*, Oxford University Press, 2018.

［46］ P. Wade, *Music, Race, and Nation: Musical Tropical in Colombia*, University of Chicago Press, 2000.

［47］ M. Wetherell, S. Taylor, S. J. Yates, *Discourse Theory and Practice: A Reader*, Sage Publications, 2001.

［48］［苏］巴赫金:《巴赫金全集》(第二卷),李辉凡、张捷、张杰等译,河北教育出版社 1998 年版。

［49］陈志勇:《青少年网络媒介素养教育》,中央编译出版社 2018 年版。

［50］高宣扬:《流行文化社会学》,中国人民大学出版社 2015 年版。

［51］［美］欧文·戈夫曼:《公共场所的行为:聚会的社会组织》,何道宽译,北京大学出版社 2017 年版。

［52］［法］古斯塔夫·勒庞:《乌合之众:大众心理研究》,戴光年译,武汉出版社 2012 年版。

［53］桂勇、侯劭勋、黄荣贵等:《理解丰裕一代:对当代大学生生活与观念的追踪研究》,东方出版中心 2020 年版。

［54］［英］迪克·赫伯迪格:《亚文化:风格的意义》,陆道夫、胡疆锋译,北京大学出版社 2009 年版。

［55］胡疆锋:《伯明翰学派青年亚文化理论研究》,中国社会科学出版社 2012 年版。

［56］［英］斯图尔特·霍尔:《表征:文化表象与意指实践》,徐亮、

陆兴华译,商务印书馆 2003 年版。

[57] [英]斯图亚特·霍尔、托尼·杰斐逊:《通过仪式抵抗:战后英国的青年亚文化》,孟登迎、胡疆锋、王蕙译,中国青年出版社 2015 年版。

[58] 刘建明:《社会舆论原理》,华夏出版社 2002 年版。

[59] [美]克莱·舍基:《未来是湿的:无组织的组织力量》,胡泳、沈满琳译,中国人民大学出版社 2009 年版。

[60] [美]马克·波斯特:《信息方式》,范静晔译,商务印书馆 2000 年版。

[61] [美]马克·波斯特:《第二媒介时代》,范静晔译,南京大学出版社 2001 年版。

[62] [澳]迈克尔·A.豪格、[英]多米尼克·阿布拉姆斯:《社会认同过程》,高明华译,中国人民大学出版社 2011 年版。

[63] [英]维克托·迈尔-舍恩伯格、肯尼思·库克耶:《大数据时代:生活、工作与思维的大变革》,盛杨燕、周涛译,浙江人民出版社 2013 年版。

[64] [英]奈杰尔·拉波特、乔安娜·奥弗林:《社会文化人类学的关键概念》,鲍雯妍、张亚辉译,华夏出版社 2005 年版。

[65] [美]戴维·斯沃茨:《文化与权力:布尔迪厄的社会学》,陶东风译,上海译文出版社 2012 年版。

[66] 汪民安:《文化研究关键词》,江苏人民出版社 2007 年版。

[67] [澳]露丝·韦津利:《脏话文化史》,颜韵译,文汇出版社 2008 年版。

[68] 习近平:《论党的宣传思想工作》,中央文献出版社 2020 年版。

[69] 熊培云:《重新发现社会》(修订版),新星出版社 2011 年版。

[70] 姚德薇:《集体认同建构与现代性的多元呈现:一项社会学的考察》,知识产权出版社 2022 年版。

[71] 叶凯:《物的意识形态——消费文化研究》,吉林文史出版社 2016 年版。

[72] [美]约翰·帕尔弗里、[瑞典]厄尔斯·加瑟:《网络原住民》,高光杰、李露译,湖南科学技术出版社 2011 年版。

[73] 詹骞:《社交媒体公信力》,中国广播影视出版社 2020 年版。

[74] 周凡、李惠斌:《后马克思主义》,中央编译出版社 2007 年版。

后　记

　　进入青年文化研究领域,于我个人来说,实在算得上是一个意外"事件"。2016 年,我侥幸承接了"拜德雅"系列图书的一项翻译迪克·赫伯迪格著作的任务。而在此之前,我一直都沉浸于梁启超的"新民"世界,对亚文化的研究及对青年亚文化群的了解,可谓粗知皮毛。那一年,我从北京师范大学文艺学专业毕业,正式进入南昌大学新闻与传播学院工作。地理上的跨越与学科上的跨界,让我在此后的教学科研工作中常有一种"不得其门而入"的迷茫与困顿之感。因此,我也"现学现卖"地讲授过各种课程,东一榔头西一棒槌地搞过一些"鸡零狗碎"的研究。

　　在翻译赫伯迪格著作的过程中,我开始逐步形成了一些对青年文化问题的思考和观察,同时零星地发表了几篇与青年网络文化相关的论文。2020 年,译著《隐在亮光之中:流行文化中的形象与物》由重庆大学出版社出版。这一年,我也有幸申获一项关于"平台社会"的国家社科基金项目。在经历了数年圆凿方枘的生活后,我萌生了一种要将平台社会与青年文化进行"接合"的想法,并尝试在此基础上开设一门通识课程。

　　幸运的是,"平台社会与青年亚文化"课程于 2021 年获批通过,并于次年立项为校级一流本科课程。这成为我近些年教学科研的主要兴趣。其间,我与学生们一起啃读青年文化研究经典,与他们交流青年网络话题,指导他们开展青年文化现象研究,也因此收获了前所未有的教书育人的乐趣。

"平台""身份"与"话语"应该算是我近几年观察青年文化的三个重要切口。关于此,国外学界已有极其丰富的理论资源。本书分为两个部分:上编主要围绕平台社会、亚文化、身份理论和话语理论等展开了理论梳理和研究述评;下编则结合近些年国内互联网上出现的一些青年文化现象,如"饭圈"文化、微信"互怼"、"反专家""新史记"、"萌文化"、"泛偶像"等,进行了案例性的分析和讨论。此外,附录部分是与青年文化研究相关的两篇译文和一篇书评。自 2020 年以来,笔者与赫伯迪格、保拉·盖拉等人建立了学术交往,并保持着邮件联系,取得了部分文章的翻译授权。这些文章对于我们回顾并审视青年文化现象具有一定的启发意义。

当然,本书的出版仍只能算是投石问路。在当今这样的"百年未有之大变局"中,信息技术不断加速迭代,社会的结构性矛盾依然突出,青年文化现象可谓"常为新"的。限于学力和精力,本书在青年文化的理论建设上,以及对青年现象与青年文化心理的深入开掘方面,还存在许多的盲视与不足。这也是我未来进一步努力的方向。

本书一些章节的内容有幸在《国际新闻界》《西南民族大学学报(人文社会科学版)》《江西社会科学》《文化与诗学》《新媒体与社会》《安徽师范大学学报(人文社会科学版)》《中外文论》《青年记者》《传媒论坛》等刊物上发表,部分文章被人大复印资料《文化研究》和《教育文摘周报》转载。在此深表谢忱。

我还要特别感谢每一位选修过"平台社会与青年亚文化"课程的学生,你们的课堂参与和课后反馈给了我继续坚定前行的动力。同时,感谢责编刘畅老师为本书出版付出的辛勤劳动。

图书在版编目（CIP）数据

图书在版编目(CIP)数据

身份与话语：平台社会语境下的青年文化研究/席
志武著. -- 上海：复旦大学出版社，2025.6. -- ISBN
978-7-309-17943-9

Ⅰ. C913.5

中国国家版本馆 CIP 数据核字第 2025GY2066 号

身份与话语：平台社会语境下的青年文化研究
席志武　著

责任编辑/刘　畅

复旦大学出版社有限公司出版发行
上海市国权路 579 号　邮编：200433
网址：fupnet@ fudanpress. com　http://www. fudanpress. com
门市零售：86-21-65102580　　　团体订购：86-21-65104505
出版部电话：86-21-65642845
江苏凤凰数码印务有限公司

开本 890 毫米×1240 毫米　1/32　印张 9　字数 210 千字
2025 年 6 月第 1 版
2025 年 6 月第 1 版第 1 次印刷

ISBN 978-7-309-17943-9/G・2691
定价：48.00 元